智库
中社

新时代智库出版的领跑者

国家智库报告　社会政法·2025

07

National
Think Tank

科研评价的国际实践

International Practices in Research Evaluation

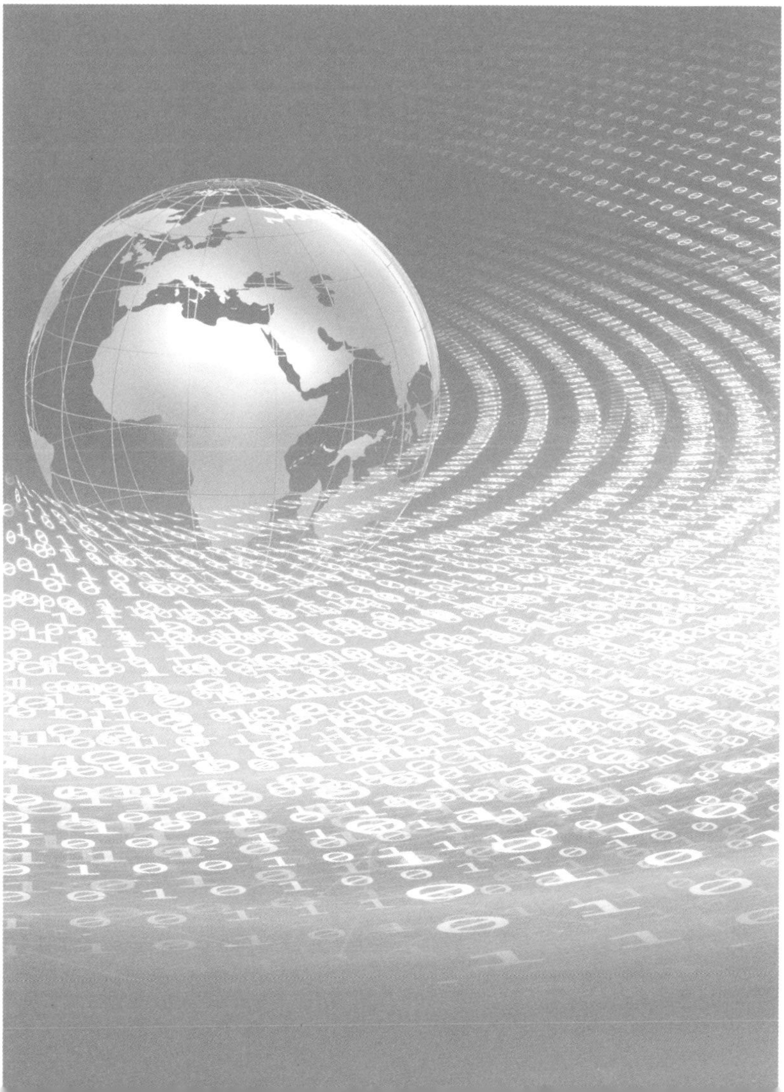

蒋　颖　耿海英
刘彦林　蔡媛青　编著

中国社会科学出版社

图书在版编目（CIP）数据

科研评价的国际实践 / 蒋颖等编著. -- 北京：中国社会科学出版社，2025. 5. --（国家智库报告）.
ISBN 978-7-5227-5040-8

Ⅰ. G311

中国国家版本馆 CIP 数据核字第 20256F9P56 号

出 版 人 赵剑英
责任编辑 范娟荣
责任校对 李 硕
责任印制 李寡寡

出 版 中国社会科学出版社
社 址 北京鼓楼西大街甲 158 号
邮 编 100720
网 址 http://www.csspw.cn
发 行 部 010-84083685
门 市 部 010-84029450
经 销 新华书店及其他书店

印刷装订 北京君升印刷有限公司
版 次 2025 年 5 月第 1 版
印 次 2025 年 5 月第 1 次印刷

开 本 787×1092 1/16
印 张 17.75
插 页 2
字 数 230 千字
定 价 98.00 元

摘要：国家科研评价是由政府组织的，以大学、科研机构或大学院系、学科等为评价对象而开展的全国性大规模评价活动，体现国家意志、组织强度高、影响力大。近40年来，世界各国开展了多样化的国家科研评价实践，积累了丰富的经验，同时也遇到诸多挑战。

本报告首先从整体上梳理了国家科研评价的特点，介绍了总结性和诊断性国家科研评价实践的简要情况，国家科研评价体系的方法和指标，评价效果及存在问题。然后选取了9个具有代表性的欧洲国家，从科研体制概况、科研评价体系发展历程、最近一次评价活动情况、评价效果及特点等方面进行系统介绍。在实施总结性评价的国家中，主要选取了采用同行评议方法实行科研绩效拨款制度的英国和意大利；在基于量化指标的国家中选取了挪威模型的创立者挪威，并对学习挪威模型的芬兰、丹麦、比利时弗拉芒地区的科研评价进行简要介绍和比较，还选择波兰作为东欧国家的代表。在实施诊断性评价的国家中，选取了整体以诊断性为主，评价结果对经费预算有一定影响的法国，以及评价结果与拨款无关的荷兰。

本报告可以帮助国内学术界了解各国基于不同的国情和发展阶段所选择的科研评价路径和开展评价活动的总体情况，同时也可为推进中国特色学术评价体系的建设提供有益的经验借鉴。

关键词：国家科研评价体系；同行评议；量化指标；评价实践；评价效果

Abstract: National research evaluation is defined as a large-scale national evaluation practice organized by the government, targeting universities, research institutions, or college departments and disciplines as the evaluated objects. It reflects the will of the state, featuring high organizational strength and extensive influence. Over the past four decades, with the practices of diverse national research evaluation, countries worldwide accumulated abundant experience, but also encountered many challenges.

This report, first and foremost, provides an overview of the characteristics of national research evaluation, and a summary of both summative and diagnostic evaluation, introduces the methodology and indicators, and analyses the evaluation effects and existing problems. Nine typical European countries were hereby selected as examples and systematically introduced from perspectives such as the overview of the national research system, the evolution of the research evaluation system, and the latest research evaluation practice, effects and characteristics. Among the implementers of summative evaluation, the UK and Italy were selected as a paradigm of peer-review mechanism for the research performance based funding system. Among the implementers of quantitative indicators, Norway, the founder of the 'Norwegian Model', was selected, with a brief introduction to and comparison with Finland, Denmark, and the Flemish region of Belgium, all of which emulated the 'Norwegian Model'. Poland was also chosen as the representative of Eastern European countries. Among the implementers of diagnostic evaluations, France and the Netherlands, where the overall evaluation was mainly diagnostic, were selected. Notably, the former's evaluation results had certain impact on its research budget, whereas the latter had none.

Drawing lessons from the evaluation paths adopted by various countries under different national conditions and development stages, and the overview of their evaluation practices, this report aims to provide insights and practical references for domestic academic community, ultimately promoting the establishment of a research evaluation system with Chinese characteristics.

Key words: National Research Evaluation System; Peer Review; Quantitative Indicators; Evaluation Practice; Evaluation Effect

目　录

一　国家科研评价的实践与发展

（一）国家科研评价

科研评价（学术评价）是以学术标准为尺度对科学研究活动及其效果进行价值判断的过程。科研评价广泛存在于科学研究和科研管理的不同阶段，可区分为很多不同类型，以不同形式存在，具有不同的评价标准和评价规律。对不同类型的科研评价活动进行区分，有助于从复杂多样的科研评价活动中提取某些特定要素；对单一类型的评价活动进行深度分析和了解，有助于厘清评价活动的特点和影响因素，更好地把握科研评价的规律。

科研评价类型有很多不同的划分方法。按科研评价主体层次划分，可分为国家层面的科研评价、大学和科研机构层面的科研评价、院系层面的科研评价。按科研评价客体层次划分，可分为对机构或组织层面的评价、对个人层面的评价以及对具体科研成果层面的评价等不同类型。其中，有一种类型值得特别关注，即由政府作为评价组织者，评价客体为大学、科研机构或大学院系、学科等机构或组织，评价范围通常涉及全国的大规模科研评价。这种评价体现国家意志，组织强度高，影响力大，对其他评价类型有很强的带动作用，是一个国家的科研评价体系中最重要的一种评价类型。为便于描述，本报告将这种类型称之为“国家（层面）科研评价”。本报告对国家科研评价的定义仅限于针对组织层面的评价对象，国家对个人或成果的评价，如人才选拔、成果不在本报告讨论范围之内。

根据评价功能的不同，国家科研评价可分为总结性评价和诊断性评价两种类型。总结性评价指对评价对象一定时期内的全面状况所进行的价值判断，诊断性评价指对评价对象的现实状况及存在的问题、产生的原因所进行的分析判断。国家科研评价以总结性评价为主，少数国家开展了持续性的诊断性评价，如荷兰。大部分国家的总结性评价受到国家科研绩效拨款制度的驱动，少数国家的总结性科研评价与科研绩效拨款存在阶段性挂钩，如澳大利亚。还有一些国家没有开展国家层面的科研评价，如美国。

国家科研评价具有如下特点：评价活动由政府主导，服务于国家战略；在全国范围内开展，有一定强制性；评价活动具有连续性，在较长时间内持续、多次进行，评价活动之间有一定周期性；评价对象侧重于组织层面，很少作为个人评价的依据；是一种事后评价，通过对前一阶段的科研成果或活动的评价对未来的科研机构拨款或发展战略产生影响；影响力大，影响范围广。

科研绩效拨款制度下的国家科研评价是总结性评价的代表。1986 年，英国政府率先开展了针对大学的首轮科研绩效评价，并以评价结果为依据对大学进行拨款。此后很多国家也开始采用类似的评价和机构资金分配方式，逐渐形成了基于绩效的科研拨款制度（Performance-based Research Funding System，PRFS），即科研绩效拨款制度。截至 2015 年，在欧盟 28 个成员国中，有 18 个国家采用了这种拨款形式。欧洲之外的一些国家，如澳大利亚、新西兰等也实施了科研绩效拨款制度。根据戴安娜·希克斯（Diana Hicks）①和托马斯·扎卡里维茨（Thomas Zacharewicz）等②给出的定义，

① Diana Hicks，"Performance-based University Research Funding Systems"，*Research Policy*，Vol. 41，2012，pp. 251-261.

② Thomas Zacharewicz，et al.，"Performance-based Research Funding in EU Member States"，*Science and Public Policy*，Vol. 46，No. 1，2019，pp. 105-115.

基于绩效的科研拨款是来自公共资金、面向组织层面的一种竞争性（或选择性）资助，拨款依据主要是对科研成果的数量、质量和（或）影响的事后评价结果，在全国或区域范围内实施。因此，项目资助、基于教学质量评价的拨款、机构内部的评价与奖励，以及研究人员个人绩效评估等都不属于科研绩效拨款的范畴。科研绩效拨款制度是科研评价体系与拨款制度的结合。一方面，科研评价作为科研绩效拨款的基础，为拨款工作提供了依据，同时作为科研绩效拨款制度实施效果的关键，是该制度中被高度关注的部分；另一方面，科研绩效拨款制度极大地促进了国家科研评价体系的发展和完善，很多国家通过推行这种制度，使其评价体系成为国家各类科研评价体系中的主体或重要组成部分。科研绩效评价要求将大学或院系、科研机构，或者学科作为评价对象，对其科研产出（研究成果的数量和质量），科研环境（外部课题经费、人才培养、科研合作、国际化、多样性等），社会贡献和影响力等方面进行评价，并对评价对象的绩效进行分级分类，然后基于分级结果，在下一次评价活动之前每年进行机构经费拨款。科研绩效评价可按评价方法分为同行评议和量化评价两种类型。

国家层面的诊断性评价以全国范围内的大学、科研机构或院系等为评价对象，重点分析评价对象的优势和不足，诊断发展中的问题，提出未来发展建议，最终达到提升科研质量的目的。评价结果中的部分指标对科研经费分配体系产生影响（如法国），或者评价结果不对科研经费分配产生直接影响（如荷兰）。诊断性评价一般采用机构自我评价和同行专家外部评价相结合的方式，不仅关注机构过去一段时间的发展状况和取得的成绩，还特别关注机构未来的发展战略，最后会综合机构自评报告和评审专家实地考察、访谈等得出的诊断性评价报告，为机构未来发展提供意见和建议。

本报告选择了不同类型中有代表性的国家进行详细分析和

介绍。在总结性评价的国家中，选取了科研绩效拨款制度下的几个国家。在采用同行评议方法的国家中选取了意大利，以及科研绩效拨款制度的创始者英国。在基于量化指标的国家中，选取了“挪威模型”的创立者挪威，并对学习“挪威模型”的芬兰、丹麦、比利时弗拉芒地区的评价进行简要介绍和比较；选择波兰作为东欧国家的代表。与以上科研绩效拨款制度下的国家评价不同，荷兰实施的与拨款无关的诊断性评价是国家科研评价的另一种探索。而法国科研评价整体以诊断性为主，但评价结果中“国际出版物”和“参与欧盟研究与创新框架计划项目”数据也会影响部分经费预算。

各国近40年的国家科研评价实践积累了丰富的经验，但目前还没有一个国家科研评价体系可称为“最优”评价体系。每个国家面临不同的评价环境，需要解决不同的问题。对这些多样化的实践进行观察和思考，有助于我们开拓思路，更好地推进中国特色学术评价体系的建设。

（二）总结性国家科研评价实践

本报告涉及的总结性国家科研评价均受科研绩效拨款制度的驱动。在这个背景下，各国分别选择了同行评议和量化评价两条差异很大的路径，科研评价实践活动呈现出多样化特点。

1. 基于同行评议的国家科研评价实践

1986年，英国政府率先开展国家科研评价活动，在随后近40年中不断改进评价方法，到2024年共开展了八轮评价活动，经历了科研选拔性评价（Research Selectivity Exercise，RSE）、科研评估实践（Research Assessment Exercise，RAE）、科研卓越框架（Research Excellence Framework，REF）三个阶段。英国科研评价的最大特点是始终坚持采用同行评议方法进行评价。其中，

REF 评价内容全面，不仅评价科研成果质量，同时关注成果在科研领域之外的影响，并关注科研活力与可持续性的科研环境。REF 设置了一系列程序增强评价的公平与平等性，兼顾各类成果、各类人群的权益，如建立了利益冲突回避制度，对跨学科成果开展交叉评审与联合评审，对于部分重要成果采取双倍加权等方式，在很大程度上解决了同行评议常见的一些问题。英国的科研评价活动设计较为合理且非常精细。如实施代表作制度，限制提交成果的数量；根据学科特点决定引文数据的使用方式，保证引文数据使用的规范性，形成“知情同行评议”模式。英国国家科研评价的很多创新做法对其他国家有较大影响。英国评价活动较为成功的重要原因之一就是及时开展元评价，全面回顾和检查评价效果，从而有力地促进了英国评价体系的改进。但英国评价活动并非完美无缺，其最大问题就是过于高昂的成本和较长的评价周期，同行评议、影响案例的撰写与评价成本都很高。尽管英国很希望降低成本，但是 2014 年 REF 的总成本为 2.46 亿英镑，比上一轮 2008 年的 RAE 总成本增长了 133%。

自 2003 年以来，意大利已组织完成了四次国家层面的科研质量评价活动，分别是科研质量评价（Valutazione Triennale della Ricerca，VTR）2000—2003（简称 VTR 2000—2003）、研究质量评价（Valutazione Qualità della Ricerca，VQR）2004—2010（简称 VQR 2004—2010）、VQR 2011—2014 和 VQR 2015—2019，评价方法也在不断调整和变化，经历了同行评议→同行评议+文献计量→同行评议的发展路径。意大利采用机构提交代表作的方式，同行评审专家从研究成果的原创性、研究方法的严谨性、影响力三个方面对研究成果进行评分，提交的代表作成果类型多样，除论文、专著外，还可以是数据库、考古成果、创意设计等。同时考虑到机构尤其是大学的“第三使命”，加入了研究成果之外的“第三使命”案例研究的评价，强调科学研究的知识转化和转移、与社会的关联与互动。意大利科研质量评价体现出明显的分类评价理念，根据评价对象、内容、学科领域特点等选择适宜的评价方法，且在实践中不断创新和优化评价方法与指标，各学科评审专家组可以制定本学科领域的评价标准、可参考的文献计量指标，以及决定是采用基于文献计量指标的知情同行评议还是采用纯同行评议方法。意大利近年来也开展了元评价工作，包括对评价结果进行深入分析、评价参与方满意度调查、聘请国际专家进行外部评价。通过元评价，意大利不断加强对评价活动的自身管理，为后续改进和完善评价活动、提高评价质量奠定基础。

2. 基于量化评价方法的国家科研评价实践

采用量化方法的国家科研评价体系，大多以期刊和图书等出版物评价为基础，通过对期刊和出版社的评价和分级，为期刊论文和图书等进行赋分，从而计算评价对象的分数和等级。有些国家在使用这些文献计量学指标的同时，还采纳了历史拨款指标、人员或规模、项目经费等其他量化指标。本报告中基于量化评价的国家和地区包括挪威、芬兰、丹麦、比利时（弗拉芒）、波兰。北欧三国都采用挪威模型，仅依靠发表指标进行评价，比利时是五个国家中唯一一个同时采用发表和引用指标的国家。此外，比利时和波兰在采用文献计量学指标的同时，还采用了其他量化指标如项目经费量或博士毕业人数等。波兰在科学水平、财务成果方面使用量化指标，在影响力评价方面则采用同行评议方法。

挪威模型的特点是简约而不简单。在其三个组成部分中，数据库建设是基础，出版渠道分级是关键，绩效拨款是目的。挪威建设了高质量的数据库“挪威在研信息系统”（Current Research Information System in Norway，CRISTIN），该数据库具有完整性、准确性、开放性、结构化、可比较等特点。挪威对发表挪威作者成果的期刊和出版社进行评价，将其分为两级并分别赋予不同的权重。其指标数量少，仅对期刊论文、专著、图书章节和论文集三类成果进行评价，根据期刊和出版社的等级和权重得到论文或图书的分数。挪威的评价活动做到了公开、透明、严谨、有序。20多年来挪威模型基本保持稳定，只有很小的调整。芬兰、丹麦与挪威的做法非常相似。比利时（弗拉芒）主要学习挪威的数据库建设思路，专门建设了弗拉芒人文社会科学学术书目数据库（The Flemish Academic Bibliographic Database for the Social Sciences and Humanities，荷兰语简称 VABB-SHW）以支持人文社科评价。弗拉芒的创新是建立了学术图书的“同行评审内容保证”（Guaranteed Peer Reviewed Content，GPRC）标签，以识别图书是否经过同行评审，比仅依靠出版社分级对图书进行评价的挪威模型又进了一步。芬兰也学习弗拉芒建立了自己的图书同行评审标签。弗拉芒的评价指标体系与挪威模型有较多差异，它既包括文献计量学指标，也包括历史经费指标、学校规模和博士毕业人数等。文献计量学指标既包括发文指标，也包括被引用指标。20多年来弗拉芒不断调整评价指标，指标数量也经历了先增加后减少的过程。

波兰吸收了其他国家的一些做法，如评价标准分为科学水平、财务成果和经济社会影响三个方面，科研成果评价基于期刊和出版社分级的结果等。与挪威模型相比，波兰的评价体系更为复杂。它在合作成果计分方式、研究人员和研究成果的学科划分等方面都有很多细致的规定，同时将期刊列表分为多个来源，有不同的评价和计分方式。波兰国家科研评价中遇到的困难之一是波兰语期刊的评价问题。波兰语期刊数量众多，但缺乏相关数据支持，未建立起良好的同行评议机制，难以与国际期刊进行比较。在评价过程中，波兰曾因形式评价部分过于强调国际语言而对波兰语期刊产生歧视，后来对此进行了修正，但又因科学和高等教育部在波兰语期刊评价中未能遵守评价规则等问题引发了学术界的批评。总之，波兰的科研评价经历了多轮改革，到目前为止还在不断探索过程中。

（三）诊断性国家科研评价实践

荷兰自20世纪90年代起就针对大学建立了国家层面的外部科研评价体系，目标是辅助大学的科研管理，为相关部门提供决策支持。在这个体系下荷兰开展了多次研究质量评价。21世纪初荷兰制定了国家层面针对大学、科研机构研究质量评价的标准评价协议（Standard Evaluation Protocol，SEP），规定所有接受国家科研资助的高校和科研机构定期开展内部评价和外部评价。SEP自2003年正式实施，每6年为一个评价周期，第一个评价周期是2003—2009年，此后又经历了2009—2015年和2015—2021年两个评价周期，目前处于第四个评价周期（2021—2027年）。SEP每完成一个评价周期都会对评价标准等方面进行修订，并发布新版本。在2020年发布的最新版本中，SEP名称由原来的"Standard Evaluation Protocol"（标准评价协议）改为"Strategy Evaluation Protocol"（战略评价协议），进一步强调科研机构的目标和战略是评价的重点。

SEP的评价对象是公共经费资助的科研单位（research units）的学术研究（academic research）。科研单位可以是科研机构的组织层面（如研究院所、高校院系），也可以是科研团队或项目层面（如部门或研究小组）。SEP的评价目标是评价科研单位的目标和战略，旨在监测科研单位发展并提升研究质量。最后的评价报告是评价委员会在阅读自评报告和实地考察基础上，对科研单位的目标和战略、研究质量、社会相关性、未来战略可行性等方面作出的定性评价，评价报告还包括对未来发展的建议。评价结束后，机构理事会也将定期监测科研单位是否针对评价委员会的建议采取了后续改进行动或措施。

荷兰基于SEP的科研机构评价日趋成熟，逐渐形成了综合评价机构的研究质量和社会贡献、兼顾回顾性评价和前瞻性分析、顺应开放科学发展趋势适时调整评价标准、重视机构科研环境与学术文化建设、强调评价流程的标准化和评价内容的个性化等特点。

（四）评价方法和评价指标

评价方法和评价指标是科研评价体系的关键。不同的评价方法指向不同的路径和程序。关于评价方法的讨论很多，其重点在于选择合理方法和指标以及高质量地组织实施。如前文所述，当前主要的科研评价方法可分为定性的同行评议和量化指标方法两大类，有时也将定性和定量两种方法结合起来使用。随着各国对影响力评价的重视，案例研究方法逐渐成为专门用于影响力评价的一种重要方法。该方法主要通过同行专家完成评价，但是在评价内容、标准和形式方面与一般的同行评议有很多不同，同时还需要评价对象撰写案例，因此属于同行评议方法的一种特殊形式，本报告将对其进行专门介绍。

在实施科研绩效拨款的国家中，根据扎卡里维茨等的判断①，英国、法国、意大利、立陶宛、斯洛伐克等国家采用同行评议方式进行评价；比利时、捷克、丹麦、爱沙尼亚、芬兰、克罗地亚、挪威、波兰、瑞典和斯洛伐克等国家采用量化指标方式进行评价。没有实施科研绩效拨款制度的国家，其国家科研评价方法以同行评议为主。如，荷兰SEP前三次采用定量评价和定性评价相结合的方式，最新一版则完全改用定性评价，

① Thomas Zacharewicz, et al., "Performance - based Research Funding in EU Member States: A Comparative Assessment", *Science and Public Policy*, Vol. 46, No. 1, 2019, pp. 105-115.

评价结果由原来的量化打分改成定性描述。但是评价过程中并非完全不使用量化指标，科研单位在叙述性论证过程中必要时可使用量化指标来表述其在研究质量和社会相关性方面取得的成绩，如研究成果（论文或图书）的被引用情况等。

1. 同行评议方法

学术领域的同行评议始于英国皇家学会1665年创立的《哲学汇刊》，自20世纪50年代开始广泛应用于研究项目评审及其他科研评价中，成为国际学术界通用的主要科研评价方法。

同行评议有很多优点，它基于专家的知识基础进行评审，对具体研究成果的判断更为细致、科学，可以对量化指标之外的学术表现进行判断和评价，如新颖性、创新性等。到目前为止，多数人认为“同行评议仍然是学术交流系统的基石”①。与此同时，同行评议方法也存在不足。除了专家个人存在主观和偏见、相对保守、马太效应等问题之外，同行评议过程通常存在透明度较低的问题。对于国家科研评价而言，评审超大规模的成果需要人数众多的专家队伍、高昂的成本和较长的评审周期，这成为国家评价体系必须面对的直接困难。英国目前的评价周期是7—8年，REF 2021评价中评审专家队伍包括900位科研人员和220位科研用户，他们评审了18.6万份研究成果和670余份影响案例。意大利的评价周期是4—5年，每次评价持续2—3年，如VQR 2015—2019评价始于2020年，2022年发布结果，此次评价有645位专家、24位评价助理，以及1.1万名外部同行评审专家参与，评审了18.3万份成果。英国学者认为，同行评审并不完美，但它是我们所拥有的最不糟糕的学术治理形式，仍然是评估研究论文以及REF等国家科研评价活动

① Research Information Network, *Scholarly Communication and Peer Review: The Current Landscape and Future Trends*, A Report Commissioned by the Wellcome Trust, 2015.

的主要基础。①

国家科研评价中主要依靠规则和程序来保证同行评审质量。例如英国 REF 2021 制定了非常完整和详细的程序和规则，从各机构的材料提交，到评审专家的组成、评价指标及权重、评审过程，还包括特殊情况的处理、如何保持评审标准一致性以及回避制度等都有细致的规定和说明，此外通过主评审组的检查和协调保证了小组内部和小组之间评价标准的一致性。

目前，很多国家采取知情同行评议的方法。这是以同行评议为主，但在评价过程中为评审专家提供可靠的数据指标以供参考的评价方法。这种方法提高了专家的评审效率，也保证了专家的评审质量。如 REF 2021 对部分学科提供了具体成果的引用指标作为同行评议的参考，与此同时，鉴于各学科引文规律存在差异，还提供了引文环境指标即学科平均被引量作为引文指标的参考数据。但是对于人文社会科学各学科而言，可供使用的数据不多，纯同行评议仍然是最重要的方法。意大利对研究成果的评价也采用类似的同行评议方法。

同行评议方法也有一定的拓展。同行评议中的“同行”原指学术同行，但在英国 REF 评价中，随着影响力评价的引入，评审专家已由传统的学术专家拓展至更广泛的用户、利益相关者等群体，REF 2014 中聘请的外部专家（这里指科研用户）已占到 23%。② 英国 REF 使用的同行评议已逐渐演变为专家评议，而非局限在学术同行范围内的同行评议。

2022 年，欧盟委员会发布《改革科研评估协议》（*The Agreement on Reforming Research Assessment*，ARRA），提出重点对研究

---

① James Wilsdon, Liz Allen, Eleonora Belfiore, et al., *The Metric Tide: Report of the Independent Review of the Role of Metrics in Research Assessment and Management*, HEFCE, 2015.

② 茹宁、闫广芬：《非学术影响评价：英国 REF 科研影响评估的创新性评析》，《国家教育行政学院学报》2020 年第 9 期。

人员、研究项目、研究单位三个方面进行研究评价改革。ARRA主要改革思路是认可和奖励研究人员对学术的多种贡献，拓展评价维度。科研评价的重点从研究成果拓展到研究活动，并延伸到研究活动的各方面，如同行评议、指导、推广和知识交流等。ARRA 特别强调依靠同行评议开展评价，提出在研究评价中放弃对期刊和出版物指标的不当使用。但目前各国的评价实践还未能体现出科研评价的具体改革措施。

2. **量化评价方法**

量化评价方法包括文献计量学和其他定量评价方法，后者可包括博士毕业数量、项目资助额度等指标，其中文献计量学方法和指标受到更多关注。20 世纪 90 年代以来，随着引文数据库的发展和普遍使用，以文献计量学为基础的量化评价方法因其简单、客观，在科研评价中得到广泛应用，甚至出现了“计量潮”（Metric Tide）现象。① 文献计量学评价通常基于发表和引文两类指标，挪威、芬兰、波兰等国家仅采用发表指标，而比利时（弗拉芒）、克罗地亚等国家和地区同时采用了发表和引用两类指标。发表指标大多依赖于期刊评价与分级，根据期刊的级别为论文赋予不同的权重。

量化方法有其明显的优势，它的效率很高，成本相对较低。采用量化方法的国家，其科研评价周期可以短至一年，评价成本也明显低于同行评议方法。它相对客观，发表论文和被引用等指标是客观指标，相对不容易被操纵，对于年轻研究者而言，量化评价避免了论资排辈，是相对公平的方法。量化方法也存在明显的不足和潜在问题。最大的问题就是采用发表和引用等少数几个指标，不能代表丰富多样的学术研究活动及贡献的整

---

① James Wilsdon, Liz Allen, Eleonora Belfiore, et al., *The Metric Tide*: *Report of the Independent Review of the Role of Metrics in Research Assessment and Management*, HEFCE, 2015.

体情况，不支持科学研究的多样性。同时，引用指标更多反映的是影响力，难以揭示科研成果的科学性、创新性等重要方面的表现。此外，量化方法的使用有一些限制条件，如指标的适用性，数据的全面性、科学性、准确性等。指标体系设计不合理或不当使用，就容易形成错误引导，产生博弈现象，对学术生态造成不良影响。

大量的理论研讨和实证分析对定量和定性评价方法的优劣进行了比较，特别是对量化方法的使用条件和限制达成共识。最有代表性的表述是2015年戴安娜·希克斯等发表于《自然》杂志的《科研定量评价莱顿宣言》①，该文针对科研量化评价方法的合理使用提出了10条原则。但这并不意味着量化方法不能用于科研评价，在满足一定条件下依然可以合理使用量化方法。首先，在数据方面，要保证支持数据的稳健性、可验证性，保证评价数据对于评价对象重要因素的覆盖面，如学科、语种、文献类型；其次，在评价指标设计方面要充分考虑到评价对象的差异性和多样性；最后，取决于评价对象的层级，越宏观的层面越适合采用量化评价方法，也越能发挥量化评价的效率优势，微观具体的层面则不适合用量化方法。因此量化指标不适用于对个人和具体成果的评价，但是越偏向宏观层级的评价对象，定量评价的可靠性越高。这些原则为科研绩效拨款评价中面向组织层面的定量评价提供了依据。

3. 案例研究方法

案例研究方法也是近年来国际科研评价领域使用较多的方法。案例研究通常采用叙述形式，提供科学研究及其社会目标

---

① Diana Hicks, et al., "The Leiden Manifesto for Research Metrics", *Nature*, Vol. 520, 2015, pp. 429-431.

和研究产出相关的充足且必要的数据支持和叙述材料，说明或突出科学研究的特定部分或方面，尤其是说明科学研究在非学术领域（如社会和经济领域）的作用及其相关性，使被评价单位以自由且多样化的方式对社会影响及相关方面进行详细描述，为研究成果的质量、影响力和评价之间的关系提供支持。

澳大利亚于2004年开发的科研质量框架（Research Quality Framework，RQF）中首次设计使用案例研究来评价科研成果在区域、国家及国际范围内产生的影响。被评价单位的研究人员通过撰写影响力案例来提供充足的定性和定量的证据，以证明研究成果对经济、环境、文化等方面作出的贡献。① 虽然由于各种原因，RQF并未真正实施，但这种案例研究的方法却对后续的评价产生了影响。2018年澳大利亚的科研参与和影响（Engagement and Impact，EI）评价体系中，对“科研影响”评价时，高校需要提交“影响叙述”和“影响方式叙述”的影响研究报告，即被评价单位采用案例叙事的方式详细阐述研究的社会影响以及促进科研社会影响产生的战略与机制。② 英国的科研卓越框架（REF）同样也采用案例研究方法评价高校和科研机构的社会影响。REF 2014中，被评价单位需要提交“影响案例”和“影响模板”来描述科研成果产生的社会影响。REF 2021将“影响模板”整合到“科研环境”板块，“影响案例”成为影响评估板块的唯一评估内容。③ REF 2021中使用统一的案例提交模板，参评单位通过叙述性案例的形式阐述研究的情况及其对各个领域的贡献，证明其提交材料在学术界以外所产生的影响力，以

① 熊佩萱、茹宁：《科学研究社会影响力评价趋势的国际分析》，《中国高校科技》2023年第4期。

② 刘志民、李馨儿：《澳大利亚高校科研评价改革动向与启示》，《高校教育管理》2020年第5期。

③ 熊佩萱、茹宁：《科学研究社会影响力评价趋势的国际分析》，《中国高校科技》2023年第4期。

此判断成果实际价值与影响。[①]

荷兰 SEP 中的案例研究作为单位自我评价的一部分，以连贯的叙事论证（narrative argument）形式呈现，论述研究单位的目标和战略，以及该战略对其研究的质量、社会相关性和生存能力方面的影响结果，论述过程中尽可能以事实证据为支持（适当时候可以使用定量指标）。意大利 VQR 则使用案例研究方法评价科研单位的“第三使命”，考察科研单位的研究对社会经济文化等其他领域的影响。

完整的案例研究能够使数据信息和叙事材料相互融合、互相印证，评审专家通过阅读案例文本，可清晰直观地了解研究的非学术影响力产生路径与表现形式，从而更有效地评价研究的非学术影响力。但案例研究也有一些缺点：每个案例研究都是独特的，不利于横向比较和评价；案例研究受提交单位主观因素影响，展示的影响力具有主观性和局限性；影响力案例撰写成本高，需要花费大量时间、精力及费用。[②]

（五）国家科研评价的效果及存在的问题

近 40 年来，各国在国家科研评价实践中不断探索和改进，总体而言推进了国家科研生产力的发展，但也面临着诸多问题和挑战。科研绩效拨款制度驱动下的国家科研评价影响力更大，其评价体系发展受到更多关注，相关的总结和反思也更为充分。相比之下，实施诊断性国家科研评价的国家较少，其评价结果是针对每个具体评价单位给出定性评价意见，并提出未来发展建议，较少进行机构之间的比较，因此这种方式有助于各评价

① 韩昕媛：《负责任评价视角下〈旧金山宣言〉实现路径研究》，硕士学位论文，天津师范大学，2023 年。

② 熊佩萱、茹宁：《科学研究社会影响力评价趋势的国际分析》，《中国高校科技》2023 年第 4 期。

单位不断进行改进，但改进的程度也很难进行明确的区分和测度。这种评价方式除了评价周期较长、评价过程复杂之外，通常不会产生大的负面影响。因此下文重点对绩效拨款制度下国家科研评价的效果、问题和挑战进行分析介绍。

1. 绩效拨款制度下国家科研评价的效果

绩效拨款制度下国家科研评价的效果集中体现在科研绩效拨款制度的效果中。欧盟及部分国家对已实施的绩效拨款活动组织了评估和审视，一些学者也通过问卷调查或文献计量方式对此进行了分析。相关研究显示，大部分国家的科研绩效拨款制度带来的影响都在可接受范围内，作为一个政策工具，该制度总体而言是有益的，可以对国家科研系统进行指导，通过评价与拨款增加国家对科学研究的整体影响。欧盟科研绩效拨款制度的相互学习活动①中，有 12 个使用科研绩效拨款制度的国家认为他们从该制度中受益，主要表现在研究质量和生产力的提高、大学评价政策的透明度增强、博士生和年轻研究人员前景的改善等方面。②

科研绩效拨款制度实施期间，普遍发现学术产出得到增长。但各国研究质量的提升情况有所不同。英国研究质量明显提升。英国对 REF 的评估结果发现③：30 多年来，英国的 RAE 和 REF 对英国研究质量和生产力的持续提高提供支持，英国在被引用论文前 1%的份额从 1996 年的 11%增加到 2012 年的 16%，在一

---

① 相互学习活动（Mutual Learning Exercise，MLE）是欧盟“地平线 2020”支持的项目，关注会员国和联系国感兴趣的具体研究与创新挑战，促进相关项目的良好实践交流。

② *Performance-Based Funding of University Research*：*Summary*，European Commission，2018.

③ *Research Excellence Framework*（*REF*）*Review*：*Building on Success and Learning from Experience*，Department for Business，Energy and Industrial Strategy.

定程度上可归因为绩效拨款资金的驱动和支持。澳大利亚在1995年实施综合指数评价之后，发现研究成果数量增长的同时质量有所下降。也有一些国家，如挪威①、芬兰、波兰②，在产出增加的同时影响力没有降低。研究发现，科研绩效评价及拨款对提高科研成果的平均水平有益，特别是在量化体系中，但是对于顶级成果的激励作用不明显。③

2. 国家科研评价的问题和挑战

国家科研评价在提升科研生产力的同时也带来了一些问题和挑战。

第一，科研评价的效果难以保持，评价政策需要进行周期性改进和调整。研究发现，评价活动对科研生产率提升的促进作用不具有可持续性，其激励效果可能会随着评价时间的推移而不断衰减，并在几年后消失。④ 因此，应当在每一次大规模评价活动之后开展规范的元评价活动，不断反思和改进评价体系中的问题，优化评价政策。

第二，应特别关注评价指标的不当使用问题。国家层面的

---

① Jesper W. Schneider, Kaare Aagaard and Carter W. Bloch, "What Happens When National Research Funding Is Linked to Differentiated Publication Counts? A Comparison of the Australian and Norwegian Publication-based Funding Models", *Research Evaluation*, Vol. 25, No. 3, 2016, pp. 244-256.

② Marc Luwel, "Performance-based Institutional Research Funding in Flanders, Belgium", *Scholarly Assessment Reports*, Vol. 3, No. 1, 2021, p. 1.

③ Daniele Checchi, Marco Malgarini and Scipione Sarlo, "Do Performance-based Research Funding Systems Affect Research Production and Impact?", *Higher Education Quarterly*, Vol. 73, No. 1, 2019, pp. 45-69.

④ Daniele Checchi, Marco Malgarini and ScipioneSarlo, "Do Performance-based Research Funding Systems Affect Research Production and Impact?", *Higher Education Quarterly*, Vol. 73, No. 1, 2019, pp. 45-69.

评价政策具有很大影响力，也有强烈的渗透作用，会直接影响大学与研究机构层面的评价。对于采用量化评价方法的国家而言，其基于期刊等的评价指标不适用于评价学者个人和具体研究成果。但是当大学与研究机构受国家评价的影响，量化评价的国家大多出现了不同程度的“以刊评文”现象，有些国家对此现象屡禁不止。如何阻断宏观和中观层面指标简单传递至微观层面，是绩效拨款评价体系中存在的挑战之一。

第三，要重视评价体系对于科研本身带来的非预期影响。多数绩效拨款评价活动将研究及成果产出的定义缩小和标准化，过于集中于论文、图书等出版活动，使其他一些学术活动或成果形式的价值被低估，“发表”容易成为学者工作的最重要目标，由此忽略了其他重要但没有列入考核内容的研究活动。① 在很多情况下，绩效拨款评价制度不鼓励高风险研究，而是激励研究人员选择“安全”或主流主题，因为这样能够保证及时发表考核需要的成果并获得相应的奖励。有些评价政策对于跨学科研究和合作研究不利。如英国 REF 2014 中，Scopus 上 8.4% 的英国作者的论文属于全球跨学科研究被引用的前 10%，但评价活动实际提交的成果中只有 6.4%属于这种情况。这至少说明研究院系及研究者本人认为跨学科成果不容易得到认可或评价政策不鼓励跨学科研究。②

第四，应注意保持合适的激励强度，过度激励容易引发博弈行为。绩效拨款评价制度的本意是通过竞争机制激发科研机

① Erik Arnold, Paul Simmonds, Kristine Farla, et al., “Review of the Research Excellence Framework: Evidence Report”, Technopolis Group, 2018, https://www.researchgate.net/publication/348168333_Review_of_the_Research_Excellence_Framework_Evidence_Report.

② “Research Excellence Framework (REF) Review: Building on Success and Learning from Experience”, Department for Business, Energy and Industrial Strategy.

构的积极性，从而提高竞争力，追求科研卓越。但由于涉及资金和声誉，机构和个人都容易产生将绩效最大化的博弈行为。这些博弈行为会使原本激励卓越的评价政策变为追求指标的指挥棒。激励力度越大，博弈的驱动力越强，评价政策中合理的部分可能被扭曲，不合理的因素会被放大。

第五，评价体系对于科研环境也产生影响，过度竞争带来的压力和内卷会影响到科研人员的身心健康。英国帝国理工学院的一名学者斯特凡·格林（Stefan Grimm）达不到该机构教授职位的标准后自杀，导致帝国理工学院对其绩效指标的使用进行了审查。① 如何把握激励的尺度，在保持不断鼓励科研人员的情况下又不至于过度内卷，这是一个挑战。

① Chris Parr, "Stefan Grimm's Death Leads Imperial to Review Performance Metrics", https://www.timeshighereducation.com/news/stefan-grimms-death-leads-imperial-to-review-Performance-metrics/2019381.article.

二　英国科研卓越框架

（一）英国科研体制概况

1. 英国的科研体制

英国是位于欧洲大陆西北海岸的岛国，包括整个大不列颠岛——英格兰、威尔士和苏格兰——以及爱尔兰岛的北部。主要城市包括首都伦敦，英格兰的伯明翰、利物浦和曼彻斯特，北爱尔兰的贝尔法斯特和伦敦德里，苏格兰的爱丁堡和格拉斯哥，以及威尔士的斯旺西和卡迪夫。英国 2021 年人均 GDP 为 47334 美元，人均 GDP 增长率为 7%。

英国研究与创新委员会（UK Research and Innovation，UKRI）是英国资助科研的国家机构，由科学、创新和技术部（the Department for Science, Innovation and Technology，DSIT）主管，资助整个英国的公共科研事业，年度总预算超过 60 亿英镑。

英国有 160 多所高校，包括大学 90 所，高等学院 123 所，高等教育学院 50 所。其中 17 所高校进入 QS 2024 前 100 名，9 所进入 2024 年泰晤士高等教育世界大学排名（Times Higher Education World University Rankings，THE）和 2023 年上海软科世界大学学术排名（Shanghai Ranking's Academic Ranking of World Universities，ARWU）前 100 名。[①] 英国大学除白金汉大学为私

---

① "Rankings：the 112 Best Universities in the United Kingdom for 2024/2025"，Study. eu，https：//www. study. eu/best-universities/united-kingdom.

立外，其余均为公立，高等学院和高等教育学院大部分为私立机构。[①] 英国大学在组织与行政管理上均属自治，在拟定教学目标、颁发证书和授予学位方面完全由大学自己决定，但大学基建费的90%和办学经费的75%都由政府出资。英国大学主要分为四类：①古典大学，主要是牛津大学、剑桥大学，在英国大学中占据最高地位。其招收公学、文法中学毕业生中能力最强的学生，采取单独的入学考试，是英国上层统治人物的培养场所。两所大学本科学制为3年，实行学院制与导师制。②近代大学，即19世纪末建立起来的传统大学，如伦敦大学。这类大学目前也属于英国重点大学，不仅对校内学生授予学位，还对国外、校外考试合格的学生授予学位。③新大学，即第二次世界大战后建立起来的大学。这类大学有许多新特点，如有权决定本校的课程设置、教学方法与考试方法，课程设置与教学体制方面注意克服过早和过分专门化问题，实行导师制，设置多学科教学的学院体制，开设新的跨学科课程等。④开放大学。大学入学条件要求申请者的普通教育证书要通过5门科目的考试，包括2门高级水平、3门普通水平或3门高级水平、2门普通水平。此外，英国公立高等学校还设有技术学院、继续教育学院和教育学院。

2. 英国的科研资助

（1）英国科研拨款模式

英国对高校的拨款经过议会、政府主管部门和拨款机构三个环节，最终到达高等院校。1965年英国议会通过《科学与技术法》，规定将政府的科研拨款分为经常性科研拨款和项目性科研拨款两大部分，这是英国大学双重科研拨款制度建立的标志。[②] 英国高校科

---

① 李志民编著：《世界主要国家科研与学术体系概览》，清华大学出版社2020年版，第6—7页。

② 汪利兵：《英国高校双重科研拨款制度述略》，《杭州大学学报》（哲学社会科学版）1995年第2期。

研经费来自两部分，一是议会批准后划拨给科学、创新和技术部，通过 UKRI 下拨的经常性拨款中的科研经费，二是各大研究委员会根据大学科研人员的项目申报，以竞争的方式下拨的科研经费，类似我国的科研基金项目资助。① 英国科研绩效评价结果是 UKRI 拨付经常性科研拨款的重要依据。2023—2024 年，UKRI 共拨付了 21.32 亿英镑科研经费，其中 19.81 亿英镑科研经费是与质量相关的科研拨款②，占经常性科研拨款的 93%左右。

（2）选择性科研资助的政策脉络

英国高等教育具有学术自由的传统，在改革之前，英国高等院校获得的科研经费主要与院校地位息息相关。③ 自 20 世纪 60 年代起，英国开始重视院校分层和选择性资助的问题。1965 年，英国科学和工业研究部宣布同意采取选择性原则。④ 1967 年英国科学政策委员会的《第二份科学政策报告》、1967 年大学拨款委员会的指南文件，以及 1970 年科学研究委员会的报告《选择性和科研资助的重点》均提及类似问题。⑤ 1986 年以来，英国大学科研拨款引入择优分配机制，1986—1987 年，英国大学拨款机构引入新的公式化拨款模式。⑥ 20 世纪 80 年代以来的

---

① 汪利兵：《英国高校双重科研拨款制度述略》，《杭州大学学报》（哲学社会科学版）1995 年第 2 期。

② "Research England Grant Allocations Basis 2023 to 2024", UK Research and Innovation, https://www.ukri.org/publications/research-england-grant-allocations-to-heps-2023-to-2024/research-england-grant-allocations-basis-2023-to-2024.

③ 付媛媛：《英国高校科研评价研究》，硕士学位论文，上海交通大学，2008 年。

④ Maurice Kogan, Stephen Hanney, *Reforming Higher Education*, London: Jessica Kingsley Publishers, 2000, pp. 93.

⑤ 常文磊：《英国科研评估制度与大学学科发展》，教育科学出版社 2014 年版，第 53 页。

⑥ 常文磊：《英国科研评估制度与大学学科发展》，教育科学出版社 2014 年版，第 53 页。

英国高等教育政策体现出注重效益、强化质量、加强科研的特点。[①] 1986年，英国大学校长委员会（Committee of Vice Chancellors and Principals of the Universities of the United Kingdom, CVCP）公布《雷诺兹报告》，提出一套具有操作性的学术标准，要求通过监控来保障大学教育质量。《1988年教育改革法》（*Education Reform Act 1988*）提出要根据质量来进行经费资助。

（3）高等教育科研拨款机构沿革

英国高等教育科研拨款机构经历了1919年大学拨款委员会（University Grant Committee，UGC）——1988年大学基金委员会（University Funding Committee，UFC）——1992年高等教育拨款委员会[②]（the Higher Education Funding Council for England, HEFCE）——2018年UKRI的变革。

1919年，英国政府召开了一次关于增加政府对大学资助的会议，催生了UGC的成立，该委员会的主要职能是调查大学的财政情况，发现财政困难又能满足拨款申请条件的大学，由大学拨款委员会向政府提出拨款建议。[③] 英国《1988年教育改革法》建议成立UFC取代UGC，对大学和公共高等教育体系进行拨款。[④] 1992年，英国《继续与高等教育法》（*Further and Higher Education Act*，1992）颁布实施，规定分别在英格兰、苏格兰和威尔士设立3个高等教育拨款委员会，代替原有的基金会。[⑤] 2018年，HEFCE拆分为UKRI和学生办公室（Office for

---

① 常文磊：《英国科研评估制度与大学学科发展》，教育科学出版社2014年版，第53页。

② 有时译为高等教育基金委员会。

③ 姚云、章建石编著：《当代世界高等教育评估历史与制度概览》，北京师范大学出版社2013年版，第8页。

④ 张彦通主编：《欧洲地区高等教育质量保障体系研究》，北京航空航天大学出版社2007年版，第3页。

⑤ 姚云、章建石编著：《当代世界高等教育评估历史与制度概览》，北京师范大学出版社2013年版，第11页。

Students）。

UKRI 成立于 2018 年 4 月，是由科学、创新和技术部资助的一个公共机构。UKRI 下设多个委员会，分别为艺术与人文研究理事会（Arts and Humanities Research Council）、生物科技及生物科学研究理事会（Biotechnology and Biological Sciences Research Council）、经济和社会研究理事会（Economic and Social Research Council）、工程与物理科学研究理事会（Engineering and Physical Sciences Research Council）、医学研究理事会（Medical Research Council）、自然环境研究理事会（Natural Environment Research Council）、科学技术设备理事会（Science and Technology Facilities Council），还设立了英国技术战略理事会（Innovate UK）、英格兰研究委员会（Research England，RE）。其中英格兰研究委员会就是科研卓越框架（REF）的主要组织者之一。

（二）英国国家科研评价背景与发展历程

1. 时代背景

英国具有学术自由和学术自治的传统，大规模的科研评价出现在高等教育大众化与教育财政危机的现实冲突、新公共管理主义盛行的背景下。

（1）高等教育大众化与教育财政危机

英国科研评价体系建立在高等教育扩张的背景下，英国大学的数量从 20 世纪 60 年代的 40 多所扩张到今天的 160 多所，高等教育毛入学率从不足 10%提升至近 50%。[①] 扩大的高等教育规模增加了财政负担，加之受 20 世纪 70 年代末资本主义世界经

① Harry Torrance，“The Research Excellence Framework in the United Kingdom：Processes，Consequences，and Incentives to Engage”，*Qualitative Inquiry*，Vol. 26，No. 7，2020，pp. 771-779.

济危机的影响，在高等教育经费需求增加，教育财政力量不足的双重影响下，英国的高等教育机构不能再像之前那样天然地得到政府的财政支持，而需要竞争性地分配研究资金。

（2）新公共管理主义的盛行

20世纪七八十年代以来，发端于英、美等西方国家的新公共管理改革兴起。新公共管理主义重视采用市场化手段改革公共部门和公共服务，竭力发挥市场作用，并对公共部门进行绩效评价，保障服务质量。① 新公共管理对高等教育领域的影响体现在实行新的拨款方式，建立外部质量保证体制。② REF基于大学科研绩效分配科研资金，是近年来世界范围内广泛应用的科研绩效拨款制度的一种。这种科研资金分配方式受到新公共管理主义思想的影响，将财政资源分配给更高效的研究机构，加强对公共投资的问责。③

2. 英国科研评价的发展历程

20世纪80年代，在新公共管理盛行的背景下，政府和社会希望在高等教育领域引入质量保障和问责机制，通过全面质量管理等举措提高高等教育机构的科研效率。在这样的背景下，英国出现了科研选拔性评价RSE，后来发展为RAE，2014年又发展为REF。

（1）RSE阶段

根据REF网站公布的文件《在成功的基础上，从经验中学

---

① 常文磊、王报平：《新公共管理理论对英国高等教育改革与创新的影响》，《继续教育研究》2010年第1期。

② 常文磊：《英国科研评估制度与大学学科发展》，教育科学出版社2014年版，第31页。

③ Thomas Zacharewicz, et al., "Performance-Based Research Funding in EU Member States: A Comparative Assessment", *Science and Public Policy*, Vol. 46, No. 1, 2019, pp. 105-115.

习：卓越研究框架的独立审查》（*Building on Success and Learning from Experience*：*An Independent Review of the Research Excellence Framework*），1986 年，RSE 由大学拨款委员会主席彼得·斯温内顿—戴尔（Peter Swinnerton-Dyer）发起，对当时的 37 个以学科为基础的委员会提供的资料进行评价，旨在各机构之间重新分配研究资源，并鼓励各机构内部重新分配具有特殊实力或潜力的工作。① 1986 年开展的 RSE 评价根据 37 类研究单元的研究收入、研究支出、学生人数、研究计划优先级、过去 5 年大学最优秀的 5 份成果进行评价，评价结果用于分配相对较少的一部分资金。②

1989 年 RSE 开展了第二次评价，这次评价正式将同行评议作为评价方法，并邀请大学来定义自己的研究单元，152 个参评单元分别提交了 2 份成果参与评价。③

（2）RAE 阶段

1992 年，在 RSE 的基础上，英国启动 RAE，随后在 1996 年、2001 年和 2008 年分别开展了评价，因此 RAE 评价共开展了四轮。1992 年的 RAE 评价沿用了五级打分法，1996 年和 2001 年评价中分为 1、2、3、3b、3a、4、5、5 * 多个等级，

---

① "Building on Success and Learning from Experience: An Independent Review of the Research Excellence Framework", REF, https://assets.publishing.service.gov.uk/government/uploads/system/uploads/attachment_data/file/541338/ind-16-9-ref-stern-review.pdf.

② "Building on Success and Learning from Experience: An Independent Review of the Research Excellence Framework", REF, https://assets.publishing.service.gov.uk/government/uploads/system/uploads/attachment_data/file/541338/ind-16-9-ref-stern-review.pdf.

③ "Building on Success and Learning from Experience: An Independent Review of the Research Excellence Framework", REF, https://assets.publishing.service.gov.uk/government/uploads/system/uploads/attachment_data/file/541338/ind-16-9-ref-stern-review.pdf.

2008 年又改为 1 *、2 *、3 *、4 * 四个等级，并在评价等级之外发布质量概况。①

2001 年的 RAE 评价完善了出版行为、跨学科研究、分数一致性、平等的机会和人员调动等方面的做法，每个评审小组公布了一套评价指标和工作方法。2001 年的 RAE 评价受到评价成本过高、评价单元评级无法完全代表研究人员个体质量等方面的批评。因此，加雷思·罗伯茨（Gareth Roberts）爵士被邀请审查科研评价。他指出同行评议应继续作为评价的核心方法，建议从单一的评级系统转向质量概况，这一建议在 RAE 2008 中被采纳。②

（3）REF 阶段

REF 由英格兰研究委员会、苏格兰资助委员会（The Scottish Funding Council，SFC）、威尔士高等教育资助委员会（The Higher Education Funding Council for Wales，HEFCW）和北爱尔兰经济部（Department for the Economy，Northern Ireland，DfE）联合开展，于 2014 年开始实施，取代了之前的 RAE。

REF 由总部设在英格兰研究委员会的 REF 团队代表四个英国高等教育资助机构管理，并由 REF 指导小组监督，该小组由四个资助机构的代表组成。2014 年的 REF 评价增加了影响评价标准，各机构的质量概况包括成果质量、影响和

① "Building on Success and Learning from Experience: An Independent Review of the Research Excellence Framework", REF, https://assets.publishing.service.gov.uk/government/uploads/system/uploads/attachment_data/file/541338/ind-16-9-ref-stern-review.pdf.

② "Building on Success and Learning from Experience: An Independent Review of the Research Excellence Framework", REF, https://assets.publishing.service.gov.uk/government/uploads/system/uploads/attachment_data/file/541338/ind-16-9-ref-stern-review.pdf.

环境三个部分。表2-1对RAE和REF主要变化和提交材料进行梳理。

表2-1　RAE和REF主要变化和提交材料梳理

评价名称	类别	主要内容
RAE 1992	主要改变	•增加根据评价结果分配的拨款数量，高等教育资助机构90%以上的经费依据评价结果分配 •从评审日期后雇佣的员工中遴选科研活跃教职工 •评价科研活跃员工的两份出版物和两份其他形式产出，在总结出版物和其他形式成果的基础上评为1—5个等级 •37个学科专家组
	提交材料	•所有教职工情况的总结 •活跃研究人员、学生和相关的数据 •外部科研收入 •基于提交的教职工科研成果数量与质量获得的拨款
RAE 1996	主要改变	•每个活跃的研究人员提交2—4份出版物，不再要求提交所有出版物清单 •评价等级分为1、2、3、3b、3a、4、5、5* •69个学科专家组
	提交材料	•所有教职工情况的总结 •活跃研究人员、研究生和研究生培养相关的数据 •外部科研收入 •科研环境和规划 •整体观察指标和额外信息（科研卓越和同行声誉指标，如担任期刊编辑，在会议上作报告） •基于提交的教职工科研成果数量与质量获得的拨款
RAE 2001	主要改变	•期望每个评审专家根据出版物或产出的特点进行评价 •更强调问责制，公开评审结果 •有特殊情况的人员可以减少成果提交量 •评价等级分为1、2、3、3b、3a、4、5、5* •69个学科专家组
	提交材料	•人员信息 •科研产出 •研究生培养数据 •研究收入

续表

评价名称	类别	主要内容
RAE 2008	主要改变	• 科研产出（70%）、科研声誉（10%）、科研环境（20%） • 引入质量概况，使识别和奖励高质量研究成为可能，评价对象从研究机构、评价单元深入到具体的研究成果 • 评价结果分为 1 *、2 *、3 *、4 * • 研究环境描述 • 67 个学科专家组
	提交材料	• 人员信息：科研活跃人员和员工个体情况 • 研究成果：每位科研人员最多提交 4 份成果，最少提交 2 份成果 • 研究生培养及资助相关数据 • 外部科研收入（最少 5%）和声誉指标（最少 5%）
REF 2014	主要改变	• 引入影响评价，科研产出（65%）、科研影响（20%）、科研环境（15%） • 在特定小组中使用引文信息，为同行评议提供参考 • 加强了促进平等和多样性的方法 • 36 个学科专家组 • 评价结果分为 1 *、2 *、3 *、4 *
	提交材料	• 员工信息：科研活跃人员信息，包括员工的个人情况 • 科研产出（65%）：每个被选中员工最多提交 4 份科研成果 • 科研影响案例（20%）：每 10 个研究成果提交 1 份影响案例 • 环境（15%）：授予的博士学位数、外部科研收入和研究实物收入（research income-in-kind）的来源和数量
REF 2021	主要改变	• 指标权重的改变：与 REF 2014 相比，科研产出所占权重从 65%降低到 60%，科研影响的权重从 20%上升到 25%，科研环境比重为 15% • 扩大参评人员范围：高等教育机构可以从所有合格人员中选择对研究具有重大责任的人员参评。合格人员指和研究机构签订的合同中职责为“仅从事研究”或“教学和研究”的人员 • 提交成果数量更加灵活：（1）机构可以灵活确定参加评价的科研人员提交的成果数量，每人至少提交 1 份成果，至多提交 5 份成果，但机构提交的成果总量要达到机构全职受雇职工数量的 2.5 倍。这样的改变是为了减轻通过选择特定人员提高分数和排名的策略性行为对评价真实性的影响。（2）特定情况下不做至少提交 1 份成果的限定性要求，并对机构提交成果数量进行相应调整。考虑到一些研究人员在评价期间可能经历一些影响工作能力的事件，导致无法在评价期间产出科研成果，因此对于存在这些情况的个体，取消至少提交 1 份成果的要求，当这些个体的情况累积到影响一个单位的整体产出时，

续表

评价名称	类别	主要内容
REF 2021	主要改变	也可以酌情降低对机构提交成果数量的要求[①] •公开获取：评价要求 2016 年 4 月之后产生的并且参与评价的成果必须能够公开获取[②] •其他改变：评价重点从个体转向机构；有可能计入之前职工的成果；在环境模板中包含该单位支持和使研究产生影响的方法；加强了对交叉学科研究的评价过程；引入了机构层面的环境声明
	提交材料	•所有在职人员的信息，对研究负有重大责任的，以及所提交的产出归于哪些前工作人员的信息 •提交单位在特定时期内产生的可评价产出的细节。产出总数必须等于该单位提交的工作人员合计全职当量（FTE）总和的 2.5 倍 •关于取得影响的案例 •博士学位、研究收入等数据 •一份机构级别的环境声明，以及一份描述提交单位的研究和影响环境的完整模板

资料来源：笔者根据《在成功的基础上，从经验中学习：卓越研究框架的独立审查》（*Building on Success and Learning from Experience*：*An Independent Review of the Research Excellence Framework*）报告等相关资料整理得出。

REF 2014 的变化显示，英国科研评价开始关注科研产出在学术领域之外产生的影响，认可应用研究、实践研究等，鼓励学术界和产业界合作，而且对科研机构的考察更加全面，不仅

① "REF 2021-Analysis of Inclusion for Submission, Representation in Outputs Attribution and Scoring", REF, https://2021.ref.ac.uk/media/1919/ref-2021-analysis-of-inclusion-for-submission-representation-in-outputs-attribution-and-scoring.pdf.

② Harry Torrance, "The Research Excellence Framework in the United Kingdom: Processes, Consequences, and Incentives to Engage", *Qualitative Inquiry*, Vol. 26, No. 7, 2020, pp. 771-779.

考察了影响，还考察了科研环境。REF 2014 采取了新措施来保障评价工作兼顾平等与多样性，如，主要小组改进工作方法的标准，对员工特殊情况的指导，对员工进行公平透明遴选的要求，对环境的新评价标准等。REF 2014 还采取了一些措施来降低评价的成本，如引入叙述性材料模板，不再使用声誉指标，降低学科专家组数量来保证各学科专家组的评价标准和工作方法更大的一致性，简化能够被遴选的职工的类别，删除或简化 RAE 中收集但在 REF 中被认为没有必要的数据。① 尽管 REF 2014 做了一系列努力，但拨款机构和参评机构组织和参加 REF 2014 花费的成本高达 2.46 亿英镑，远高于 RAE 2008 花费的 6600 万英镑。②

（三）英国科研卓越框架（REF 2021）

1. 评价目的、原则与指标

（1）评价目的

REF 有三重目的。其一，作为分配科研资助的依据；其二，为科研公共投入问责提供投资效益依据；其三，为高等教育机构和公众提供科研声誉信息。

除此之外，REF 还有三个角色，即为国家的优先科研战略决策提供信息，为高等教育机构和研究人员提供强有力的激励，

---

① "Building on Success and Learning from Experience: An Independent Review of the Research Excellence Framework", REF, https://assets.publishing.service.gov.uk/government/uploads/system/uploads/attachment_data/file/541338/ind-16-9-ref-stern-review.pdf.

② "Building on Success and Learning from Experience: An Independent Review of the Research Excellence Framework", REF, https://assets.publishing.service.gov.uk/government/uploads/system/uploads/attachment_data/file/541338/ind-16-9-ref-stern-review.pdf.

为对特定高等教育机构和其他机构的资源分配决策提供信息。

(2) **评价原则**

REF评价遵循公平、平等和透明的评价原则，并通过制定评价标准和规范评价程序来保障评价原则的贯彻落实。具体而言，公平指公平地对待不同学科、不同形式成果、不同类型的研究。平等指要求高等教育机构提交材料中遵守平等原则，平等地确定成果归属，选择研究成果。透明指将在各参评机构提交材料之前全文公布评价所采用的准则和程序，并在评价后公开全部结果，公开解释主要小组和分小组一级的决策过程。评价各环节透明度的提升能够提高评价的可信度。

为了保障公平、平等、透明原则的落实，REF在评价前公布评价标准和评价程序，接受公众监督，四个主要评价小组和34个分小组就得出评价结果的过程进行公开解释，评价结果全部公开发布。值得一提的是，REF非常重视平等和多元，不但成立了平等和多样性咨询小组，为评价的平等和多样性提供保障，而且在评价前为主要小组、分小组主席和成员提供无意识偏见培训，并撰写《平等影响评价报告》。

(3) **评价指标**

①评价指标体系

REF主要评价参评机构的成果、影响和环境三个方面，其中成果所占权重最高，占到60%，影响和环境两方面的可量化程度较低，分别占25%和15%，较好地反映了不唯成果数量论，重视社会影响和机构活力的评价导向。

在成果、影响和环境三个方面中，REF的评价重点不同。REF重点从原创性、重要性和严谨性三方面评价科研成果，从范围和重要性两方面评价科研产生的影响，从活力和可持续性两方面评价科研机构的环境（如表2-2所示）。

表 2-2　　　　REF 2021 评价指标体系、权重与内涵

评价维度	权重	评价指标	具体内涵
成果	60	原创性、重要性和严谨性	综合评价提交的科研产出的质量，重点考察该产出的原创性、重要性和严谨性
影响	25	范围和重要性	从范围和重要性两方面考察科研产出对经济、社会、文化、公共政策等领域，或对服务、卫生、环境和生活质量等方面的影响
环境	15	活力和可持续性	科研环境的“活力和可持续性”，包括使研究产生影响的方法，以及它对更广泛学科或研究基础的活力和可持续性的贡献

资料来源：笔者根据 REF 2021 文件《小组标准和工作方法》（*Panel Criteria and Working Methods*）等相关资料整理。

②成果评价指标

a. 对多种成果类型开展评价

REF 重视成果多样性，七大类共 22 种成果类型可以作为个人和高等教育机构的成果提交到评审组。REF 认可的成果类型如表 2-3 所示：

表 2-3　　　　REF 认可的成果类型

成果类型	具体种类
著作及著作中的部分	专著
	编著
	书中章节
	学术编辑
期刊文章	期刊论文
	会议论文
	工作论文
物理赝像	人工制品
	设备和产品

续表

成果类型	具体种类
展览和表演	展览
	表演
其他文件	专利/公开专利申请
	（音乐、艺术、诗歌的）作品
	设计
	外部机构研究报告
	外部机构机密报告
数字人工制品	软件
	网站内容
	数字或视觉媒体
	研究数据集和数据库
其他	翻译
	其他

资料来源：笔者根据《REF 2021—材料提交指南》（*REF 2021-Guidance on Submission*）等相关资料整理。

REF从原创性、重要性、严谨性三方面评价高等教育机构提交的成果，在评价说明文件中对这三方面的具体含义进行了界定，便于在评价过程中凝聚共识，统一评价标准，提高评价的公平性、一致性。

b. 成果评价指标1：原创性

原创性指成果对该领域作出重要和创新贡献的程度。做到以下一个或多个方面可以证明研究成果的独创性：

- 产生和解释新发现或新材料；
- 处理新的和/或复杂的问题；
- 创新研究方法、方法论和分析技术；
- 展示想象力和创造性的范围；
- 提供新的论据和/或新的表达形式、形式创新、解释和/或见解；

- 收集和处理新类型的数据；
- 推进理论对政策或实践的分析，以及新的表现形式。

c. 成果评价指标 2：重要性

重要性指工作在多大程度上影响或有能力影响知识和学术思想，或影响对政策和/或实践的理解和发展。

d. 成果评价指标 3：严谨性

严谨性指工作在多大程度上表现出智力上的连贯性和完整性，并基于合理的理论、确切的依据，采用适切的概念、稳健的方法开展分析。

③影响评价指标

REF 从影响范围和重要性两方面考察科研成果对经济、社会、文化、公共政策等领域，或对服务、卫生、环境和生活质量等方面的影响。对研究机构影响的考察采取案例形式，每个案例研究必须提供清晰连贯的叙述，包括哪些民众、公民、团体、组织、地方、公众、部门等受益、受到影响或采取行动。它是通过非学术机构（如非政府组织）对研究的引用来衡量的，或者通过在标准、指南、培训材料和政府统计数据中进行记录来衡量的。①

REF 文件中根据影响领域将科研影响分为对人类健康和福祉以及动物福利的影响，对创造力、文化和社会的影响，对社会福利的影响，对商业和经济的影响，对生产的影响，对公共政策、法律和服务的影响，对从业者、专业服务交付、提升绩效或道德实践的影响，对环境的影响，对理解、学习和参与的影响九大类，并分别列举了判断影响范围和重要性的参考指标。

---

① Oliver Wieczorek, Richard Münch, Daniel Schubert, "All Power to the Reviewers: British Sociology Under Two-Level Supervision of the Research Excellence Framework", *Social Science Information*, Vol. 61, No. 4, 2022, pp. 481-528.

a. 影响评价指标 1：范围（reach）

影响范围被理解为与影响性质相关的影响受益人的程度和/或多样性。影响范围根据影响到的潜在公民、受益人数或群体的程度来评价；它将不以纯粹的地理意义来评价，也不以受益人的绝对人数来评价。这些标准适用于任何影响发生的地方，无论地理位置或场所，无论是在英国还是国外。

b. 影响评价指标 2：重要性（significance）

重要性考察科研成果的非学术影响在促成、丰富、影响、告知或改变受益者的表现、政策、做法、产品、服务、认识或福祉的程度。

影响案例材料模板

第一部分

主要是基本信息，包含机构、所属学科、案例名称、时间、姓名、角色等。

第二部分

1. 对影响的总结（100 字以内）

2. 基础研究（500 字以内）

概述支撑该影响的关键研究见解或发现，并提供详细的研究内容、时间和人员信息。应包含以下要素：

- 与案例研究中声称的影响相关的研究发现或发现的本质
- 提交单位的基础研究的概述
- 该研究领域的相关关键背景信息。

3. 研究的参考文献（最多 6 个）

描述研究的关键成果的参考文献，以及有关研究质量的证据，而不限于出版的学术成果。

4. 影响的细节（750 字以内）

关于研究如何产生（作出了独特的和实质性的贡献）影响，以及影响的性质和程度的叙述和相关支撑证据。

应包含以下内容：

- 对科研成果产生影响的过程或方式，如科研成果如何传播、影响用户或受益者，或用户与受益者如何利用、采用或应用研究
- 该研究的合作机构的贡献
- 受益人的详细信息——谁或什么社区、选区或组织受益、受到影响
- 影响细节——他们如何受益、被影响
- 证明影响程度的证据或指标，视情况而定
- 这些影响发生的时间。

5. 证实该影响的其他来源

可以包括以下外部佐证来源：

- 报告、评论、网络链接或公共领域的其他书面信息来源
- 机密报告或文件
- REF 团队可以联系的个人用户/受益人
- 主要用户/受益人已向参评机构提供的事实陈述。①

④环境评价指标

REF 通过机构提供的科研环境的案例材料进行评价。各小组将根据提交单位的研究环境，所支持的研究活动的规模和多样性，对学科、学术团体和更广泛社会的参与和贡献，以及其主题领域的匹配情况，评价环境的生命力和可持续性。环境关系到大学管理者实现战略目标的能力。②

---

① 本部分内容系作者根据《REF 2021—材料提交指南》（*REF* 2021-*Guidance on Submission*）等相关资料整理。

② Oliver Wieczorek, Richard Münch, Daniel Schubert, "All Power to the Reviewers: British Sociology Under Two-Level Supervision of the Research Excellence Framework", *Social Science Information*, Vol. 61, No. 4, 2022, pp. 481-528.

a. 环境评价指标：活力（vitality）

活力被理解为一个单位在多大程度上有助于为所有工作人员和研究生建立繁荣和包容的研究文化，这种文化以明确阐述并能产生影响的研究战略为基础，体现在与国内和国际研究及用户社区互动，并能够吸引优秀的研究生和博士后研究人员等方面。

b. 环境评价指标：可持续性（sustainability）

可持续性被理解为研究环境在多大程度上确保了未来的健康、多样性、福祉、研究单位及学科更广泛的贡献，包括对人员和基础设施的投资。

c. 环境声明应包含的要素及权重

REF 根据特定提交单元的研究环境，对学科、学术团体和更广泛社会的参与和贡献来评价其活力和可持续性。参评对象提交的关于环境的材料应包含以下四个部分。

- 评价单元的背景和结构，研究和影响策略
- 人员
- 收入，基础设施和设备
- 合作性，以及对基础研究、经济和社会的贡献

REF 对这四个部分赋予不同的权重，来评价机构的科研环境。主要小组 A（医药、健康和生命科学）、B（自然科学、工程和数学）、C（社会科学）对四个要素赋予同等权重。主要小组 D（艺术和人文）赋予评价单元的背景和结构，研究和影响策略 25%的权重；赋予人员 30%的权重；赋予收入，基础设施和设备 20%的权重；赋予合作性，以及对基础研究、经济和社会的贡献 25%的权重。

d. 环境声明类型及要求

评价对象提交的关于环境的材料又分为机构层面的环境和研究单元层面的环境两种。

机构层面的环境应满足以下具体要求：（1）背景和使命；

概述机构的规模、结构和使命。(2) 战略：院校在评价期间和未来5年为促进研究和产生影响的战略，包括科研诚信、开放研究、对平等和多样性的考虑，以及适当情况下支持跨学科研究的体系。(3) 人员：机构的人员配置策略，对研究生的支持和培训，建立在实施的制度、规则，以及关于研究生涯中如何支持和推动整个机构的平等和多元的证据的基础上。(4) 收入、基础设施和设备：机构层面支持研究的资源和设施。环境应包括适合高等教育机构研究关注点，有助于其产生影响，提升科研生产力的机制。

机构层面环境声明模板

一、机构名称

二、背景和使命

概述机构的规模、结构和使命。

三、战略

机构在评价期间和未来5年为促进研究和产生影响（包括科研诚信、开放研究和支持跨学科研究的体系）的研究战略。

四、人员配置

该机构的人员配置战略、对研究生的支持和培训，基于实践提供的建设性信息，机构整体层面支持和推动科研事业的平等性、多样性的具体实践。

五、收入、基础设施和设备

院校层面用以支持研究和实现影响的资源和设施。①

科研单元层面的环境没有必备要素的要求。主要小组认为，优秀的研究可以在各种各样的研究体系和环境中进行，取得突

① 本部分系笔者根据《REF 2021—材料提交指南》（*REF* 2021-*Guidance on Submission*）等相关资料整理。

出的影响，并基于各种各样的方法，这种多样性很好地促进了分小组所代表的学科的健康发展。因此主要小组未预设对研究环境的理想规模或组织结构，以及产生影响的理想背景或方法，其根据每一份提交的材料的优点，适当地结合机构的性质进行评判，但关于提交材料的说明文件中依然展示了科研单元层面的环境模板的范例。

评价单元层面的环境模板

一、基本信息

1. 机构名称

2. 所属学科

二、主要内容

（一）提交科研单元的背景、结构、研究和影响战略

提供该科研单元在评价期间推动研究、实现影响的战略目标实现的证据，推动研究和影响的未来战略目标及细节，战略与评价单元架构的关系，以及将如何推进战略等信息。

（二）人员

提交该评价单元人员配置战略和人员发展的证据；对研究生的培训和指导的支持机制与证据；以及提供支持、促进平等和多样性的证据。

（三）收入、基础设施和设备

提交该评价单元与研究和研究影响有关的收入、基础设施和设备的信息。

（四）对经济和社会的贡献

提交该评价单元的研究合作、网络和伙伴关系信息，包括与主要科研用户、受益人或受众的关系；以及更广泛的对经济和社会的贡献。①

① 本部分系笔者根据《REF 2021—材料提交指南》（*REF* 2021-*Guidance on Submission*）等相关资料整理。

（4）评价结果分级标准

REF 对每个参评机构作出总体质量评价和成果、影响、环境三个子评价。这四个评价结果均以星级形式呈现，分为四星、三星、二星、一星和不合格五个档次，表 2-4 呈现了整体、成果、影响、环境评价结果的分级标准。在资助标准方面，对四星机构的资助额度是三星机构的四倍，对获得其他星级的机构不提供资助。①

①总体质量评价分级标准

表 2-4　　　　总体质量概况：不同级别的定义

级别	定义
四星	机构的总体质量在原创性、重要性和严谨性三方面达到世界领先水平
三星	机构的总体质量在原创性、重要性和严谨性三方面达到国际一流水平，但未达到卓越
二星	机构的总体质量在原创性、重要性和严谨性三方面达到国际认可水平
一星	机构的总体质量在原创性、重要性和严谨性三方面达到国内认可水平
不合格	机构的总体质量低于国内认可的标准，或不符合本评价所公布的研究的定义

资料来源：笔者根据 REF 2021 文件《小组标准和工作方法》（*Panel Criteria and Working Methods*）等相关资料整理。

总体质量评价是对参评机构成果、影响、环境三方面的综合评价，从分级标准可以看出，总体质量评价重点关注成果的原创性、重要性和严谨性，这也与评价指标体系中成果占 60% 的权重有关。

②成果评价分级标准

成果评价的分级标准与成果维度的评价重点一致，重点关

① Harry Torrance, "The Research Excellence Framework in the United Kingdom: Processes, Consequences, and Incentives to Engage", *Qualitative Inquiry*, Vol. 26, No. 7, 2020, pp. 771-779.

注研究成果在原创性、重要性和严谨性三方面体现出的质量水平，并强调了比较范围（见表 2-5）。

③影响评价分级标准

REF 对科研成果的非学术影响重点从影响范围和重要性两方面进行考察，但在分级标准中并未明确指出国际、国内等范围，只抽象地用突出、相当大等词语限定影响范围与重要性（见表 2-6）。

表 2-5　　**成果评价概况：不同等级的标准和定义**

级别	定义
四星	成果质量在原创性、重要性和严谨性三方面达到世界领先水平
三星	成果质量在原创性、重要性和严谨性三方面达到国际一流水平，但未达到卓越
二星	成果质量在原创性、重要性和严谨性三方面达到国际认可水平
一星	成果质量在原创性、重要性和严谨性三方面达到国内认可水平
不合格	成果质量低于国内认可的标准，或不符合本评价所公布的研究的定义

资料来源：笔者根据 REF 2021 文件《小组标准和工作方法》（*Panel Criteria and Working Methods*）等相关资料整理。

表 2-6　　**影响评价概况：不同等级的标准和定义**

级别	定义
四星	在范围和重要性两方面影响突出
三星	在范围和重要性两方面影响相当大
二星	在范围和重要性两方面影响比较大
一星	在范围和重要性两方面有一定影响
不合格	影响范围和重要性很小/根本没有/未达标，或影响与成果没有明确关系

资料来源：笔者根据 REF 2021 文件《小组标准和工作方法》（*Panel Criteria and Working Methods*）等相关资料整理。

④环境评价分级标准

REF从有利于产生高质量成果的活力和可持续性两方面评价参评单位的科研环境（见表2-7）。

表2-7　环境评价概况：不同等级的标准和定义

级别	定义
四星	一个有利于产生世界领先质量和突出影响的研究，环境充满活力并具有可持续性
三星	一个有利于产生国际优秀质量和相当大影响的研究，环境充满活力并具有可持续性
二星	一个有利于产生国际认可质量和较大影响的研究，环境充满活力并具有可持续性
一星	一个有利于产生国家认可质量和适中影响的研究，环境充满活力并具有可持续性
不合格	不利于产生国家认可质量或重要影响的研究的环境

资料来源：笔者根据REF 2021文件《小组标准和工作方法》（*Panel Criteria and Working Methods*）等相关资料整理。

2. REF 2021 **评价流程**

（1）提交材料要求

为了准确评价各高等教育研究机构的科研状况，REF评价要求各机构提供以下材料：

a. 2020年7月31日所有在职人员的信息，对研究负有重大责任的，以及所提交的产出归属于哪些已离职工作人员的信息。

b. 提交单位在公布期间（2014年1月1日至2020年12月31日）产生的可评价成果的细节。成果总数必须等于该单位提交的工作人员合计全职当量（FTE）总和的2.5倍。评价时将提交的产出数量四舍五入到最接近的整数。

c. 说明在评价期间（2013年8月1日至2020年7月31日）取得影响的案例，以2000年1月1日至2020年12月31日的出色研究为基础。

d. 2013 年 8 月 1 日至 2020 年 7 月 31 日期间授予的学术型博士学位，研究收入和实物收入的数据。

e. 一份机构级别的环境声明，以及一份描述科研单位研究环境完整的模板，酌情利用数量指标，时间范围是 2013 年 8 月 1 日至 2020 年 7 月 31 日。

通过需提交的材料可以发现，REF 评价采集了研究人员个体和研究机构两个层面的信息，不仅包括产出数量、博士学位、研究收入、实物收入等可量化信息，也包括研究影响、环境等反映质量的非量化信息。对于难以用数字统一测量的科研影响和环境，REF 要求机构提供反映科研取得的影响的案例和体现环境情况的声明，留出了较大的多样性空间，并提供了一定模板，引导参评机构在文字材料中涵盖必要的要素，为高等教育机构准备材料提供参考。

（2）工作程序

①基于学科特点的评价组织

REF 分为 34 个学科专家组开展评价，这些学科专家组根据学科特点划分为四个主要小组，主要小组和学科专家组之间的对应关系如表 2-8 所示。可以发现社会科学类学科多在主要小组 C 进行评价。

表 2-8 **主要小组和学科专家组之间的对应关系**

主要小组 A：医药、健康和生命科学（1—6 学科专家组）	主要小组 B：自然科学、工程和数学（7—12 学科专家组）
1. 临床医学	7. 地球系统与环境科学
2. 公共卫生、保健服务和初级保健	8. 化学
3. 联合保健专业，牙科，护理和药学	9. 物理
4. 心理学、精神病学和神经科学	10. 数学科学
5. 生物科学	11. 计算机科学与信息学
6. 农业、食品和兽医科学	12. 工程

续表

主要小组 C：社会科学（13—24 学科专家组）	主要小组 D：艺术和人文（25—34 学科专家组）
13. 建筑、建筑环境和规划	25. 区域研究
14. 地理与环境研究	26. 现代语言和语言学
15. 考古学	27. 英语语言文学
16. 经济学和计量经济学	28. 历史
17. 商业与管理研究	29. 古典文学
18. 法律	30. 哲学
19. 政治与国际研究	31. 神学和宗教研究
20. 社会工作和社会政策	32. 艺术与设计：历史、实践与理论
21. 社会学	33. 音乐、戏剧、舞蹈、表演艺术、电影和银幕研究
22. 人类学与发展研究	34. 传播、文化和媒体研究，图书馆及资讯管理
23. 教育	
24. 体育和运动科学、休闲和旅游	

资料来源：笔者根据 REF 2021 文件《小组标准和工作方法》（*Panel Criteria and Working Methods*）等相关资料整理得到。

②主要小组的职责与工作方法

四个主要小组领导和指导各分小组（即学科专家组）的工作。其具体职责如下：负责制定小组标准和工作方法；监督校准；确保各分小组遵守公布的程序，一致地应用总体评价标准；与平等、多样性和跨学科研究咨询小组合作，并就评价过程向 REF 团队提供咨询；签署评价结果。

主要小组通过以下方式开展工作：主要小组会议，参与分小组会议，对小组提供建议和支持，跨小组任命评价专家，校准，审查提交的评价结果，决定结果。

③分小组的职责与工作方法

34 个分小组在四个主要小组的指导下开展具体评价工作。具体而言，分小组在商定的标准范围内评价向其提交的每一份材料，向主要小组推荐每份材料的评价结果。

分小组主要承担以下工作：委任分小组在整个评价环节的评价专家，分配评价任务，校正评价标准，评价提交的材料，形成并推荐质量概况文件（包含成果子概况、影响子概况、环境子概况)，记录主要小组的决定。

④评审专家的遴选与构成

REF 评审专家的遴选注重专业性、代表性。REF 评审专家包括科研人员、用户、国际专家等，并接受 UKRI 人员的监督。科研影响案例由科研人员和用户共同评价，国际专家参与讨论成果评价的校准和定级，是确保采用正确的国际标准评价科研产出的具体机制之一。REF 将国际、跨学科和影响方面的顾问纳入主要小组，有时还会邀请 UKRI 的观察员参与，增强了主要小组履行评价责任、保证评价质量的信心。①

⑤保障评价标准一致性的程序设计

REF 分为 34 个分小组和四个主要小组，各评审小组遵循一致的评审标准和方法是评审工作客观公正的重要保证。REF 2021 设置了主要小组监督、校准、指导的多个程序，以确保各小组采用一致的评价标准和方法开展科研评价。

a. 参加分小组会议。主要小组的主席和成员将出席一些分小组的会议，以确保各小组的做法一致。

b. 通过任命分小组顾问和秘书加强对分小组的指导和建议。主要小组任命分小组顾问及小组秘书，就评价程序向其所辖分小组提供咨询和指导，向各分小组提供一贯的支持和建议。

c. 评价早期开展校正工作。各主要小组及所辖分小组会在评价的早期阶段进行校正，在应用评价标准、形成质量水平结果方面达成共识。

d. 复审分小组评审结果。各主要小组将复审各分小组产生的评价结果，保证评价标准在各分小组之间得到一致应用。

e. 决定最终评价结果。主要小组收到分小组形成的质量概况文件后，确认各小组采用规定的评审程序及准则，并确定最

① “REF 2021: Overview Report by Main Panel C and Sub-panels 13 to 24”, REF, https://2021.ref.ac.uk/media/1912/mp-c-overview-report-final-updated-september-2022.pdf.

终评价结果。

此外，四个主要小组之间也通过遵循通用的评价标准和工作方法，在整个评价阶段定期举行会议等方式保证四个主要小组之间评价工作的一致性。

3. 公平、平等评价的程序保障

（1）利益冲突回避制度

利益冲突回避制度包括利益冲突申报、分小组评议、形成并更新利益相关文件、轻微利益申明等方面的规定。所有主要小组主席及成员、分小组主席及成员、分小组顾问及秘书、观察员及评审员（以下统称分小组成员）均须通过相应程序申报其利益相关情况。

不能参与评审的情形规定。具有以下情形的评审人员将不能参与评审：当前受雇于任何英国高等教育机构；自 2014 年 1 月以来曾经受雇于任何英国高等教育机构；自 2014 年 1 月 1 日以来，与任何英国高等教育机构有过实质性合作，包括客座讲师、研究员、教授或类似身份，或以商业合同、咨询方式开展工作；伴侣和/或直系亲属（父母、兄弟姐妹、子女和任何与本人有同等密切家庭关系的人，无论其是否有生物学上的联系）受雇于任何英国高等教育机构；与英国高等教育机构及其分公司有任何财务或商业利益关联；小组主席裁定的任何轻微利益。此外，评审分小组成员不得参与评审其已宣布丧失资格的院校提交的材料。

轻微利益相关情形。评审人员与评审对象有轻微利益相关关系也要向主要或分小组主席特别汇报，并记录在案。能否参与评审，以及多大范围内参与评审经审议后确定。轻微利益相关包括以下情形：作为博士生在受评机构被指导或共同指导过，或者未来将成为受评机构的科研人员。作为博士生被受评机构选中参加评价的科研人员指导过；与参评机构是一项拨款的合作研究者或共同持有人；是参评部门出版期刊的编委会成员，或与参评部门共同组织过会议；在评价期内曾担任参评机构的任命或晋升委员会成员；在担任 REF 评审专家之前，但在评审期内，在个人研究或 REF 战略领域做过参评机构的外部顾问；担任过参评部门或研究单元的研究学位的外部评审人。

分小组主席根据利益相关和轻微利益相关的申报和记录作出决定，从轻到重分为正常参加但应注意公平评审，不能单独或牵头评审利益相关方面，不应参与利益相关部分评审，不能参加评审四种情形。具体决定如下：

a. 分小组应注意该利益，但该利益不应影响分小组成员的评审工作；

b. 分小组成员不应单独或牵头负责评价受该利益影响的意见书的特定方面，但可在其他方面参与评审工作；

c. 分小组成员不应参与受该利益影响的特定方面的评审工作；

d. 专家组成员的利益（或与机构相关的利益集团）应被视为不符合评审资格的利益，不应参加评审工作。

(2) 跨学科成果的交叉评审与联合评审

跨学科研究是科研创新的重要领域，REF 评价中也面临跨学科研究成果评审的问题。认识到研究机构提交的成果可能跨越不同学科专家组的研究领域，REF 因此设定了跨学科成果的评审办法。

跨学科成果的评审规则。虽然对于涉及多学科成果的评价将综合参考多个分小组的意见，但最初接收材料的分小组负有主要评价责任。最初接收材料的分小组将确定寻求其他分小组参考意见的范围，并依据该分小组通用的评价标准和程序探寻和给出质量建议。材料最初提交到的分小组负责对成果的质量给出推荐意见。根据实际需要，跨学科成果可以转交给更合适的分小组评审，也可以由多个分小组联合评审。

跨学科评价遵循的评价标准。对跨学科成果的评价主要遵循三个标准。其一，遵循通用标准，跨学科成果的评价依然遵循原创性、重要性和严谨性的通用标准；其二，接受跨学科研究咨询小组的指导；其三，保持各小组评价标准一致，REF 主任将与各主要小组合作，以确保各分小组之间对跨学科成果的评价方法一致。各主要小组将组织分小组对跨学科成果的评价方法开展讨论，保证评价方法的一致性。

跨学科评价的适用范围。研究机构提交的整体性资料，如关于科研环境的声明等不适用交叉学科成果评价方法，特定成果可以采用跨学科成果评价方法。特殊情况下，可以采用跨学科评价方法共同出具对科研影响案例的评价建议。其他分小组的参考意见仅限于对成果质量的咨询意见，不包括其他事项的建议，比如共同作者的贡献，或是否对成果进行双倍加权。

跨学科评价的发起方式。实行跨学科评价有评价分小组发起和参评机构发起两种方式。评价分小组发起跨学科评价指分小组认为分小组及其委任的评审员不具备评审特定成果的特定部分所需的专门知识，则可将相关部分转交其他小组征求意见；参评机构发起指提交材料的高等院校可要求将提交材料的特定部分交给另一个分小组征求意见。负责评价该成果的分小组将审议该请求，并根据实际情况采取最合适的评价方法，作出相关决定。

（3）基于学科特点确定引文数据使用方式

引文数据使用的辅助性。REF 强调，引文数据的使用必须符合可用和适当两个条件。在可用和适当的情况下，引文数据将被视为研究成果学术重要性（academic significance）的指标，但只是作为判断成果质量的一个要素，不会用作评价的主要工具。各小组将继续依靠专家审查作为评价成果的主要手段，以便基于所有评价标准（原创性、重要性和严谨性）作出全面判断。

引文数据来源的独立性。REF 仅使用 REF 团队提供的引文数据，不会参考任何其他文献计量分析来源，特别是期刊影响因子和其他期刊排名，以保证评价的独立性。

引文数据使用的规范性。为保证合理使用引文数据，使用引文数据的分小组将接受负责任研究计量委员会的指导，以确保它们得到适当的使用。

结合学科特点灵活设定引文数据使用范围。REF 强调一项成果没有引文数据并不意味着没有学术重要性，引文数据并不总是可用的，引用水平可能因学科而异。因此 REF 并未对引文数据的使用作出统一规定，而是结合各学科具体情况灵活调整。

整体来看，REF 仅在医学、自然科学等评价单元的评价工作中使用引文数据，而在绝大多数社会科学评价单元中均不使用引文数据。具体而言，主要小组 A（医药、健康和生命科学）中的所有评价单元将在适当和可用的情况下使用引文数据，在可用的前提下将引文数据作为评价成果质量时展示学术重要性的一部分，但在数学科学、工程两个分小组不使用引文数据。主要小组 C 中只有经济学和计量经济学评价单元的评价使用引文数据，其他评价单元的评价工作均不使用引文数据。主要小组 D 中的所有评价单元的评价均不使用引文数据。

（4）双倍加权

设置初衷。主要小组和分小组的专家考虑到，在某些情况下，研究活动的学术投资规模和/或研究成果的知识范围会相当大。主要小组和分小组希望通过在成果提交和计算时将这样的成果认定为两份成果来体现这类成果的重要性。

双倍加权申请的提出。对特定成果的双倍加权申请只能由参评机构主动向分小组提出，分小组才会审核是否采纳申请，对该成果进行双倍加权。分小组不会主动对特定产出进行是否需要双倍加权的审核。机构要求双倍加权时，必须附上一份不超过 100 字的声明，解释其成果如何满足双倍加权的标准。

双倍加权成果的评审。接到参评机构的双倍加权申请后，分小组将根据该成果的质量，评价双倍加权申请是否合理。分小组对提出双倍加权申请的成果的评价依然遵循一致的评价标准与方法，并不假设该成果具有较高质量，也不会对任何特定形式的研究或类型的成果给予优待或不利待遇。

社会科学领域需要双倍加权的成果可能具有的特征。主要小组 C 包含许多社会科学领域的学科，其列举了可能适用双倍加权的研究成果具有的特征。这些特征有：体现持续研究努力的较长形式的产出，如书籍、长时间的创造性工作或大部分产出；产生一项延伸或复杂的研究；收集和分析大量材料；使用扩展的、复杂的或难以获得的第一手资料；基于长期数据搜集和资料分析形成的批判性的见解或论点；复杂的、扩展的和/或多层次（个人或集体）的创造性调查过程；从不同的角度，或不同的语境，对给定主题进行相当深入的调查。主要小组 C 预计大多数书籍、专论、小说或较长形式的成果都需要双倍加权，同时认识到，在某些情况下，篇幅较短的成果，如期刊文章、书籍章节和短期创造性工作，也可能适用双倍加权。

4. REF 2021 的评价结果

（1）整体评价结果

根据 REF 工作组发布的《核心事实》（*Key Facts*）文件，2021 年实施的 REF 共对 157 所英国高校开展评价，基于评价结果分配了 20 亿英镑的科研经费。REF 2021 共收到 1878 份提交材料，包含 76132 个研究人员，185594 份科研成果，6781 份影响案例研究。评审专家方面，共有 900 位科研成员和 220 位研究用户参与到 REF 2021 评价中。

从 REF 2021 整体评价结果来看，总体质量被评为国际优秀（三星）和世界领先（四星）的比例占 84%，即最终获得资助的机构或成果比例占到 80% 以上。无论是总体质量还是成果、影响、环境等各分项评价，被评为国际认可和国内认可的比例都比较低，占比为 12.8%—17.3%，被评为不合格的比例极低。

相较于成果的评价结果，影响和环境的评价等级明显更高，达到国际优秀和世界领先的比例分别为 87.2%和 86.5%，而成果评价中达到国际优秀和世界领先的比例为 82.7%（如表 2-9 所示）。

表 2-9　　REF 2021 整体评价结果　　（单位：%）

	世界领先（四星）	国际优秀（三星）	国际认可（二星）	国内认可（一星）	不合格
总体质量	41	43	14	2	0
成果	35.9	46.8	15.4	1.6	0.3
影响	49.7	37.5	10.8	1.7	0.3
环境	49.6	36.9	11.6	1.9	0

资料来源：REF 文件《四个主要小组的总结报告》（*Summary Report Across the Four Main Panels*）。

从各主要小组的评价结果来看，主要小组 C 社会科学中整体，以及成果、影响和环境三个分项被评为世界领先（四星）的比例最低，揭示出英国社会科学的世界领先性相对其他领域偏低。从世界领先（四星）和国际优秀（三星）两项加总的比例来看，社会科学主要小组整体，以及成果和影响两个分项被评为国际优秀及以上级别的总比例与艺术和人文学科接近，但在环境分项被评为国际优秀及以上级别的总比例最低，仅为 82.8%，与医药、健康和生命科学主要小组有 7.1 个百分点的差距（如表 2-10 所示）。

表 2-10　　各主要小组的评价结果对比　　（单位：%）

类别	主要小组类别	评价等级				
		世界领先（四星）	国际优秀（三星）	国际认可（二星）	国内认可（一星）	不合格
整体	A 医药、健康和生命科学	45.0	41.0	12.0	2.0	0
	B 自然科学，工程和数学	44.0	46.0	9.0	1.0	0
	C 社会科学	37.0	43.0	17.0	3.0	0
	D 艺术和人文	41.0	40.0	17.0	2.0	0

续表

类别	主要小组类别	评价等级				
		世界领先（四星）	国际优秀（三星）	国际认可（二星）	国内认可（一星）	不合格
成果	A 医药，健康和生命科学	37.0	46.8	14.6	1.0	0.6
	B 自然科学，工程和数学	38.7	53.1	7.4	0.7	0.1
	C 社会科学	31.8	45.9	19.4	2.6	0.3
	D 艺术和人文	37.6	40.0	20.1	2.0	0.3
影响	A 医药，健康和生命科学	56.5	34.2	7.8	1.4	0.1
	B 自然科学，工程和数学	51.0	38.4	8.9	1.3	0.4
	C 社会科学	44.8	39.5	13.2	2.3	0.2
	D 艺术和人文	46.5	37.6	13.4	2.2	0.3
环境	A 医药，健康和生命科学	57.5	32.4	8.6	1.4	0.1
	B 自然科学，工程和数学	51.0	35.5	11.9	1.6	0
	C 社会科学	42.9	39.9	14.3	2.8	0.1
	D 艺术和人文	47.8	40.3	10.9	1.0	0

资料来源：根据 REF 网站的比较数据表格（comparative data. xlsx）整理。

（2）社科领域评价结果

社科领域相关学科多集中在主要小组 C，本部分将以主要小组 C 的评价结果为例，呈现 REF 2021 中社会科学的评价结果和变化。主要小组 C 内的 12 个分小组评价了 54226 项研究产出（当双倍加权成果被计为两份成果时相当于 56650 项）、2260 项影响案例和 658 个单元环境模板。从提交的成果类型来看，期刊论文是提交最多的成果类型，其次是图书。案例研究中科研影响的对象包括广泛的受益者和对英国和国际社会、经济和环境方面的重大贡献；促进对公众话语的理解，以及机构、公司和公民社会组织的政策制定。总体而言，在科研环境评价方面，42.9%的科研环境有利于支持世界领先质量的研究，并产生突出影响。这是自 REF 2014 实行以来的小幅增长，反映了支持科研及影响的环境实力，以及科研环境的系统性、持续性发展。

从变化趋势来看，和 REF 2014 相比，REF 2021 中，主要小组 C 呈现成果数量大幅增长，质量大幅提升，评价中更多应用双倍加权和跨学科等评价方法的特点。

①成果数量大幅增长

较上轮评价的变化。和 REF 2014 相比，主要小组 C 的提交材料数量、工作人员 FTE 和产出都有了大幅增长，比其他主要小组的增长都要多。提交材料的数量从 2014 年的 614 份增加到 2021 年的 658 份，全职工作人员人数从 14413 人增加到 23451 人，产出相当的全职在职员工总数从 52212 人增加到 56650 人，影响案例研究的数量从 2040 份增加到 2260 份。

较其他主要小组的变化。和其他主要小组相比，自 2014 年以来，主要小组 C 是唯一一个成果数量增加，在 FTE 中增加的比例最高的主要小组。

②成果质量大幅提升

表 2-11 呈现了主要小组 C 参评材料的整体质量、成果、影响和环境的评价等级。从中可以看出，无论是整体质量还是分项质量，四星和三星总体占比均在 80%左右，二星和一星占比在 20%左右，极少数会被评为不合格。从评价结果来看，主要小组 C 中平均 37%的参评单元的总体质量被评为世界领先（四星），43%是国际优秀（三星），17%是国际认可（二星），3%是国家认可（一星）。在成果方面，被评为四星的成果占 31.8%，低于影响和环境分项中四星占比，被评为三星的成果占 45.9%。尽管如此，2021 年评价中主要小组 C 中被评为四星的科研产出百分比有所增加，从 REF 2014 的 21.1%增加到 REF 2021 的 31.8%。在影响方面，主要小组 C 中 44.8%的影响案例被评为四星，39.5%的影响案例被评为三星，被评为二星、一星、不合格的影响案例分别占 13.2%、2.3%和 0.2%。从成果、影响和环境评价结果的星级分布来看，成果的整体评级较低，影响和环境的整体评级较高。

表 2-11　　主要小组 C 评价结果　　(单位:%)

	世界领先(四星)	国际优秀(三星)	国际认可(二星)	国内认可(一星)	不合格
总体	37	43	17	3	0
成果	31.8	45.9	19.4	2.6	0.3
影响	44.8	39.5	13.2	2.3	0.2
环境	42.9	39.9	14.3	2.8	0.1

资料来源：根据 REF 网站的比较数据表格（comparative data. xlsx）整理。

③ 评价中更多应用双倍加权和跨学科等评价方法

关于双倍加权的请求有所增加，经过评议普遍得到接受。主要小组 C 共有 2424 份成果被双倍加权，占总成果数量（包含双倍加权成果后）的 4.5%。各评价单元提交的成果中被双倍加权的比例具有较大差异，其中政治与国际研究评价单元中有 13.6%的成果被双倍加权，考古学评价单元中有 13.3%的成果被双倍加权，社会学评价单元中有 12.4%的成果被双倍加权。而建筑、地理、社会工作与政策、教育学等评价单元中被双倍加权的成果占比不足 5%，经济学和计量经济学、商业与管理、体育和运动科学、休闲和旅游评价单元被双倍加权的成果占比更是不足 1%。

对成果采取跨学科评价方式的情形有所增加。主要小组 C 共有 2913 项成果通过跨学科评价引入分小组，共有 3441 项成果通过跨学科评价交由其他主要小组评价，其中包含 147 份其他主要小组移交的联合评价和 126 份移交给其他主要小组的联合评价。在这些跨学科评价的成果中，主要是在主要小组 C 内部的各分小组之间进行转交，并没有超出社会科学研究领域。从主要小组 C 中各评价单元的交叉评价来看，跨学科评价主要发生在商业与管理研究、经济学和计量经济学两个评价单元，地理和环境研究这一评价单元的跨学科评价较少。商业和管理评价单元的跨学科评价主要是移交给该主要小组内其他分小组开展评价，经济学和计量经济学评价单元则主要是对该主要小组内其他分小组移交过来的成果开展评价。

（四）英国科研卓越框架的特点、效果和影响

1. 英国科研卓越框架的特点

（1）以同行评议为主开展内容评价

自 1989 年 RSE 第二次评价中将同行评议确立为主要评价方法以来，同行评议一直是这一系列评价的主要方法。虽然科学计量学蓬勃发展，使用科学计量学等定量指标进行评审成本更低，但英国经过论证，仍认为同行评议更能准确评价成果质量。2003 年加雷思·罗伯茨爵士在报告中指出同行评议应继续作为评价的核心方法。该方法一直沿用至今，成为英国科研评价的重要特色。2014 年的 REF 评价中开始引入引文信息辅助同行评议，但对引文信息的来源、使用范围都有严格规定。

同行评议发展为专家评议。值得注意的是，随着影响评价引入 REF 评价中，评审专家已由传统的学术专家拓展至更广泛的用户、利益相关者等群体，如 REF 2014 中聘请的外部专家占到 23%。① 英国 REF 使用的同行评议已逐渐演变为专家评议，而非局限在学术同行范围内的同行评议。

（2）持续反思与改进

英国科研评价从 1986 年的 RSE 一路发展至现在的 REF，已有近 40 年的历史。在近 40 年的发展历程中，该评价活动一直注重反思与改进，持续完善与迭代。英国政府、第三方机构均对 REF 进行过审查，并发布评价报告，评价组织方则根据反馈及时进行调整，如灵活调整可以参评的教职人员范围，灵活调整每位参评科研人员提交的成果数量，并考虑到影响科研产出的个人情

---

① 茹宁、闫广芬：《非学术影响评价：英国 REF 科研影响评估的创新性评析》，《国家教育行政学院学报》2020 年第 9 期。

况等。REF 具有评价后总结和长期总结的传统。在 RAE 2001 之后，加雷思·罗伯茨爵士被邀请审查科研评价活动。英国高校和英国科学、创新和技术部部长乔·约翰逊（Jo Johnson）2015 年 11 月委托相关机构对 REF 评价工作开展独立审查，2016 年发布《在成功的基础上，从经验中学习：卓越研究框架的独立总结》（*Building on Success and Learning from Experience*：*An Independent Review of the Research Excellence Framework*）报告，总结了 REF 存在的问题和进一步改进建议。REF 会定期召开咨询会，广泛征询提高评价平等性的意见和建议，发布平等影响评价报告，如发布了《对 2021 年卓越研究框架的平等影响评价报告》。

REF 根据科研规律和评价需要持续改进评价方法，以促进对多样化成果的平等评价。如 REF 2021 改进了交叉学科成果的评价规则，如可以开展联合评审，或移交给更合适的小组开展评价等。

（3）评价内容全面

REF 评价内容全面，不仅评价科研成果质量，还关注成果带来的科研领域之外的影响，以及科研环境。成果评价致力于提高英国学术影响力，影响评价关注多种成果产出对政治、经济、社会、文化等的综合影响，科研环境评价关注活力与可持续性。成果、影响和环境，三者共同构成了完整的闭环，能够较好地提升高校对国家和社会需求的满足能力，更好地为英国科研工作可持续发展创造有利条件。

（4）结果应用性强

不同于许多高校的诊断性评价或声誉性参考，REF 评价结果切实关系到各参评高校的科研经费，对高校的发展有较大影响。REF 2021 评价结果是 20 亿英镑科研经费的分配依据。

（5）成本高昂

由于 REF 一直采用内容评价、效用评价，以同行评议方法为主，定量指标只在部分学科作为参考辅助同行评议，因此每次 REF 评价活动的成本较高，这也是 REF 受批评的主要原因。REF 2014 的总成本为 2.46 亿英镑，比 RAE 2008 高 133%，其中 1400 万英镑用于英国 4 个高等教育资助机构，1900 万英镑用于支付同行评议费用，大部分费用（2.12 亿英镑）是由高等教育机构在准备提交材料的过程中承担的，高等教育机构准备研究影响案例花费了 5500 万英镑。①

2. 英国科研卓越框架的效果与影响

（1）研究资助集中在顶尖大学，某些评价表现呈趋同趋势

《泰晤士高等教育》（*Times Higher Education*）2015 年的报告称，排名前 10 名的大学获得了 51.6% 的资助，罗素集团（Russell Group，一个由 24 所研究型大学组成的大学群体）大学获得了 70.8% 的资助，使科研资助差异增大，呈现集中化趋势。② 但一项对比 REF 2014 和 REF 2021 的实证研究发现，大学和学科的研究质量在两次评价之间趋同。大学之间研究质量的趋同也导致大学之间主流研究资助经费水平的接近，并且大学之间的研究经费差异有所下降。在三方面（成果、影响和环境）的评价中，大学内部学科间，以及大学之间的科研影响的趋同速度最快。原因在于两个方面，一是学术界越来越重视科研影响，加强了能够产生社会影响的科研活动。二是在两个评价期之间，REF 组织者提供了关于如何使用定量指标支撑科研影响案例的进一步指导，资助委员会举办了培训班，就影响案例必

---

① "Building on Success and Learning from Experience: An Independent Review of the Research Excellence Framework", REF, https://assets.publishing.service.gov.uk/government/uploads/system/uploads/attachment_data/file/541338/ind-16-9-ref-stern-review.pdf.

② Harry Torrance, "The Research Excellence Framework in the United Kingdom: Processes, Consequences, and Incentives to Engage", *Qualitative Inquiry*, Vol. 26, No. 7, 2020, pp. 771-779.

备要素提供了额外的指导。① 因此，对科研影响的重视、对如何撰写科研影响案例的培训加快了影响方面趋同的速度。

（2）科研人员的分层

REF 评价对教师职业生涯产生重要影响，加重科研人员的分层与分化。能否被机构选中参加 REF 评审是影响科研人员职业道路的重要因素。② 论文发表较少的教师经常被称为“科研非活跃人员”，被安排去给大学本科新生上课，直接影响教师的科研生涯，甚至终结其科研工作。大学教师协会（Association of University Teachers，AUT）指出，未被确认为“科研活跃人员”的教师，其未来职称晋升、科研项目申请及学术休假等都会受到不利影响。③

（3）对科研取向的影响

科研评价导向影响科研取向。坎贝尔定律指出，一旦一个指标被用来测量成功，被评价者就会根据这个指标调整他们的行为。④ 科研正从纯粹的基于好奇心的探索转向评价鼓励、支持的研究方向，如对社会影响更大的、影响范围更广的研究等。只有三星和四星的成果能够获得资助，二星及以下的成果没有受到足够的重视。作为研究基石的枯燥但有价值的常规科学成果在 REF 评价及资

---

① Mehmet Pinar, “Do Research Performances of Universities and Disciplines in England Converge or Diverge? An Assessment of the Progress Between Research Excellence Frameworks in 2014 and 2021”, *Scientometrics*, Vol. 128, No. 10, pp. 5731-5766.

② Harry Torrance, “The Research Excellence Framework in the United Kingdom: Processes, Consequences, and Incentives to Engage”, *Qualitative Inquiry*, Vol. 26, No. 7, 2020, pp. 771-779.

③ “Science and Technology - Second Report”, House of Commons, http://www.publications.parliament.uk/pa/cm200102/cmselect/cmsctech/507/50708.htm#n46.

④ Angus Campbell, “Subjective Measures of Well-being”, *American Psychologist*, Vol. 31, No. 2, 1976, pp. 117-124.

助中没有受到足够的重视，不利于青年学者潜心科研。①

有研究者指出，研究的定义正从个人的学术事业变成有管理的企业活动。② 受 REF 影响，教育学科研工作者更多转向论文发表，试图影响政策，产生社会影响；社会学领域更关注全球性问题，科研领域中的急功近利现象逐渐凸显。在教育学领域，以前积极从事研究的教育工作人员通常基于多年教学工作经验，在英语教学、解决特殊教育需求等领域出版专著，现在的教育研究者在评价导向的影响下更关注从全球化视野撰写期刊文章，试图影响重大的政策发展。③ 文献计量学的研究发现，在社会学领域中，与政治精英、人口统计学、知识转移和气候变化相关的全球话题正在增加，而地方性社会问题和社会不平等的研究主题变得不那么普遍。④ 受评价导向影响，科研人员把研究重点放在了容易衡量的科学、社会和经济影响的主题上，开放式的探索性研究不受重视，而且经常得不到资助。⑤ 学者们

① Harry Torrance, "The Research Excellence Framework in the United Kingdom: Processes, Consequences, and Incentives to Engage", *Qualitative Inquiry*, Vol. 26, No. 7, 2020, pp. 771-779.

② Harry Torrance, "The Research Excellence Framework in the United Kingdom: Processes, Consequences, and Incentives to Engage", *Qualitative Inquiry*, Vol. 26, No. 7, 2020, pp. 771-779.

③ Harry Torrance, "The Research Excellence Framework in the United Kingdom: Processes, Consequences, and Incentives to Engage", *Qualitative Inquiry*, Vol. 26, No. 7, 2020, pp. 771-779.

④ Oliver Wieczorek, Richard Münch, Daniel Schubert, "All Power to the Reviewers: British Sociology Under Two-Level Supervision of the Research Excellence Framework", *Social Science Information*, Vol. 61, No. 4, 2022, pp. 481-528.

⑤ Richard Watermeyer, Jennifer Chubb, "Evaluating 'Impact' in the UK's Research Excellence Framework (REF): Liminality, Looseness and New Modalities of Scholarly Distinction", *Studies in Higher Education (Dorchester-on-Thames)*, Vol. 44, No. 9, 2019, pp. 1554-1566.

为了应对 REF 评价，制定了特定策略，如夸大发现，选择性报告，使研究符合资助机构的需要。①

（4）认知因素、评价策略制约评价公正性

尽管 REF 制定了许多程序来保障评价的平等性和一致性，但评审专家的认知与偏好、参评机构的评价策略等因素会制约评价结果的公正性。其一，评审专家的认知与偏好影响评价结果。REF 主要基于同行评议，即主要小组和各分小组的评审专家来对提交的材料作出评判，评价结果难免受到评价专家对研究的认知与偏好等方面的影响。REF 的评审专家主要由罗素大学集团的学者组成②，专家的品位定义了什么被认为是有价值的研究。③ 评审专家不断降低评价要求，导致了评分不断膨胀。④ 实证结果也发现，不同研究主题的得分存在一定的差异。与不同社会精英相关的主题在 REF 中得分较高，而社会工程主题、后殖民和文化相关的以及更抽象的主题在 REF 中得分较低。⑤ 其二，参评机构的

---

① Steve G. Hoffman, "A Story of Nimble Knowledge Production in an Era of Academic Capitalism", *Theory and Society*, Vol. 50, No. 4, 2021, pp. 541–575.

② Ian McNay, "Academic Capitalism, Competition and Competence: The Impact on Student Recruitment and Research Assessment", *Journal of Further and Higher Education*, Vol. 46, No. 6, 2022, pp. 780–792.

③ Oliver Wieczorek, Richard Münch, Daniel Schubert, "All Power to the Reviewers: British Sociology Under Two-Level Supervision of the Research Excellence Framework", *Social Science Information*, Vol. 61, No. 4, 2022, pp. 481–528.

④ Stephen Sharp, "The Research Assessment Exercises 1992–2001: Patterns Across Time and Subjects", *Studies in Higher Education*, Vol. 29, No. 2, 2004, pp. 201–218.

⑤ Oliver Wieczorek, Richard Münch, Daniel Schubert. "All Power to the Reviewers: British Sociology Under Two-Level Supervision of the Research Excellence Framework", *Social Science Information*, Vol. 61, No. 4, 2022, pp. 481–528.

评价策略制约评价公正性。为了提高评价结果，高校高薪聘请优秀科学家来提高相关学科的评价等级。① 为了提高竞争性，一些大学在评审期开始之前就改变了员工合同，要求员工把重点放在教学或研究上。②

① 罗侃：《英国高校科研评估研究》，硕士学位论文，西南大学，2008 年。

② Simon Baker，“UK Universities Shift to Teaching-only Contracts Ahead of REF”，https：//www.timeshighereducation.com/news/uk-universities-shift-teaching-only-contracts-ahead-ref.

三　意大利科研质量评价

（一）意大利科研体制概况

意大利位于欧洲南部，是发达工业国，欧盟第三大、世界第八大经济体，人均国内生产总值3.82万美元。① 意大利的科学研究有着悠久的历史。1088年，秉承古罗马文明衣钵的意大利建立了世界上第一所大学——博洛尼亚大学，开创了实验科学，这是整个人类现代自然科学的开端。② 14—15世纪，意大利文艺空前繁荣，成为欧洲“文艺复兴”运动的发源地，但丁、达·芬奇、米开朗琪罗、拉斐尔等文化巨匠对人类文化的进步作出了巨大贡献。③ 16—17世纪意大利爆发天文学革命，哥白尼、伽利略、开普勒等人提出实验方法，主张用实验来检验一种假设正确与否，以及通过实验来归纳提出新的理论。同时，对天文学的研究促使科学家不断构建和修正理论模型，用数学方法表达模型以及用观测方法来验证模型成为一种新的研究方法。实验科学和系统观测逐渐代替了推理和思辨，成为新的科学研究范式

---

① 《意大利国家概况》，中华人民共和国外交部网站，http://cs.mfa.gov.cn/zggmcg/ljmdd/oz_ 652287/ydl_ 655141/。

② 李志民编著：《世界主要国家科研与学术体系概览》，清华大学出版社2020年版，第1页。

③ 李志民：《英加意科研机构概览》，《世界教育信息》2018年第8期。

和认识世界的重要方式，提升了科学研究的可靠性，加快了成果产出的速度。此时，意大利成为世界第一个科学中心。随后，意大利的科学曾一度丧失领先的地位，其后又几起几落。

1923 年，为缩小与欧洲其他大国在科学研究和技术发展方面的差距，意大利成立了国家研究委员会（Consiglio Nazionale delle Ricerche，CNR）。CNR 负责组织和协调全国的科学研究工作，该委员会之下又成立了研究所、研究组和研究中心，其科学研究机构网络开始逐渐发展。自此，意大利的科研活动也重新活跃起来。20 世纪以来，意大利先后有 9 位科学家获得过诺贝尔物理学奖、化学奖、生理学或医学奖。意大利在物理与天文、临床医学、生物医学、化学等领域处于世界前列，在高新技术领域如空间技术、信息通信、高性能并行计算机、核能等有一定的竞争力。①

意大利从事科学研究的主体由几部分组成，首先是综合性大学，大学与研究部（The Ministry of University and Research，MUR）② 直属科研机构，此外还有其他部委直属科研机构、私营科研机构和大型企业的研发中心。CNR 是意大利最大的公共研究机构，也是意大利研究部下属唯一一个开展学科活动的机构。CNR 的使命是通过自身研究机构开展的研究，促进国家工业体系的创新和竞争力，促进国家研究体系的国际化，为新出现的公共和私人需求提供技术和解决方案，为政府和其他公共机构提供建议，促进人力资源素质提升。CNR 约有 8000 名员工，其中一半以上是研究人员和技术人员。③ 意大利共有近 70 所大学，90%是公立大学。大学既担负培养研究型人才的任务，

---

① 李志民：《英加意科研机构概览》，《世界教育信息》2018 年第 8 期。

② 意大利大学与研究部首度设立于 1988 年。后来长期与教育部合并，成立了教育、大学和研究部（The Ministry of Education，University and Research，MIUR）。2020 年，意大利教育部与意大利大学和研究部分开。

③ 关于 CNR 的介绍，参见 https：//www. cnr. it/en/about-us。

又是科研的主体力量。大学的科研几乎覆盖所有学科领域，既包含基础科学研究也包括应用科学技术研究。意大利大学中的正教授（prima fascia）、副教授（seconda fascia）和研究员（ricercatore di tipologia A，B）是科研工作的主体力量。此外，博士研究生、博士后和合同制研究人员（assegnista della ricerca）也是科研人员的组成部分。①

（二）意大利国家科研评价发展历程

20世纪90年代之前，意大利并没有建立起完备的科研评价体系和专门机构，也没有定期的科研评价活动。与科研评价相关的工作仅限于一般的科研统计和分析，该工作由意大利统计局和CNR的科研文献所承担，主要出版年度科研统计资料和不定期的分析报告。②

意大利的科研评价随着大学资助机制的改革而发展。意大利大学与公共科研机构的经费主要来源于国家财政拨款。长期以来，其拨款依据是大学与科研机构规模、学生和教师人数、研究基础设施等指标。1993年12月通过的预算法案对大学的拨款方式做了新规定。自1994年起，政府预算分配给大学的资金不再按照各单项经费进行拨付，而是在大学普通运行经费（Fondo di Finanziamento Ordinario，FFO）中增加与科研质量评价相结合的奖励（或配额）资金（Quota Premiale），这部分奖励资金的发放依据是大学科研成果的数量和质量评价结果。③ 同

① 孙彦红主编：《意大利发展报告（2022—2023）：俄乌冲突下艰难求“变”的意大利》，社会科学文献出版社2023年版，第158—178页。

② 立里：《意大利科技评估工作的现状和思路》，《全球科技经济瞭望》1998年第2期。

③ 孙彦红主编：《意大利发展报告（2022—2023）：俄乌冲突下艰难求“变”的意大利》，社会科学文献出版社2023年版，第158—178页。

年颁布的第537号政府令规定在每所大学内部建立“内部评价小组”（Nuclei di valutazione，NVs），其使命是运用成本效益比较分析法评价公共资源的管理、研究成果、教学方法以及管理的公平与质量等问题，根据管理部门提供的指南确定评价参数、提交年度报告。第537号政府令还规定在国家层面建立大学体系评估监察组（the Osservatorio per la valutazione del sistema universitario，Osservatorio），按照大学三年发展规划评价大学的教学与研究活动。Osservatorio于1996年正式建立，1999年更名为全国大学评价委员会（the Comitato nazionale per la valutazione del sistema universitario，CNVSU）①。

2003年，为了适应新的大学拨款制度，意大利教育、大学和研究部（MIUR）根据1998年6月5日政府令设置了研究评估委员会（the Comitato di indirizzo per la valutazione della ricerca，CIVR）。该委员会是政府任命机构，由七名来自意大利及其他国家的专业人士构成，其职责包括制定评价标准、定期发布活动报告以及编制评价研究的年度报告，并将其提交给MIUR等相关部门，旨在推动意大利及欧洲的评估研究发展。同年，CIVR开展了意大利官方组织的第一次比较系统和全面的试验性科研质量评价活动——“三年科研质量评价（2000—2003）”（Valutazione Triennale della Ricerca，VTR），对意大利国立大学和公共研究机构2000—2003年发表的研究成果进行了评价。

这次科研质量评价活动的目的是评价大学和其他研究机构所开展的研究活动的卓越表现。VTR 2000—2003评价了由102个主体（77所高校和25个公共研究中心）提交的20个学科领域的17329项研究成果，完全采用同行评议的方法，由有关小组任命的专家根据质量、重要性、原创性/创新性、国际化和/

① 佛朝晖：《意大利两级高等教育评估机构探析》，《中国高等教育》2008年第12期。

或国际竞争潜力等标准对出版物进行评价，历时 18 个月完成。大学和科研机构自愿参与此次评价活动，并自主选择提交的成果。由于提交的参评成果数量有限且评价结果并不与经费分配挂钩，此次评价并不能反映意大利科研质量的全貌，但是其开拓性意义不容忽视。VTR 2000—2003 的完成使政府和公众认识到在评价研究结果和资源分配之间建立有效联系的必要性，加速了科研评价这一研究领域的进程，促进了未来科研评价政策优先考虑事项：科研评价应长期进行，并由有长期明确任务的专业机构负责；科研评价应对机构资助产生影响；为创造广泛的评价文化，所有研究人员都应该接受评价。这些优先考虑事项为后续设置专门评价机构、调整评价目的和评价方法奠定了基础。

2006 年，意大利立法规定成立国家大学和研究机构评价局（Agenzia nazionale di valutazione del sistema universitario e della ricerca，ANVUR），以取代 CIVR 和 CNVSU 两个机构，并强调该机构的职能是对接受公共资金的大学、科研机构以及部分私立大学和私营科研机构的活动进行评价与监督，特别是要对国家资助的研究与创新计划的效率和效果进行评价，评价结果要对公共经费产生影响。2008 年 4 月，普罗迪政府正式宣布成立 ANVUR 并颁布有关法律规定。不久后，普罗迪政府解体。2010 年贝卢斯科尼政府颁布第 240 号法令，再次确认了有关 ANVUR 的法律规定。依据该法令，ANVUR 是对 MIUR 负责的独立法人机构，职能包括对综合性大学和高等艺术教育体系（AFAM）进行评价，审查批准大学学位课程开设等。第 240 号法令明确由 ANVUR 制定具有国际可比性的评价参数、指标和方法，组织和实施国家科研质量评价，定期进行评价并发布报告。此外，由 ANVUR 开展的评价活动与科研经费挂钩，其结果作为意大利进行科研经费拨款的依据，同时根据相关法律，所有接受国家财政拨款的大学、科研机构和接受部分公共拨款的私立大学都必须参与评价，其他的私立大学和私营科研机构则自愿参与。由于政治和行政上的复杂性，2010 年 ANVUR 才正式成立，2011 年 5 月正式开展全国性的研究质量评价（Valutazione della Qualità della Ricerca，VQR）。2016 年第 232 号法律规定，每 5 年开展一次国家科研质量评价活动，旨在对大学和科研机构进行评价，通过评价结果来提升科研质量水平，并将其作为科研经费分配的依据。

截至目前，ANVUR 共完成三次科研质量评价活动，分别针对 2004—2010 年、2011—2014 年、2015—2019 年的科研活动开展评价。在此期间，基于对此前评价经验的总结，ANVUR 不断更新指标并引入新指标，同时不断完善评价方法，产生了积极的效果，得到了大学、科研机构和研究人员的广泛支持与参与。最近一次评价报告于 2022 年 7 月正式向社会发布。

（三）意大利国家大学和研究机构评价局（ANVUR）

ANVUR 负责监督大学和研究机构的国家质量评价体系，负责对接受公共资助的大学和研究机构开展的研究活动进行质量评估。它还负责指导独立评价单位（Independent Evaluation Units）的活动，评估研究和创新活动的公共资助计划或奖励计划的效果和效率。其评价结果作为公共资源分配的参考标准，确保国家高等教育和科研系统的高质量。ANVUR 具体包括以下职能：评价机构的管理、教学、研究和技术转让活动的过程、结果和产出；制定机构和项目（包括博士、硕士和研究生医学项目）的评价标准和方法；对大学和科研机构内部评价委员会的相关活动进行指导；制定收集和评价学生对课程满意度的程序（与大学评价单位合作）；为教育部出于大学的建立、合并、联合或关闭，以及研究项目的启动、合并或关闭等考虑的定性和定量需求提供发展建议；制定国家科研资金分配的参考系数，包括基本绩效水平和运行成本参数等；根据预期目标和预先确定的基准，评估 MIUR 与相关机构之间的计划协议的执行效果，以及相关机构对全面提高科研系统整体质量的贡献；评估用于资助教学、科研和创新活动的公共资金和奖励计划的效果和效率；开展进一步的评估工作，确定标准参数，提供技术法规。①

ANVUR 按照《机构行为准则》的准则和标准完成其使命和任务。ANVUR 遵循独立性、公正性和专业性原则。

独立性。ANVUR 是根据公法设立的一个法律实体，并享有组织、行政和财政自主权，这种法律地位使 ANVUR 能够根据国家和国际标准采用适当的评价标准和方法来确定大学的优势和劣势。

公正性。ANVUR 负责监督大学和研究机构的国家质量评价体系。理事会成员与 ANVUR 评价机构无关。理事会成员不能加入评价委员会，也不能接受公共研究经费。这就能够确保遵守利益冲突相关的基本道德准则。

专业性。根据欧洲高等教育和研究协议的规定，ANVUR 作为国家质量保证机构，与欧洲和国际机构和组织开展合作，这些国内外交流信息和经验有助于 ANVUR 制定相关策略。

ANVUR 管理层包括主席、理事会和审计委员会，每届任期 4 年。主席作为法人代表，由理事会内部选举产生。理事会处于管理架构的核心，包括 7 名成员，由意大利国内外的知名科学家担任。理事会独立决定机构的管理、运作方式，制定评估标准、方法和评估计划，批准年度预算并负责提交最终评估报告。

① 关于 ANVUR 职责介绍，参见 https：//www. anvur. it/en/agency/mission/。

理事会根据主席建议任命内设机构的负责人。审计委员会成员为3名，负责行政业绩和会计规则的核查。①

ANVUR对大学和科研机构的评价结果是国家向高校和科研机构分配公共经费，以及向完成特别重大科研成果的机构发放奖励基金的参考。评价结果定期向社会公布，被评机构如有异议可提请复议，ANVUR将按有关程序进行处理。

（四）意大利科研质量评价（VQR 2015—2019）②

意大利科研质量评价VQR是ANVUR最重要的职能之一，每5年开展一次。目前，ANVUR已经完成了三次全国性的研究评价任务，第一次于2011—2013年开展，对2004—2010年的研究活动开展评价，结果于2013年夏天公布；第二次于2015—2017年开展，对2011—2014年的研究活动开展评价，结果于2017年2月公布；第三次于2020—2022年开展，对2015—2019年的研究活动开展评价，结果于2022年7月公布。

意大利科研质量评价中包括了对于"第三使命"的评价。近年来，许多欧洲国家十分重视大学的"第三使命"，并注重促进其与大学的"第一使命"（教学）和"第二使命"（科研）的相互融合。大学的三个使命见图3-1。大学"第三使命"是指大学在完成教学与科研任务的前提下，为了进一步推动自身社会服务功能的显性化，依靠现有的人力资源、教

① 关于ANVUR组织架构的介绍，参见https：//www.anvur.it/en/agency/governance。

② 本部分和第五部分是在VQR 2015—2019政策文件*Call for Participation：Evaluation of Research Quality 2015－2019*（*VQR 2015—2019*）和评价报告*Valutazione della Qualità della Ricerca 2015－2019*（*VQR 2015—2019*）基础上整理、编译而成。

学资源、科研资源，同产业、政府组织开展多维互动式交流与合作，努力开展技术咨询或转让、合作研究、大学衍生企业创办等与教学和科研相关联而又有区别的知识创新及商业化应用活动。① 随着2013年国家质量保证（Quality Assurance，QA）体系的建立，“第三使命”与教学、研究一起纳入学术机构的评价活动中。此后，在历次的VQR中，均将“第三使命”评价纳入进来。

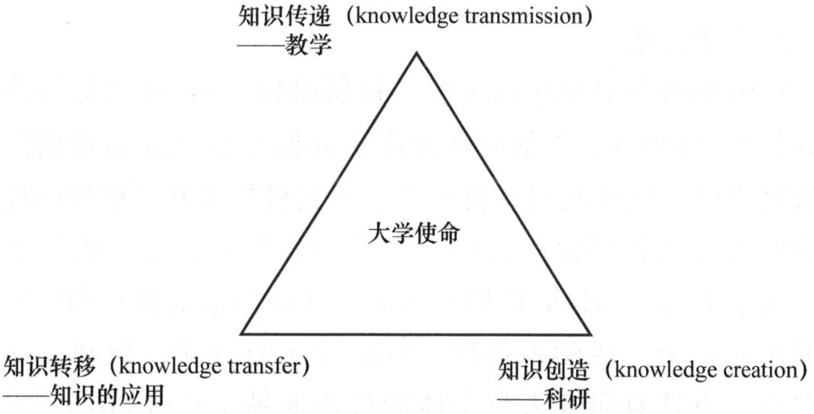

图3-1 大学的三个使命

本报告以2022年完成的第三次研究评价，即VQR 2015—2019评价为例，介绍意大利科研质量评价的实践做法。

1. 评价目的

意大利科研质量评价的目的是问责和绩效拨款。2006年第286条法律和2010年第276号法律明确规定，研究评价应该是外部评价，并要求做到公正、独立、专业、透明和公开，以评价所有由公共资金资助的研究活动的有效性和效率为目标。因

① 夏清华、张承龙、余静静：《大学“第三使命”的内涵及认知》，《中国科技术语》2011年第4期。

此，问责是研究评价的一个重要目标，所有接受公共资金资助的机构必须接受问责。同时，上述两部法律也明确提到研究评价结果作为分配大学经费的依据，如 2006 年第 286 号法律规定，“大学和研究机构的评价结果是向大学和研究机构分配公共资金的参考标准”。当然，评价结果只用于全部资金中的一小部分，即所谓的奖励资金（Quota Premiale），与其他国家（尤其是英国）相比，基于绩效的资助的影响要小得多。①

2. 评价对象

VQR 的评价对象包括大学、科研机构、MIUR 监管的公共研究机构（ERP）、其他有评价需求并愿意提供评估费用的私立研究机构。VQR 通过评价大学、研究机构及其所属部门提交的研究成果达到评价的目的。大学和科研机构为一级学术单位，大学下属系和科研机构下属部门（如国家实验室和国家级研究中心）为二级学术单位。VQR 评价只针对一级和二级学术单位，不针对研究人员个体的科研业绩。VQR 2015—2019 评价范围是研究人员 2015—2019 年发表的研究成果，参评科研成果以“代表作”形式提交，各机构可以为每个研究人员提交不同数量的成果，从 0 到 4 个不等，各机构提交成果总量不超过所属研究人员总数的三倍。

根据第 76/2010 号总统令的要求，ANVUR 还要评价高校和研究机构“第三使命”的质量。2011 年首轮研究质量评价（VQR 2004—2010）的框架中，“第三使命”的定义为通过知识增值和知识转移，实现大学对社会经济环境的开放，并且确定了一套指标，不仅与技术转让（第三方研究、专利活动、孵化器、衍生公司、财团）有关，而且与文化产品管理有关。2013

① Andrea Bonaccorsi, “Two Decades of Experience in Research Assessment in Italy”, *Scholarly Assessment Reports*, Vol. 2, No. 1, 2020, p. 16.

年引入国家大学质量保障体系，包括自我评价、定期评价和认证体系 AVA，“第三使命”正式与教学、研究一起纳入学术机构的机构活动。“第三使命”评价指标不断增加和修订。ANVUR 于 2015 年出版了《“第三使命”评价手册》，其中规定了评价方法和评价程序（阶段、标准、指标和相关评价问题）。继《“第三使命”评价手册》之后，ANVUR 又构建了一个包含近 90 个指标的信息系统 SUV-TM，即《年度“第三使命”表 SUA-TM》（Annual Third Mission Form SUA-TM）。SUA-TM 用于 VQR 2011—2014 的评价实践中，同行评审专家采用知情同行评议方法，即使用指标来为评审人提供信息。① SUA-TM 表已由 ANVUR 于 2018 年审查并发布。ANVUR 还通过映射可能对“第三使命”数据收集有用的所有统计源和数据库，努力加强对被评机构的监测系统。VQR 2015—2019 首次正式对“第三使命”活动进行了评价，并成立了“第三使命”评审专家组，以案例研究作为“第三使命”评价方式，对大学和科研机构在评价周期内活动及所产生的影响进行评价。案例研究通常由部门（或类似单位）提交，每个部门最多可提交两个案例研究。

VQR 2015—2019 最终对 134 个研究机构进行了评价，其中包括 98 所大学，14 个公共研究机构，22 个自愿参与的其他研究机构，有 65119 名研究人员的共计 182648 项研究成果参与了评价。VQR 2015—2019 还对研究机构提交的 676 个“第三使命”案例研究进行了评价。

VQR 评价的研究成果类型多样，包括论文、图书及图书章节、专利及其他形式的成果。以下是参评成果类型（见表 3-1），每个学科评审专家组根据学科特点对下述研究成果类型细化或缩小范围。

---

① 关于 ANVUR“第三使命”的介绍，参见 https：//www. anvur. it/en/activities/third-mission-impact。

表 3-1 参评成果类型

参评成果类型	具体类型
科学专著及相关产出	1. 研究专著（包括非学习材料的手册、描述性和语法性科学词典） 2. 索引 3. 科学评论 4. 评述版（包括手稿的评述版） 5. 挖掘的关键版本 6. 未发表资料版本（只有包括引言和评论时才能参评） 7. 译著（取决于 GEV 的决定，并且仅当译者的批判性方法具有解释性工作时）
期刊贡献	1. 期刊文章，包括：研究论文、综述、信件、简短的文献综述或简短的调查、仅限于那些被证明与科学相关的部分（由 GEV 决定）、应期刊编委会邀请为论坛撰写的稿件、短文本评论版 2. 对法庭判决发表评论
图书中的贡献	1. 图书章节或短文（包括短文评论版） 2. 前言/后记 3. 字典或百科全书条目 4. 翻译成卷，仅限于被证明与科学相关的部分（由 GEV 决定） 5. 目录、曲目、语料库的部分
会议论文贡献	1. 期刊中的会议论文 2. 会议论文集中的论文
其他科学成果（仅在官方信息允许确定作者和出版日期的情况下）。已作为“第三使命”活动提交评价的研究成果不得重复提交	1. （音乐、艺术、诗歌）作品 2. 图纸 3. 建筑设计 4. 设计作品 5. 表演（艺术、戏剧、音乐） 6. 展览会 7. 世博会 8. 碑文和考古作品 9. 艺术品和相关设计雏形（包括具有技术兴趣的设备和相关项目雏形） 10. 数据库和软件程序 11. 主题地图 12. 心理测试 13. AV 材料

续表

参评成果类型	具体类型
评估期内（2015年1月1日—2019年12月31日）授予的专利。已作为“第三使命”提交评价的研究成果不得重复提交	—

资料来源：“Call for Participation：Evaluation of Research Quality 2015-2019（VQR 2015 - 2019）”，https：//www. anvur. it/wp-content/uploads/2021/07/VQR-Call _ Update-25. 09. pdf。

3. 评审专家

VQR 评审专家包括评审专家组（Gruppi di Esperti della Valutazione, or Evaluation Expert Groups，GEV）专家、助理人员和外部评审专家。VQR 分了 17 个学科领域和 1 个关于“第三使命”的跨学科领域，其中 17 个学科领域包括 10 个科学、技术、工程和数学学科领域和 7 个人文社会科学学科领域。每个学科领域成立一个评审专家组。GEV 成员的遴选采取公开、透明的方式。ANVUR 提前公布遴选条件、资历要求、不同学科评审专家的人数等信息。VQR 2015—2019 采取公开报名、资格审查和抽签的方式。GEV 成员最后由 ANVUR 从候选人中抽签任命，GEV 由高素质的意大利和外国学者组成。

（1）GEV 候选人要求

ANVUR 对 GEV 候选人有具体要求。GEV 候选人是意大利和外国研究人员（最好懂意大利语），在意大利或外国的大学或研究机构（EPR）工作，在 2015 年 1 月 1 日至 2019 年 12 月 31 日期间，至少发表 3 篇具有国际标准书号（ISBN）、国际标准期刊号（ISSN）、国际标准音乐编号（ISMN）的科学出版物或者被 WoS、Scopus 数据库收录的科学出版物。GEV 候选人还应至少具备以下资格中的两项：

①在经济合作与发展组织（OECD）成员国的大学或研究机构工作的教授、研究机构主任或同等职位的外国学者或专家；

②在大学或研究机构工作的副教授或研究员，拥有国家认定的正教授资格；

③获得“丽塔·列维－蒙塔尔奇尼”（Rita Levi-Montalcini）[①] 或意大利大学和科研部设立的青年科研人员独立科研（Scientific Independence of young Researchers，SIR）[②] 研究项目；

④国家科学资格委员会（National Scientific Habilitation Commissioner，NSHC）成员；

⑤对于教授和副教授：从第 31 周期开始，至少在意大利或国外担任一个周期的博士课程主任；

⑥副教授：从第 31 周期开始，在意大利大学或国外同等大学担任四个周期的博士学术人员；

⑦大学和 EPR 研究人员：从第 31 周期开始，在意大利大学或同等国外大学担任两个周期的博士学术人员；

⑧2009—2019 年国家重大利益计划（Progetti di Ricerca di Interesse Nazionale，PRIN）项目的首席研究员（PI）或当地协调员；

⑨2009—2019 年欧洲研究理事会（ERC）或玛丽·居里（Marie Curie）或欧盟第七框架计划（7th Framework Programme，FP7）或“地平线（Horizon）2020”项目的首席研究员（PI）；

⑩2009—2019 年欧洲研究理事会（ERC）或玛丽·居里（Marie Curie）或欧盟第七框架计划（7th Framework Programme，FP7）或“地平线（Horizon）2020”项目的当地协调员；

⑪欧洲研究理事会（ERC）项目国际评估委员会成员；

---

① 丽塔·列维－蒙塔尔奇尼，意大利著名神经生物学家，1986 年诺贝尔生理学或医学奖获得者。

② SIR，意大利大学和科研部设立的青年科研人员独立科研（Scientific Independence of young Researchers，SIR）项目，申请人年龄在 40 岁以下，且获得博士学位六年之内。

⑫类似于 VQR（如英国研究卓越框架 REF，澳大利亚卓越科研评价 ERA，西班牙国家评估和认证机构 ANECA，法国高等教育评估与认证机构 HCÉRES）的国际评估委员会成员。

（2）GEV 组建要求

符合上述要求的人，可作为 GEV 的候选人。每个 GEV 的组建都要满足以下条件：

①GEV 成员中至少有 25%是正教授；

②GEV 成员中至少有 25%的成员是意大利大学的副教授和研究人员；

③GEV 成员中 EPR 研究人员数量不超过 30%；

④GEV 中至少有 5%的成员是外国大学或研究机构的研究人员；

⑤每个学术招聘领域（Academic Recruitment Field，SC）和每个至少有 50 名成员的学科领域（Academic Discipline，SSD）至少有一个 GEV 成员；

⑥在满足条件⑤的情况下，GEV 其他成员由与学术招聘领域大小比例一致的成员组成；

⑦每种类型中至少 1/3 是有代表性的；

⑧GEV 中参加 VQR 2011—2014 的成员不超过 20%。

（3）"第三使命" GEV 组建要求

为了评价"第三使命"，考虑到前述规定，任命"第三使命" GEV。"第三使命" GEV 组成如下：

由理事会选择的一半专家，除具备前述要求和资格外，还要有至少 5 年的技术转让办公室或社会研究成果价值评估办公室或与"第三使命"活动有关管理职位的工作经验，或在与技术转让或在任何情况下与社会研究成果价值相关的领域具有至少 3 年的工作经验。

由理事会选择的一半专家，至少符合下列条件之一：

①公共或私人行政管理经理，在社会研究成果增值领域的

专家；

②在研究数据和结果方面从事开放科学方法传播的国内和国际专家；

③来自独立国家当局或国际组织的专家，参与对社会研究成果增值活动的影响评估项目；

④负责公司和/或公共管理部门和研究机构之间的结构化合作项目和/或开放式创新项目，有 3 年以上工作经验；

⑤研究机构孵化器总裁或总监，3 年以上工作经验；

⑥资产管理公司或投资公司/基金的总裁/CEO/合伙人，与研究机构有合作记录；

⑦研究成果转化领域的基金会主席或董事，有 3 年以上工作经验；

⑧从事研究成果转化领域工作机构（例如科技园、博物馆、“科学中心”）的总裁或主管，至少有 3 年工作经验；

⑨研究成果转化领域的协会/机构（如意大利公共研究成果转移转化协会 NETVAL、国家创新奖 PNI、意大利专利商标局 UIBM）的会长或主任。

（4）VQR 2015—2019 **评审专家构成**

VQR 2015—2019 最终评审专家包括 17 个学科领域研究成果质量评价的 615 位学科专家、针对“第三使命”评价的 30 位专家、24 位评价助理，以及 11289 位参与评价的外部评审专家。GEV 中意大利人占比 97.6%，外国人占比 2.4%，男性占比 63.62%，女性占比 36.38%。评审学科领域及 GEV 专家数量见表 3-2。

4. 评价标准

由于研究成果和案例研究是两类不同的评价对象，评价的维度有很大差异，因此虽然 VQR 并入了“第三使命”评价，但对两者的评价标准完全不同。

表 3-2 评审学科领域及 GEV 专家数量

学科代码	学科名称	评审专家人数	评审助理人数
1	数学与计算机科学	33	1
2	物理	47	2
3	化学	34	1
4	地球科学	22	1
5	生物学	53	2
6	医学	80	2
7	农学与兽医学	40	1
8a	建筑学	17	1
8b	土木工程	17	1
9	工业与信息工程	63	2
10	古代史、文献学、文学与艺术史	59	2
11a	历史、哲学、教育学	31	1
11b	心理学	14	1
12	法学	43	1
13a	经济学与统计学	23	1
13b	商业经济学	21	1
14	政治学与社会学	18	1
跨学科	影响力/“第三使命”	30	2
总计		645	24

资料来源：“Valutazione della Qualità della Ricerca 2015-2019（VQR 2015-2019）- Rapporto finale ANVUR Statistiche e risultati di compendio”，ANVUR，2022，https：//www. anvur. it/wp-content/uploads/2022/06/VQR-2015-19_ Rapporto_ ANVUR. pdf。

（1）研究成果评价标准及分级标准

针对论文与专著等科研成果的评价是 VQR 的主要内容。评审专家主要从以下三个方面对提交的参评科研成果质量进行评价：

①原创性，即研究成果作出的创新贡献程度。指参评科研成果在研究思路上的新颖性和创新性，是否明显区别于该类研究以往采用的研究路径。

②方法的严谨性，即明确表明研究目标并采用适当的方法

证明研究目标。指参评科研成果在研究实施过程中具有清晰的目标和研究路线，研究手段方法运用得当，代表该类研究的较高水准。

③影响力，即研究成果已经影响或者可能影响国际科学界的程度。指参评科研成果产生的学科、国内和国际影响力。

根据上述研究成果评价标准，将成果分为以下五个级别：

①优秀：研究成果在原创性、知识和文献使用、方法的严谨性和清晰性，以及对科学界的影响方面达到了最高水平。

②良好：研究成果在原创性、知识和文献使用、方法的严谨性和清晰性，以及对科学界的影响等大多数方面达到了优秀水平。

③一般：研究成果在原创性、知识和文献使用、方法的严谨性和清晰性，以及对科学界的影响方面达到了令人满意的水平。

④合格：就科学界的科学标准而言，研究成果即使在科学界的影响有限，但在原创性、方法的严谨性和清晰性方面达到了足够的水平。

⑤不合格：研究成果在原创性、知识和文献使用、方法的严谨性和清晰性，以及对科学界的影响方面呈现出较低水平。不合格还包括：研究成果不在当前的评价对象范围，提供的附件或评价文件不足，与作者贡献无关的合著产出。

（2）“第三使命”案例研究评价标准及分级标准

VQR 中列出的“第三使命”活动涵盖的项目及其主要内容见表 3-3。按照 ANVUR 发布的《“第三使命”评价指南》，大学和科研机构将根据项目分类撰写并提交“第三使命”项目案例研究，同时还应在 ANVUR 认定的信息平台上上传有关数据。ANVUR 强调案例研究中的数据均应是可查证的量化指标，如专利转让经费、社会公益项目的受众规模等。为减轻申报单位的负担以及便于评审，ANVUR 指定的信息平台与多个官方数据库共享数据，有关知识产权、科研衍生企业（Spin-off）登记、经济社会方面的统计数据均可快速查询和调用。①

表 3-3 “第三使命”活动涵盖的项目及其主要内容

项目	主要内容
工业与知识产权	专利、植物新品种和其他专利产品
创办学术型企业	科研衍生企业和初创公司
技术转移及中介机构	科技转化咨询机构、孵化器、产业园和“第三使命”合作的企业组织
艺术文化产业与管理	博物馆、考古遗址、历史档案管理、音乐活动、历史出版物收藏、剧院和体育运动设施
临床试验与健康促进类创新项目	临床试验、医疗仪器设备研发、预防疾病日活动、疾病筛查和能够引起公众重视的疾病预防知识普及、兽医诊所等
长期培训与开放式教学	长期培训课程、医学继续教育课程、慕课（MOOC）
公众参与	公益文化活动组织，如音乐、戏剧表演、影视活动、体育运动、展览、面向社区和公众开放的其他文化活动；科学普及，如面向公众的非学术出版物、广播电视节目制作、科学普及网站、利用社交媒体进行的科普宣传活动；促进公众参与的研究活动，如辩论会、科技节日活动、科学“咖啡”活动、在线咨询、参观实验室等；与中小学生的科技互动活动，如实验室模拟、动手实验和其他形式的活动
开展具有社会、教育和包容政策属性的公众科学活动	公众参与的城市规划项目、土地利用项目、市民评价小组、调查问卷等
支持开放科学（open science）的创新工具	—
与联合国 2030 年可持续发展目标（SDGs）契合的有关活动	—

资料来源：“Call for Participation：Evaluation of Research Quality 2015-2019（VQR 2015 - 2019）”，https：//www. anvur. it/wp-content/uploads/2021/07/VQR-Call _ Update-25.09. pdf。

① 孙彦红主编：《意大利发展报告（2022—2023）：俄乌冲突下艰难求“变”的意大利》，社会科学文献出版社 2023 年版，第 158—178 页。

评审专家小组根据以下标准评价每个案例研究：

①社会、经济和文化影响力，即案例研究对改变人们态度，提高人们认识，改进经济、科学文化、社会等领域的认识过程所作的贡献，从而产生实质性改善的结果。

②与环境的相关性（Relevance in relation to the context），即该案例研究相对于地区、大区、国家、欧盟或国际层面的重要性，评估对环境影响的增量数量或质量效应。所谓“环境”（context）指的是与生态系统相关的外部环境，也包括与机构特性、使命和活动相关的内部环境。

③为受益者带来的附加值或附加效益，即案例研究在技术、经济、社会和文化等方面带来的创新和改进，使社会各阶层受益。评估不仅包括技术创新，还包括社会创新程度，以及对公正、机会均等、消除不平等和脆弱条件等原则的尊重，这也是有效实现社会公正的前提。

④部门或机构对案例研究活动的支撑或贡献，突出案例研究与机构科学研究的关联度（如果有关联）。从定性和定量角度评估机构在人力资源、组织结构和流程、基础设施和/或新专业发展等方面对案例研究的贡献。如果案例研究与科学研究相关，应强调和说明案例研究与该机构科学研究的关联度。关联度可以是间接、非线性的，或尚未形成最终成果，但必须清晰可证，必要时可以通过该案例研究参考文献的价值来证实。

根据上述评价标准，案例研究分为以下几类：

①优秀：案例研究描述清楚，在其行动领域取得的影响显著且重大。提交机构在案例研究产生影响方面作出了重大贡献。案例研究与机构的科学成果有明显的紧密联系。取得的成果也得到了相关指标的证实。在社会、经济和文化方面产生了重大影响，干预措施为大量不同的受益者创造了高附加值。

②良好：案例研究描述清楚，在其行动领域取得的影响明显而巨大。提交机构在案例研究产生影响方面作出了重要贡献。

案例研究与机构的科学成果之间有明显的直接联系。取得的成果也得到了一系列指标的证实。在社会、经济和文化方面产生了重大影响，干预措施为众多受益者创造了高附加值。

③一般：案例研究描述清楚，在其行动领域产生的影响明显。提交机构在案例研究产生影响方面作出了重要贡献。案例研究与机构的科学成果之间有明显的直接联系。所取得的成果也得到了一系列指标的证实。在社会、经济或文化方面产生了重大影响，干预措施为受益者创造了可观的附加值。

④合格：案例研究描述充分，能够确定在其行动领域产生了充分影响。提交机构在案例研究产生影响方面作出了充分的贡献。案例研究与机构的科学成果之间的联系也很明显。所取得的成果没有相关指标支持，或所用指标无法提供明显的佐证。在社会、经济或文化方面产生了足够的影响。

⑤不合格：案例研究描述不清和/或缺乏在其行动领域产生影响的证据。评估社会、经济或文化影响的要素不充分，提交机构的贡献不明显或不充分。

（3）分级计分规则

VQR 2015—2019 对于分配给每个等级的研究成果数量或比例有明确的规定，同时为了后续机构科研质量评价计分，研究成果评价等级对应相应的分值，每个等级对应的分值见表 3-4。

5. 评价方法

VQR 在不同学科领域采用不同的评价方法。评价方法由 GEV 成员集体决定，并在 ANVUR 网站上发布评审程序的文件说明，说明中涉及引文指标的使用、可能构建的子领域、向 GEV 成员分配研究成果的标准等。根据学科特点，GEV 决定在评价时是否考虑使用引文指标，如在自然科学领域，GEV 可使用 WoS 或 Scopus 数据中的引文指标对研究成果进行同行评议，而在人文社会科学领域，GEV 仅通过同行评议评价研究成果质量，每项研究成果的最终评价结果由 GEV 成员集体确定。这两种方法可分别称之为知情同行评议和纯同行评议。

表 3-4　　成果评价等级及对应分值

等级	成果数量	分值
优秀	分配至每个等级的成果数占总数的比例为 5%—25%	1. 0
良好		0. 8
一般		0. 5
合格		0. 2
不合格		0

资料来源：“Call for Participation：Evaluation of Research Quality 2015-2019（VQR 2015-2019）”，https：//www. anvur. it/wp-content/uploads/2021/07/VQR-Call_ Update-25.09. pdf。

知情同行评议。知情同行评议即在引文指标和其他定量指标的基础上开展的同行评议，主要用于 STEM 和经济学领域在 WoS 和 Scopus 引文数据库收录的期刊上发表的研究成果的评估。每项研究成果由两位评审专家根据评价标准和文献计量学指标进行评审和打分。文献计量学指标主要包括论文被引用情况和期刊影响力指标，其中期刊影响力指标主要有基于 WoS 数据库的 5 年影响因子（IF5）和文章影响力分数（AIS），基于 Scopus 数据库的 CiteScore、SNIP 和 SCImago 期刊排名（SJR）等指标。如在数学和计算机学科，根据 GEV 要求，ANVUR 将提供与研究成果和发表刊物有关的引文数据的两个表格：对于研究成果引文数据，表格将显示每个学科类别和出版年份分别排在全球分布前 10%、10%—35%、35%—60%、60%—80%、80%—100% 所需的引文数量；对于发表刊物引文数据，ANVUR 提供的表格中载有特定学科领域和出版年份所包括的所有期刊的分布情况所占的百分位数。GEV 根据 3 个评价标准评价研究成果时将使用上述引文数据作为评定等级的参考。

纯同行评议。对于人文学科领域科研成果或其他学科领域未被 WoS 或 Scopus 收录的研究成果，使用纯同行评议方法进行评价。同行评议通常根据学科专业知识委托给两个 GEV 成员，如果 GEV 成员缺少评价特定研究成果所需的学科专业知识，或者研究成果数量特别多，GEV 也可以借助 1—2 名独立的外部评审专家匿名评价研究成果质量。

6. **评价过程**

评价过程主要分为两个阶段，第一个阶段中两名评审专家相互匿名且独立开展评价，第二个阶段中两名评审专家可以通过评审平台讨论交流第一阶段的评价结果，给研究成果或案例研究分配等级，并附上评价理由。研究成果评价过程见图 3-2。

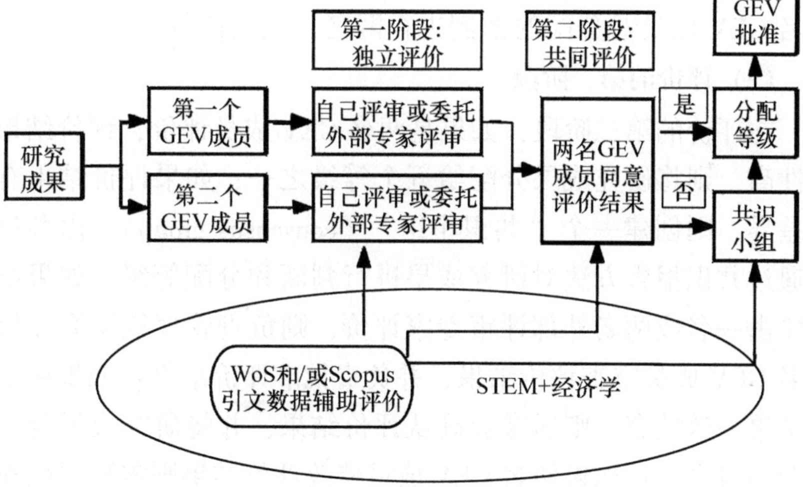

图 3-2 研究成果评价过程

（1）**评价的第一阶段**

GEV 协调员将每一项研究成果分配给两名 GEV 成员，GEV 成员根据情况决定是自己亲自评审还是委托外部评审专家评审。这一阶段，不论是 GEV 成员还是外部评审专家，都要根据 GEV 制定的《评审人员指南》对研究成果进行评价，在 CINECA 开发的平台上根据评价标准为研究成果的原创性、研究方法的严谨性，以及研究的影响力分别打分（1—10分），并附上评分的理由。这一阶段，两个评审专家之间相互匿名且独立评审。第一个阶段评审结束时，平台提供了两位评审专家对每项标准的评审信息。这些数值是评价第二阶段的起点。具体而言，平台通过不同的颜色标记为两名GEV成员提供信息：如果两位评审专家对单项标准的评分与平均分相差0.5分、1分，则标记为绿色；如果相差1.5分、2分或2.5分，则标记为黄色；如果相差3分或3分以上，则标记为红色。

对于“第三使命”GEV，第一步是根据表中10个领域确定10个工作组，每个领域一个，每个工作组成员由GEV成员根据个人偏好组建。随后根据GEV成员偏好和能力，将案例研究分配给“第三使命”GEV成员。与研究成果评价一样，此阶段，两名GEV成员对分配的案例进行匿名且独立评价。

（2）评价的第二阶段

在评价的第二阶段，如果是两名GEV成员评价，评价结果一致性高，则将研究成果分配给五个等级之一；如果评价结果有显著差异，则创建一个“共识小组”（consensus group），由共识小组通过共识报告方法对研究成果进行判断和分配等级。如果第一阶段由一名或两名外部评审专家评价，则负责管理该研究成果的两名GEV成员审查评价结果，并负责批准评价结果：如果两个评价结果一致性高，则通常会确认评价结果，并将研究成果分配给五个等级之一；如果两名GEV成员修改评价结果则需要提供充分的理由；如果第一阶段的两个评价结果有显著差异，则创建一个共识小组，由共识小组对研究成果进行评价并分配等级。不管哪种形式，最终评价结果都由GEV批准通过。第二阶段中对“第三使命”的评价与研究成果评价类似（如图3-2所示）。

7. 科研机构研究活动评价指标

根据规定，ANVUR在评价单个研究成果或案例研究后，需要计算整个研究机构的研究质量得分，并在考虑科研机构规模的前提下，根据研究质量相关指标对科研机构及其所属部门进行排名。机构研究质量指标主要有两种类型，分别是 R 类型指标和 IRAS 类型指标。R 类型指标衡量的是机构研究成果质量相对于所有机构研究质量的情况，同时考虑机构内不同学科领域的权重。IRAS 类型指标则同时考虑机构的研究规模（研究成果总数）。根据相关规定，ANVUR 需要计算四种类型研究人员的研究质量指标，分别是：

第一，2015—2019 年职位保持不变人员的研究成果，形成指标 IRAS1 和 R1。

第二，2015—2019 年新聘和职位晋升人员的研究成果，形成指标 IRAS2 和 R2。

2015—2019 年机构总人员的研究成果，即 IRAS1_ 2=IRAS1+IRAS2，R1_ 2=R1+R2。

第三，2012—2016 年在机构 i 获得博士学位且截至 2019 年 11 月 1 日参与了 VQR 评估的机构人员的研究成果，形成指标 IRAS3 和 R3 指标。

第四，机构应用研究活动（“第三使命”），形成指标 IRAS4 和 R4 指标。

下面将详细介绍两类指标，以及对应四种类型研究人员的子指标。

（1）研究成果分数

$ECR_{i,j}$、$EC_{i,j}$、$ST_{i,j}$、$SUF_{i,j}$、$SR_{i,j}$分别代表机构 i 在学科领域 j 获评五个等级的研究成果数量：优秀成果数、良好成果数、一般成果数、合格成果数、不合格成果数，以此得到机构 i 在 j 学科领域的总分数 $v_{i,j}$：

$$v_{i,j}=ECR_{i,j}+0.8\times EC_{i,j}+0.5\times ST_{i,j}+0.2\times SUF_{i,j}+0\times SR_{i,j} \tag{3-1}$$

$v_{i,j}$值是后续计算其他科学生产质量指标的基础。根据 3-1

可以计算出 i 机构在 j 领域的平均得分 $I_{i,j}$：

$$I_{i,j}=\frac{v_{i,j}}{n_{i,j}} \tag{3-2}$$

其中，$n_{i,j}$是机构 i 在 j 学科领域的预期研究成果总数。预期研究成果是指提交的研究成果数量与缺失的研究成果数之和。因此，将 i 机构在 j 学科领域的平均得分除以该学科领域的整体平均得分，可以得到 i 机构在 j 学科领域的相对位置 $R_{i,j}$。

$$R_{i,j}=\frac{\dfrac{v_{i,j}}{n_{i,j}}}{\dfrac{\sum_{k=1}^{N_{IST}} v_{k,j}}{\sum_{k=1}^{N_{IST}} n_{k,j}}}=\frac{I_{i,j}}{V_j/N_j} \tag{3-3}$$

其中 N_{IST}代表机构总数，而 V_j 和 N_j 分别表示 j 学科领域的总得分和预期研究成果总数，即：

$$V_j=\sum_{k=1}^{N_{IST}} v_{k,j},\ N_j=\sum_{k=1}^{N_{IST}} n_{k,j} \tag{3-4}$$

指标 $R_{i,j}$可以直接衡量某一学科领域中特定机构的相对研究质量。如果 $R_{i,j}>1$，则 i 机构在 j 学科领域的平均得分高于 j 学科领域整体的平均得分，反之亦然。

（2）案例研究分数

与研究成果评分类似，案例研究的评分也按照以下标准进行赋值：1、0.8、0.5、0.2 和 0 分，分别对应以下评价等级：优秀、良好、一般、合格、不合格。对于未达到预期案例研究的情况，其评分将被视为不合格。机构 i 的案例总分 P_i 定义为：

$$P_i=ECR_i+0.8\times EC_i+0.5\times ST_i+0.2\times SUF_i+0\times SR_i \tag{3-5}$$

i 机构案例研究的平均得分是：

$$M_i=\frac{p_i}{q_i} \tag{3-6}$$

其中，q_i 是 i 机构预期案例研究数量。

因此，将机构 i 的平均分数除以所有机构的平均分数，可以

得到机构 i 案例研究的相对位置。

$$R4_i = \frac{\frac{p_i}{q_i}}{\frac{\sum_{k=1}^{N_{IST}} p_k}{\sum_{k=1}^{N_{IST}} q_k}} = \frac{M_i}{P/Q} \tag{3-7}$$

N_{IST}代表机构总数，而 P 和 Q 代表所有案例研究的总得分和预期案例研究总数量。

$$P = \sum_{k=1}^{N_{IST}} p_k,\ p = \sum_{k=1}^{N_{IST}} q_k \tag{3-8}$$

指标 $R4_i$ 可以直接衡量机构的案例研究活动的相对质量。如果 $R4_i>1$，则机构 i 案例研究的平均分高于整体案例研究的平均分，反之亦然。

（3）机构 i 在 j 学科领域的指标 $IRAS_{i,j}$

$IRAS_{i,j}$指标与 FFO 资金分配相关。$IRAS_{i,j}$定义为机构 i 在 j 学科领域获得的分数与该学科领域整体分数之间的比率：

$$IRAS_{i,j} = \frac{v_{i,j}}{\sum_{k=1}^{N_{IST}} v_{k,j}} = \frac{v_{i,j}}{v_j} \tag{3-9}$$

它还可以写成某个机构在特定学科领域研究成果的相对质量指标与该机构在该学科领域的规模指标的乘积。质量指标是机构 i 在 j 学科领域预期研究成果获得的平均分与 j 学科领域所有预期研究成果获得的平均分之比，对应于 3-3 中定义的指标 $R_{i,j}$，而机构权重（$p_{i,j}=n_{i,j}/N_j$）是机构 i 在 j 学科领域研究成果所占的份额：

$$IRAS_{i,j} = \frac{\frac{v_{i,j}}{n_{i,j}}}{\frac{\sum_{k=1}^{N_{IST}} v_{k,j}}{N^j}} \times \frac{n_{i,j}}{N_j} = \frac{I_{i,j}}{v_j/N_j} \times \frac{n_{i,j}}{N_j} = R_{i,j} \times P_{i,j} \tag{3-10}$$

因此，$IRAS_{i,j}$是一个综合考虑机构研究成果相对质量和机构规模权重的指标。根据研究人员情况，$IRAS_{i,j}$可细分为四个子指标：

①2015—2019 年在机构 i 任职且职位不变的研究人员的研究成果；

②2015—2019 年机构 i 新聘用和职位晋升人员的研究成果；

③2012—2016 年在机构 i 获得博士学位且截至 2019 年 11 月 1 日参与了 VQR 评估的机构人员所提交的研究成果；

④1_ 2 代表机构 i 工作人员（上述①和②）总的研究成果。

根据上述定义，可以将公式 3-9 用于上述定义的研究人员（以及成果）子集来计算四个指标：

$$IRAS1_{i,j} = \frac{v_{i,j}^{h=1}}{\sum_{k=1}^{N_{IST}} v_{k,j}^{h=1}} = \frac{v_{i,j}^{h=1}}{v_j^{h=1}} \quad (3-11)$$

$$IRAS2_{i,j} = \frac{v_{i,j}^{h=2}}{\sum_{k=1}^{N_{IST}} v_{k,j}^{h=2}} = \frac{v_{i,j}^{h=2}}{v_j^{h=2}} \quad (3-12)$$

$$IRAS1\_2_{i,j} = \frac{v_{i,j}^{h=1.2}}{\sum_{k=1}^{N_{IST}} v_{k,j}^{h=1.2}} = \frac{v_{i,j}^{h=1.2}}{v_j^{h=1.2}} \quad (3-13)$$

$$IRAS3_{i,j} = \frac{v_{i,j}^{h=3}}{\sum_{k=1}^{N_{IST}} v_{k,j}^{h=3}} = \frac{v_{i,j}^{h=3}}{v_j^{h=3}} \quad (3-14)$$

在公式 3-11、3-12、3-13、3-14 中，指标 h 的值为 1、2、1_ 2 或 3，其中，1 代表职位不变的研究人员发表的成果，2 代表 2015—2019 年新聘用或晋升人员的成果，1_ 2 代表两者的总和，3 代表 2012—2016 年获得博士学位的研究人员所发表的成果。

指标 3-11、3-12、3-13、3-14 均大于或等于 0 且小于 1；它们的总和在该学科领域的所有同类机构（大学、受监管的研究机构和自愿机构）中等于 1（100%）。在考虑机构规模的前提下，这些指标定义了机构各类研究人员在某一学科领域的相对研究质量。因此，这些指标是学科领域指标，代表了一个机构在某个学科领域的定位。

（4）机构科学生产质量指标 $IRAS_i$

如前所述，指标 $IRAS1_{i,j}$，$IRAS2_{i,j}$，$IRAS1\_2_{i,j}$，$IRAS3_{i,j}$ 定义了 i 机构在 j 学科领域的研究质量，$IRAS_i$ 则表示机构 i 在所有学科领域的总的研究质量。$IRAS_i$ 指标计算方式应尽可能减少不同学科领域之间的评估差异，以下介绍两种机构综合指标计算模型。第一个模型是之前 VQR 中采用的模型，它基于国家层面的学科领域权重定义。第二个模型强调机构自身的相对研究质量和机构内部的学科权重。值得注意的是，这两个模型结果趋于一致。

第一种 $IRAS_i$ 计算方法，之前 VQR 中采用的模型：强调国家层面的学科权重。此处首先定义各个学科领域的权重 w_j，对于所有机构，每个学科领域的学科权重都是相同的，即学科领域 j 的权重是在国家层面定义的，而不是在单个机构层面定义。

w_j 是 j 学科领域研究成果数与所有学科领域总的研究成果数的比例。

$$w_j = \frac{\sum_{k=1}^{N_{IST}} n_{k,j}}{\sum_{t=1}^{17} \sum_{k=1}^{N_{IST}} n_{k,t}} = \frac{N_j}{N} \qquad (3-15)$$

因此，可以在机构层面计算指标 $IRAS1$、$IRAS2$、$IRAS\ 1\_2$ 和 $IRAS3$：

$$IRAS1_i = \sum_{t=1}^{17} (IRAS1_{i,t} \times w_t) \qquad (3-16)$$

$$IRAS2_i = \sum_{t=1}^{17} (IRAS2_{i,t} \times w_t) \qquad (3-17)$$

$$IRAS1\_2_i = \sum_{t=1}^{17} (IRAS1\_2_{i,t} \times w_t) \qquad (3-18)$$

$$IRAS3_i = \sum_{t=1}^{17} (IRAS3_{i,t} \times w_t) \qquad (3-19)$$

第二种替代 $IRAS_i$ 计算方法：强调 R_i 指标和机构的学科权重，强调机构 i 的相对研究质量。此方法需要两方面的指标：机构内部特定学科领域权重和机构本身在国家层面的权重。

学科领域 j 在机构 i 中的权重，即机构 i 在学科领域 j 中的研究成果数量（$N_{i,j}$）与 i 机构所有研究成果数量（N_i）之比。

$$Z_{i,j}=N_{i,j}/N_i \tag{3-20}$$

机构 i 在国家层面的权重，即机构 i 的研究成果数量（N_i）与国家层面研究成果总数（N）之比：

$$H_i=N_i/N \tag{3-21}$$

计算机构综合指标 $IRAS_i$ 的起点是 3-3 中定义的指标 $R_{i,j}$，$R_{i,j}$ 由机构 i 开展业务的每个学科领域 j 确定。因此，有必要将机构开展科学活动的各个学科领域的指标整合为机构的总体指标 R_i：

$$R_i = \sum_{t=1}^{17}(R_{i,t} \times Z_{i,t}) \tag{3-22}$$

R_i 指标考虑了学科领域的研究质量和学科领域在机构中所占的权重。在此基础上可以计算机构四类研究人员的 R_i，即 $R1_i$，$R2_i$，$R1\_2_i$ 和 $R3_i$，并据此计算机构层面的 $IRAS1$，$IRAS2$，$IRAS1\_2$，$IRAS3$。

$$IRAS1_i=R1_i \times H_{1,i} \tag{3-23}$$

$$IRAS2_i=R2_i \times H_{2,i} \tag{3-24}$$

$$IRAS1\_2_i=R1\_2_i \times H_{1\_2,i} \tag{3-25}$$

$$IRAS3_i=R3_i \times H_{3,i} \tag{3-26}$$

（5）研究成果转化活动的质量指标

从案例研究的总体评分定义 3-5 和指标 $R4_i$ 的定义 3-7 出发，可以为每个机构 i 定义与研究成果转化活动质量概况相关的指标。根据规定，该指标仅使用至少获得“合格”等级的案例研究数量。

根据案例研究至少达到“合格”的等级来定义机构的国家权重。即将机构 i 的国家权重定义为该机构提供至少达到“合格”等级的案例研究数量（NS_i）与至少达到“合格”等级的案例研究总数（NS）的比率：

$$H4_i = NS_i / NS \tag{3-27}$$

随后计算机构层面的 $IRAS4_i$：

$$IRAS4tmp_i = R4_i \times H4_i \tag{3-28}$$

将机构层面的指标 $IRAS4tmp_i$ 标准化，即机构的 $IRAS4_i$ 与所有机构 $IRAS4_i$ 之和的比例：

$$IRAS4_i = \frac{IRAS4tmp_i}{\sum_{k=1}^{N_{IST}} IRAS4tmp_k} \tag{3-29}$$

（6）VQR 2015—2019 **综合指标** *IRFS*

VQR 综合指标 *IRFS* 由多个指标加权获得，包括考虑到稳定员工和新聘员工共同计算的 *IRAS*1_ 2 指标，与研究培训相关的指标（*IRAS*3），以及与研究成果转化质量相关的指标（*IRAS*4）。综合指标 *IRFS* 定义为：

$$IRFS_i = 0.9 \times IRAS1\_2_i + 0.05 \times IRAS3_i + 0.05 \times IRAS4_i \tag{3-30}$$

IRFS 指标用于机构分配资金。

8. 评价工作流程

VQR 2015—2019 有详细的时间表，评价工作流程与主要环节见表 3-5。

表 3-5　　VQR 2015—2019 评价工作流程与主要环节

任务	执行机构	时长
发布专家评审小组 GEV 和助理人员候选人遴选通知	ANVUR	—
GEV 公布抽签方法和有关资格文件	ANVUR	—
专家和助理人员提交申请	评审专家和助理人员候选人	—
与大学和科研机构签署协议	ANVUR	—
公布参与抽签的 GEV 人员名单	ANVUR	—
GEV 人员及助理人员候选人抽签	ANVUR	—
任命和公布 GEV 成员名单	ANVUR	—

续表

任务	执行机构	时长
任命和公布助理人员名单	ANVUR	—
发布“科研成果提交办法指南（2015—2019 年成果）”	ANVUR	—
大学和科研机构审核和确定参加评审的二级学术机构	大学和科研机构	1 个月
大学和科研机构检查、确定参加评审的科研人员（2019 年 12 月 31 日以前正式入职）	大学和科研机构	25 天
最后确认参加评审的研究人员资格（2019 年 12 月 31 日以前正式入职）	大学和科研机构	26 天
在 GEV 内确定必要的子小组（sub-GEV）	ANVUR，GEV	—
GEV 公布评价方法文件	GEV	—
大学和科研机构向指定的信息平台提交和上传论文等研究成果和案例信息	大学和科研机构	59 天
核查核实 2012—2016 年获得博士学位的研究人员	大学和科研机构	—
GEV 向评审专家分配参评成果	GEV	28 天
GEV 对研究成果和“第三使命”案例研究进行评价打分	ANVUR	6 个月 15 天
公布科研质量评价结果	ANVUR	—
完成评价报告起草工作	GEV	—
发布大学和科研机构科研质量评价报告	ANVUR	—
大学和科研机构复核评价报告中涉及的参评科研成果	大学和科研机构	—
发布参评科研成果和“第三使命”案例研究的评价报告	ANVUR	—

资料来源：“Call for Participation：Evaluation of Research Quality 2015-2019（VQR 2015-2019）”，https：//www. anvur. it/wp-content/uploads/2021/07/VQR-Call_ Update-25. 09. pdf。

9. VQR 2015—2019 的创新或变化

每轮 VQR 都会有一定的调整，相比之前几次评价，VQR 2015—2019 的创新或变化主要体现在以下几个方面：（1）根据第 76/2010 号总统令和修订的第 232/2016 号法律，评价时间段调整为 5 年，代替之前的 4 年（VQR 2011—2014）和 7 年（VQR 2004—2010）。因此，每个研究人员平均提交的研究成果数量由 VQR 2011—2014 时的 2 个提高到 3 个。（2）机构为每个研究人员提交的研究成果数量可以不同，可以是 0—4 个，只要机构提交研究成果总数是研究人员数量的 3 倍即可。这一变化可能会对评价结果产生重要影响，被评机构可能选择有利于评价结果的做法，如减少或限制那些在评价中可能得分低的研究人员的参与，而提高那些在评价中可能得分高的研究人员的参与。此项调整也是强调 VQR 评价的是机构或部门整体科研质量，而非个人。（3）GEV 结构和遴选程序的变化。考虑到评价成果数量的提高，GEV 数量相应提高，且 GEV 学科结构也有所调整，如将领域“13 经济学和统计学”分成两个评审组——13a 和 13b，分别对应“经济学与统计学”和“商业研究”。GEV 成员首次从候选人名单中通过抽签遴选产生，不再由 ANVUR 提名产生，GEV 组成也必须遵守一定的规则。（4）评价等级和分数有变化。VQR 2015—2019 评价结果分为 5 个等级且分配给每个等级的成果数量占比为 5%—25%，每个等级的分值也有变化。（5）提交成果有开放获取要求。机构提交成果时需标明是否开放获取，并提供开放获取链接。根据要求，公共资金经费资助达到 50%以上的研究成果必须开放获取。（6）完全使用同行评议。所有成果都使用知情同行评议或者纯同行评议方法评价。（7）“第三使命”评价首次正式纳入 VQR。VQR 2011—2014 探索性评价了“第三使命”活动，主要通过对大学和研究机构开展的所有“第三使命”活动进行调查的方式，评价结果不影响经费分配。VQR 2015—2019 主要通过案例研究分析来评价“第三使命”活动，每个机构需提交与“第三使命”活动相关的一些案例，评价结果直接影响资金分配。意大利历次科研质量评价情况比较见表 3-6。

表 3-6 意大利历次科研质量评价情况比较

	第一次（VTR）	第二次（VQR 2004—2010）	第三次（VQR 2011—2014）	第四次（VQR 2015—2019）
涵盖时间段	2000—2003	2004—2010	2011—2014	2015—2019
起始年份	2003	2011	2015	2020
评价报告发布年份	2004	2013	2017	2022
组织机构	CIVR	ANVUR	ANVUR	ANVUR
评估对象	77 所大学 12 家大学与研究部所属科研机构 13 家公共和私立科研机构（自愿参评的机构）	96 所大学 12 所大学与研究部所属科研机构 26 家公共与私立科研机构（自愿参评的机构）	96 所大学 12 所大学与研究部所属科研机构 27 家公共与私立科研机构（自愿参评的机构）	98 所大学 14 所大学与研究部所属科研机构 22 家公共与私营科研机构（自愿参评的机构）
评价方法	同行评议	同行评议+文献计量	同行评议+文献计量	知情同行评议+纯同行评议
文献计量学指标	无	截至 2011 年的标准化引用次数； 期刊影响因子	截至 2015 年的标准化引用次数； 期刊影响因子； 期刊指标包括： WoS 的 5 年影响因子（IF5）、 WoS 的文章影响力分数（AIS）、 Scimago 期刊排名（SJR）、 Scopus 的单篇论文影响力（IPP）	截至 2020 年的规范化引用次数； 期刊影响因子； 期刊指标包括： WoS 的 5 年影响因子（IF5Y）、 WoS 的文章影响力分数（AIS）、 Scimago 期刊排名（SJR）、 Scopus 的单篇论文影响力（IPP）
文献计量来源	无	WoS、Scopus、MathSciNet	WoS、Scopus、MathSciNet	WoS、Scopus、MathSciNet

续表

	第一次（VTR）	第二次（VQR 2004—2010）	第三次（VQR 2011—2014）	第四次（VQR 2015—2019）
提交决定	部门	大学和科研机构，基于研究人员（共 61822 人）个人提交的成果	大学和科研机构，基于研究人员（共 52677 人）个人提交的成果	大学和科研机构，基于研究人员（共 65119 人）个人提交的成果
评估成果总数	提交 18500 项 评价 17329 项	184878 项	118036 项	182648 项科研成果、676 项“第三使命”案例研究
成果形式	期刊文章、图书、图书章节、国内外会议论文、专利、设计、表演、展览、制造（Manufacture）、艺术戏曲	期刊文章、图书、图书章节、会议论文集、批评性评论、评论文章、图书翻译、专利、模型、项目计划、软件、数据库、展览、艺术作品、创作、专题论文	期刊文章、图书、图书章节、会议论文集、批评性评论、评论文章、图书翻译、专利、模型、项目计划、软件、数据库、展览、艺术作品、创作、专题论文	期刊文章、图书、图书章节、会议论文集、批评性评论、评论文章、图书翻译、专利、模型、项目计划、软件、数据库、展览、艺术作品、创作、专题论文、用于“第三使命”评价的案例研究
人均成果数量	每 4 名大学研究人员或每两名科研机构的研究人员至少有 1 项成果	每位大学研究人员 3 项成果；每位科研机构的研究人员 6 项成果	每位大学研究人员 2 项成果；每位科研机构的研究人员 4 项成果	每个单位提交的成果数量是在职研究人员的 3 倍
专家小组	20 个专家组	14 个评审专家小组（GEV）	16 个评审专家小组（GEV）	17 个评审专家小组、1 个跨学科/“第三使命”评价小组（共 18 个 GEV）
专家组成员人数	—	450 名成员	486 名成员	645 名成员
专家选择	征集+CIVR 任命	VTR 征集的部分专家+ANVUR 任命	公开征集+ANVUR 任命	公开征集+ANVUR 按人数随机抽取
评审人数	6661 人，其中 1465 人来自其他国家	超过 1.4 万人	超过 1.3 万人	外部评审专家 11289 人

续表

	第一次（VTR）	第二次（VQR 2004—2010）	第三次（VQR 2011—2014）	第四次（VQR 2015—2019）
评价标准	未公开发布	领域相关性、新颖性、国际化	原创性、方法严谨性、已证实或潜在的影响力	原创性、方法严谨性、影响力
评价等级	优秀（前 20%）、良好（20%—40%）、合格（40%—50%）、不合格（后 50%）	优秀（前 20%）、良好（20%—40%）、合格（40%—50%）、不合格（后 50%）	优秀（前 10%）、良好（10%—30%）、一般（30%—50%）、合格（50%—80%）、不合格（后 20%）	优秀（前 10%）、良好（10%—30%）、一般（30%—50%）、合格（50%—80%）、不合格（后 20%）
分数	优秀（1）、良好（0.8）、合格（0.5）、不合格或不可接受（0）	优秀（1）、良好（0.8）、合格（0.5）、不合格或不可接受（0）	优秀（1）、良好（0.7）、一般（0.4）、合格（0.1）、不合格或不可接受（0）	优秀（1）、良好（0.8）、一般（0.5）、合格（0.2）、不合格（0）
"无效"成果的处罚方式	不适用	被证实的抄袭或欺诈（-2）、未被 GEV 承认的成果类型，或缺乏相关文件，或在 2004—2010 年以外的成果（-1）、因未提交所要求的成果数量，每缺 1 项成果（-0.5）	不予评估，计 0 分	不予评估，计 0 分
评价报告的内容输出	根据大学规模： 超大型（>74 个分报告） 大型（25—74 个分报告） 中等（10—24 个分报告） 小型（<10 个分报告）	分为三个层次： 系或部门（二级学术单位）； 学科领域； 大学	分为三个层次： 系或部门（二级学术单位）； 学科领域； 大学	分为三个层次： 系或部门（二级学术单位）； 学科领域； 大学

续表

	第一次（VTR）	第二次（VQR 2004—2010）	第三次（VQR 2011—2014）	第四次（VQR 2015—2019）
评价费用	3550 万欧元	1.057 亿欧元（包括信息平台 CINECA 运营费用）	1.47 亿欧元（包括大学的评价专项费用）	待公布
评价结果对财政拨款的影响	无	占全部资金的 13%（2013 年）； 占全部资金的 16%（2014 年）	约占全部资金的 25%	约占全部资金的 30%
其他信息	人力资源、研究人员的国际流动、研究项目资金、专利、科技衍生公司、研究合同（商业化有偿研究）	整体指标 IRFS1。其中，50%基于 VQR，50%基于以下信息： 外部研究资金数量（10%）； 新聘和新晋升人员质量（10%）； 国际化程度（10%）； 博士生和博士后数量（10%）； 用奖励资金资助科研项目的倾向性（5%）； 与前一次评估相比的改进情况（5%）	与 VQR 2004—2010 相同	综合指标 IRFS 影响资金分配，其中： ①职位不变员工和新聘、新晋升员工科学生产质量指标 IRAS1_ 2 占比 90%； ②获得博士学位人员科学生产质量指标 IRAS3 占比 5%； ③成果转化质量指标 IRAS4 占比 5%。

资料来源：笔者根据论文“Two Decades of Experience in Research Assessment in Italy”及其他资料整理。

（五）意大利科研质量评价（VQR 2015—2019）的评价结果

1. 评价报告内容及应用

VQR 评价报告内容和评价结果在 ANVUR 网站公开发布，主要包含以下内容：

（1）科研质量评价的最终报告，附带所有数据（以 Excel 格式展示）。报告涵盖此次科研质量评价的整体组织实施情况、参加评审的大学和科研机构的相关数据、提交参评科研成果的研究人员数量、分学科领域评审的科研成果数量以及最终纳入评审的科研成果数量等。最终评价报告中还包括与以往评价报告的详细比较，可清晰反映历次评价指标与评价方法的动态变化，以及国家科研质量的总体进展、相关学科领域研究质量的进展。

（2）各大学和科研机构的分报告。VQR 2015—2019 共包含 134 份机构分报告，每个分报告都涵盖各单位的总体科研质量数据、各单位提交的科研成果数量和最终参加评审的科研成果数量等。

（3）各学科领域的分报告。涵盖 17 个学科领域和 1 个跨学科即"第三使命"领域，共计 18 个分报告。分报告清晰反映出各学科领域科研质量评价的结果，以及各大学和科研机构在该学科领域中的科研质量得分与排名。2022 年发布的报告首次公布了"第三使命"的分项评审报告，包括专利、技术转移、公众参与等项目的评审质量得分与排名。

（4）深度分析报告。ANVUR 发布了对 VQR 评价结果反思的报告，如《VQR 2015—2019 结果的批判性分析》《VQR 2015—2019 专家评审报告》①，以便后续改进和完善 VQR 评价工作。

① ANVUR. VQR 2015—2019 评价报告，参见 https：//www. anvur. it/attivita/vqr/vqr-2015-2019/rapporto-finale-anvur-e-rapporti-di-area/sezione-approfondimenti/。

VQR 结果对政府拨付科研经费以及大学院系获得资助具有重要的参考价值。第一，VQR 结果是意大利大学与研究部分配国家一般性财政基金（Fondo di Finanziamento Ordinario，FFO）中绩效部分基金［即奖励资金或配额资金（the Quota Premiale）］的重要参考依据。根据 2013 年意大利大学与研究部第 98 号部令，2014 年、2015 年和 2016 年 FFO 总额的 16%、18%和 20%将根据 VQR 评价结果分配，而且逐年增加，最终目标是达到 FFO 总额的 30%。为避免出现因评价结果差而造成获得的 FFO 大幅减少的情况，该部令还规定，高校和科研机构每年的资金减少幅度不超过 5%。① 2022 年的配额资金为 233.6 亿欧元，占全部基金的比例将近 30%。第二，VQR 结果用于 FFO 中资助大学间研究联盟提交的研究项目基金分配（2022 年金额为 200 万欧元）的参考。第三，VQR 结果是评选“卓越系”并给予特别资助的依据。意大利大学的院系是从事科研工作和培养人才的中坚力量。根据 2017 年预算法（第 232/2016 号法律），新的绩效资金分配规则实施。根据 VQR 2015—2019 评价报告中大学各系的科研质量评分，ANVUR 先初选 350 个系作为参与“卓越系”评选的候选单位，这 350 个系根据 ANVUR 的指南提交未来 5 年科研、教学、人才培养和“第三使命”活动的发展计划，以此参加“卓越系”的竞争。随后由大学与研究部任命的专职委员会对各单位提交的 5 年发展规划进行评审，最后该委员会根据综合指标确定涉及 14 个学科领域的 180 个“卓越系”。入选的系将在未来 5 年内持续得到大学与研究部专项经费支持，2023—2027 年有约 14 亿欧元投入此项目。② 此部分经

① Andrea Bonaccorsi，“Two Decades of Experience in Research Assessment in Italy”，*Scholarly Assessment Reports*，Vol. 2，No. 1，2020，p. 16.

② “Programma Delle Attivita ANVUR（2022 - 2024）”，ANVUR，https://www.anvur.it/wp-content/uploads/2022/02/Piano-attivita% CC% 80-ANVUR-2022-24.pdf.

费可用于科研人员晋升和聘用高水平研究型人才的工资、博士研究生和博士后研究人员奖学金、组织有影响力的国内和国际学术研讨会以及更新研究设备所需费用等。①

VQR 结果还可用于其他方面：政府部门将其作为制定科研政策的依据，并基于此决定科研经费的投向；大学可依据该结果清晰定位自身在科研方面的优劣势，并由此制定自身的学科发展规划；博士研究生和博士后研究人员可参考评价结果选择大学和科研机构；可作为公共与私人机构选择研发合作伙伴的依据；国外的大学、科研机构和研究人员可依据该结果在意大利选择科研合作伙伴。②

2. 评价结果的分析和反思

意大利学界对 VQR 的讨论较多，态度也较为复杂，既有正面认可，也有负面评价或批评，也有学者针对学界批评进行了讨论。③ VQR 适时调整评价标准、评价方法等也是为了回应学界的批评。尤其是 VQR 2015—2019 评价工作完成后，为改进和完善新一轮的评价工作，ANVUR 于 2023 年开展了“评价工作的评价”，对已经结束的 VQR 2015—2019 评价结果进行了深入分析，形成研究报告《VQR 2015—2019 结果的批判性分析》，并邀请国际专家审视评价工作，对评价工作提出建议，形成研究报告《VQR 2015—2019 专家评审报告》。这两个报告可谓是 ANVUR 对 VQR 2015—2019 评价结果的分析和反思，旨在分析

① 孙彦红主编：《意大利发展报告（2022—2023）：俄乌冲突下艰难求“变”的意大利》，社会科学文献出版社 2023 年版，第 158—178 页。

② “L'utilizzo Dei Dati VQR Per la Valutazione Dipartimentale Negli Atenei Italiani：Metodologie ed Esperienze”，https：//www2. crui. it/crui/vqr/vqr_ pubblicazione_ crui. pdf.

③ Andrea Bonaccorsi，“Two Decades of Experience in Research Assessment in Italy”，*Scholarly Assessment Reports*，Vol. 2，No. 1，2020，p. 16.

评价工作的主要特点，并结合国际上关于科研评价的讨论分析其优缺点，同时也为下一轮评价工作做准备，根据国际专家建议作相应调整。

（1）评价结果的深入分析

《VQR 2015—2019 结果的批判性分析》对评价的研究成果和“第三使命”案例研究进行了深入分析。前者分析维度包括：提交的成果类型、特点，提交机构和科研人员的特点，科学、技术、工程、数学和生命科学领域评价结果与文献计量算法评价结果的比较，同行评议的收敛和发散测度，分学科分析研究成果的开放获取情况，未来评价中的考虑等。后者分析维度包括：案例研究的行动领域分布，不同行动领域案例研究的平均得分和等级分布，不同类型机构和不同地理区域案例研究的分布、得分、等级等，案例研究评价中两个评审专家结果的一致性分析等。通过对评价结果的深入分析，ANVUR 可以了解评价对象（研究成果和“第三使命”案例研究）的整体情况。

（2）参与性评价：对评价程序质量的调查

根据 ANVUR 理事会 2022 年 72 号令批准的 2022—2024 年绩效项目，ANVUR 计划系列行动旨在调查服务用户的满意度。《VQR 2015—2019 结果的批判性分析》中也包括了对评价参与方的调查，了解评价参与方对评价流程的满意度。调查对象包括被评机构的参与代表和 GEV 成员，调查内容包括在评价过程中 ANVUR 工作人员或评价助理协助服务的质量，ANVUR 与 CINECA 合作提供的 IT 平台质量等。通过参与性评价，ANVUR 可以了解评价实际参与者（被评机构参与人员和 GEV 成员）对评价过程中提供的服务质量和数据平台的满意度，有利于后续改进评价工作。

（3）国际评审专家小组审查评价

2023 年 1 月，ANVUR 邀请国际专家审查 VQR 2015—2019。根据 ANVUR 提供的评价过程材料和《VQR 2015—2019 结果的

批判性分析》报告，评审专家提出一些值得考虑的建议。国际评审专家小组重点从以下方面审查：VQR 评价目的是否明确，是否还有其他评价目标；评价的结构和规模；评审专家小组的招聘流程和外部专家的使用；文献计量指标如何支撑评价，不能使用的文献计量指标和未来可考虑的文献计量指标；人文社会科学领域的评价尤其值得注意，尤其是这些学科领域研究成果越来越多样；开放研究实践下，VQR 在支持和鼓励开放研究实践中的作用；以后如何更加关注“第三使命”评价等。在审查上述各方面后，国际评审专家小组针对 VQR 2015—2019 提了 21 条建议，内容包括：ANVUR 需发布明确的 VQR 评价目的声明；增加评价元素以实现对机构更全面的评价；借助 AI 技术匹配评审专家和研究成果；不同学科间的评分需要标准化，不应使用期刊层面的定量指标，使用文献计量指标时对 GEV 成员和外部专家进行适当的培训，避免误用定量指标；鼓励提交出版物之外的其他研究成果；鼓励不同语言研究成果之间的公平评价；评价中考虑设置非 OA 成果上限；“第三使命”中案例研究提交数量应与机构规模而不是机构部门数量直接相关等。

（六）意大利科研质量评价的特点

纵观意大利的科研评价发展历程、ANVUR 的职责和定位、VQR 评价实践，意大利的科研质量评价体系有以下八个方面的特点。

（1）政府主导，评价机构独立。意大利科研质量评价组织实施机构 ANVUR 是意大利国家层面专门成立的独立评价机构，从 ANVUR 的成立到 VQR 评价的实施都是在相应的法令法规下开展，体现出很强的政府主导特征。同时，ANVUR 还享有组织、行政和财政自主权，具有很强的独立性。

（2）覆盖面广，参与度高。VQR 作为全国性评价，所有使用公共科研经费的大学和科研机构均被纳入其中，覆盖面广，参与度高，代表性强。以 VQR 2015—2019 为例，意大利共有 98 所大学、14 所大学与研究部直属科研机构、22 所私立大学及科研机构参加评审。被纳入评价的研究人员达 65119 人，参评科研成果多达 182648 项，“第三使命”活动评价的项目案例达到 676 项。评审专家规模也超过前几次科研质量评价，来自 18 个领域的共 645 位专家组成了评审专家小组，另有 11289 名外部评审专家参与评审。

（3）评价机构和评审专家各司其职。ANVUR 是评价组织实施机构，管理层中的理事会负责制定评价标准、评价方法和评估计划，批准年度预算并提交最终评价报告，但理事会成员不能加入评价委员会，不能直接评价研究成果和案例。ANVUR 构建的学科评审专家组负责制定本学科领域的具体评价标准，评价参评研究成果和案例，撰写评价报告等。评价机构和评审专家分工明确也是确保遵守利益冲突相关道德准则，保障评价的公正性。

（4）采用代表作评价制度，参评成果类型多样。VQR 不要求提交评价期内的所有成果，只提交部分成果，如 VQR 2015—2019 要求人均 3 项成果，体现出意大利科研质量评价通过代表作制度评价科研质量，而不追求数量的特点。此外，VQR 强调尊重不同学科领域的特点，参评科研成果代表作除了高水平论文外，也可以是发明专利、专著、创意设计、数据库、考古产品等其他成果类型。

（5）注重分类评价。VQR 体现出明显的分类评价理念，根据评价对象、内容、学科领域特点等选择适宜的评价方法，且在实践中不断创新和优化评价方法与指标，各学科 GEV 可以制定本学科领域的评价标准、可参考的文献计量指标，以及是否采用基于文献计量指标的知情同行评议或是纯同行评议。另外，根据人文社会科学等学科特点和科研产出形式特点，ANVUR 专门对各学科领域的“非文献计量学”期刊进行分类，制定和颁布 A 级期刊目录。

（6）强调研究成果质量和机构规模。机构科研生产质量指标既包含研究成果在本学科领域的相对研究质量和学科权重，也包括机构总的研究成果数量在国家层面的比重，而机构研究成果数量与机构研究人员数量（即机构规模）紧密相关。因此，最后机构排名体现出的是科研机构总体贡献，无疑有利于那些研究成果质量高且规模大的机构。

（7）关注科研对学术之外的作用和影响。VQR 2015—2019 正式将“第三使命”活动纳入评价体系，体现了意大利科研质量评价正在向多维度扩展，除了学术之外，更加重视科研对于促进经济社会和文化发展等其他方面的作用。注重“第三使命”活动的经济社会影响力评价，有利于更充分调动研究人员的积极性，加速科技成果的转化和产业化。“第三使命”活动还特别关注科研、知识与社会的关联与互动，有利于大学和科研机构在一些社会热点问题和难题（如气候变化、环境可持续发展、人口老龄化等）上探索多学科解决方案。鼓励大学和科研机构开展公共产品的“第三使命”活动将极大地促进科学知识传播，同时调动公众参与的积极性。

（8）开展元评价，提高评价质量。元评价是对评价的评价。VQR 作为 ANVUR 的重要评价活动，自开展以来备受社会各界的关注，经受了各种挑战。ANVUR 自 VQR 2015—2019 结束后开始对评价工作进行评价，评价形式既包括评价机构对评价结果进行深入分析、调查评价参与方对评价工作的满意度等内部评价，也包括聘请外部专家对评价目的、评价方法、评价指标等进行外部评价。通过元评价，ANVUR 可及时掌握 VQR 的评价效果，反思评价本身，加强对科研评价自身管理，有利于后续改进和完善评价工作，提高评价质量。

四　挪威模型及其在欧洲三国的应用

（一）挪威科研体制概况

挪威位于北欧斯堪的纳维亚半岛西部，东邻瑞典，东北与芬兰和俄罗斯接壤，南同丹麦隔海相望，西濒挪威海，总面积38.5万平方千米（包括斯瓦尔巴群岛、扬马延岛等属地）。截至2024年2月，挪威总人口为555万人，官方语言为挪威语和萨米语。① 挪威是议会制的君主立宪制国家，挪威议会负有制定法律、决定国家财政预算、管理政府工作和批准国际条约的责任。中央政府在挪威的政治体制中处于核心地位，既是社会服务的提供主体，也可通过一定的手段强力控制某些政治提案。中央政府在各部委设立独立的理事会，从事政策建议和法律法规的监督与实施。挪威是高度发达的现代化工业国家，也是世界上最富裕的国家之一。挪威近20年来的人均GDP排名居北欧四国之首，2022年人均GDP超过10万美元。挪威属于独具特色的小型创新型国家，其科研机构和高等教育机构也具备很强的实力，该国已拥有14位诺贝尔奖获得者。

挪威的科研体系是在第二次世界大战后构建并发展起来的，

① 《挪威国家概况》，中华人民共和国外交部网站，http：//cs.mfa.gov.cn/zggmcg/ljmdd/oz_ 652287/nw_ 654273/。

经过调整和重组，形成了议会和政府→教育科研部（Ministry of Education and Research，KD）等 18 个部委→研究理事会（The Research Council）→大学、研究机构等组成的科研体系。挪威议会和政府负责制定科研的总体框架、科研目标和优先领域。政府的 18 个部委负责分配其相关行业的研究经费。其中，教育科研部的职责是协调科研政策及分配半数以上的国家科研经费。挪威研究理事会隶属于教育科研部，负责分配约 26% 的挪威科研基金，涉及基础研究和工业相关研究的所有学科和领域。挪威拥有 7 所大学、24 所大学学院以及 96 个科研院所，其中奥斯陆大学成立于 1811 年，是挪威最大的综合性大学。

（二）挪威科研评价背景、评价机构及评价流程

1. 挪威国家科研评价背景

2002 年，受到部分欧洲国家科研绩效拨款制度的影响，根据欧盟委员会的相关建议，挪威高等教育部门实施了基于绩效的科研资助体系，经费分配的依据主要基于博士学位数量、外部资助的体量以及终身研究人员的数量。但这项工作并没有得到充分的肯定，政府和学术界认为需要一个更能直接反映研究活动并有助于提升研究质量的指标。2003—2004 年，挪威高等教育机构协会（The Norwegian Association of Higher Education Institutions）制定了“科研机构绩效预算的文献计量模型”，2005 年经过挪威教育科研部批准，2006 年首次用于挪威大学及研究机构的研究预算拨款中。该模型的主要目的是开发高质量的可靠学术出版记录系统，并以此为基础开展基于科研绩效的经费分配①，即根据学术出版物的文献计量指标统计结果，每年在高等教育部门及研究机构

① UHR，*A Bibliometric Model for Performance-based Budgeting of Research Institutions*，Oslo：Norwegian Association of Higher Education Institutions，2004.

之间重新分配部分基础研究经费。该模型后更名为挪威出版指标（The Norwegian Publication Indicator，NPI），也被称为“挪威模型”。从2017年开始，卫生保健部（Ministry of Health and Care，HOD）也加入其中，采用同样方法对特殊卫生服务以外的研究和资源中心进行评价与经费分配。

2. 挪威国家科研评价机构

挪威科研绩效评价的总体工作由教育科研部负责，评价对象包括教育科研部、研究理事会和卫生保健部管理下的大学和科研机构，采取集中评价、分头拨款的方式，在相关机构的协同工作下，完成信息的采集、出版渠道评审和绩效分数计算等工作，由教育科研部、研究理事会和卫生保健部分别对大学、研究机构和卫生研究机构进行绩效拨款。

挪威科研绩效评价涉及多个部门和机构，大致可以分为管理与拨款、数据收集与统计、出版渠道评审管理三大类。各部门和机构之间的关系见图4-1：

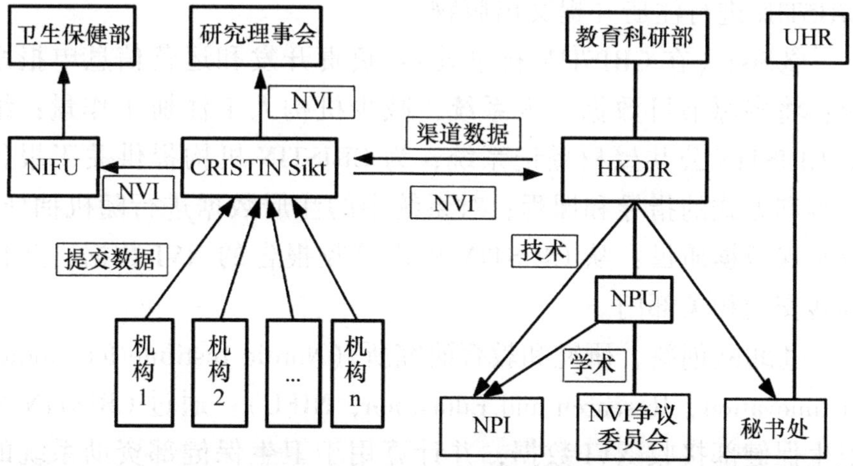

图4-1 挪威科研绩效评价的相关部门和机构之间的关系

资料来源：笔者自制。

（1）管理与拨款部门

①教育科研部：管理与资助挪威的大学和学院，并通过研究理事会对研究所进行协调和管理。

②研究理事会：隶属于教育科研部，通过挪威在研信息系统（Current Research Information Systems，CRISTIN）为研究所接收挪威科学索引（Norwegian Scientific Index，NVI）数据，并根据研究所的资助系统计算相关机构的分数。

③卫生保健部：为卫生领域相关部门提供资助。

④挪威高等教育机构协会（UHR）：国家出版委员会（The National Publication Committee，NPU）秘书处设在 UHR。

（2）数据收集与统计部门

①高等教育及技能局（The Directorate for Higher Education and Skills，HKDIR）：管理学术出版渠道注册工作；将 NPU 批准渠道的相关数据提供给 CRISTIN；通过 CRISTIN 接收大学和学院的 NVI 数据，用于大学及学院的资助拨款。

②CRISTIN 机构（参与评价的机构）：制定本机构数据收集的准则，保证本机构提交数据的质量及有效性；按相关要求在 CRISTIN 进行注册并提交出版物。

③Sikt（在 CRISTIN 秘书处）：负责开发和运营信息申报系统；将多源书目数据导入系统，减少机构人工注册工作量；维护 CRISTIN 公共授权登记系统；为 CRISTIN 机构提供关于报告内容和方式的指导和课程；对系统中的注册数据进行随机抽样，以确保数据质量；从 CRISTIN 机构接收报告的 NVI 数据，并将其转交给相关部门。

④北欧创新、研究和教育研究所（Nordic Institute for Studies in Innovation，Research and Education，NIFU）：通过 CRISTIN 为卫生保健部接收 NVI 数据，并计算用于卫生保健部资助系统的研究分数。

（3）出版渠道评审管理部门

①国家出版委员会（NPU）：由 HKDIR 任命并向其报告；

负责挪威出版指标（NPI）的开发和管理，负责批准新的出版渠道；任命争议委员会成员。

②NVI 申报争议委员会（The Dispute Committee for NVI Reporting）：处理提交的出版物数据中的争议事项。

3. 挪威模型的评价流程

挪威模型的工作流程可分为 6 个阶段，具体阶段、主要工作及负责机构见表 4-1。

表 4-1　挪威模型的工作流程

阶段	主要工作	负责机构
1. 出版物渠道评审	• 开发出版物管理系统——挪威出版指标(NPI) • 为出版物渠道评审、分级	NPU HKDIR
2. 任命 NVI 争议委员会成员	任命 NVI 争议委员会成员	NPU
3. 数据准备	• 开发和运营信息申报系统（NVI） • 为 CRISTIN 机构提供指导和培训 • 从多种来源中输入书目数据库，以便减少机构手工注册的工作量	CRISTIN
4. 机构申报	• 负责保证在有效渠道发表的学术出版物的正确数据 • 按照相关手册要求，在 CRISTIN 注册和报告学术出版物	被评价机构
5. 信息汇总及分发	CRISTIN 将 NVI 数据分发给三个部门： • HKDIR 接收大学和学院数据 • 研究理事会接收研究机构的数据并计算绩效分数 • NIFU 接收卫生部门数据并计算研究分数	CRISTIN、HKDIR、研究理事会、NIFU
6. 拨款	基于各机构的绩效分数进行拨款	教育科研部、研究理事会、卫生保健部

资料来源："Reporting Instructions（NVI）"，https：//www. cristin. no/english/resources/reporting-instructions/。

（三）挪威模型及实施效果

1. 挪威模型概况

挪威模型试图在一个单一的加权指标中全面涵盖挪威所有研究领域的同行评审学术文献，其特点是简单、清晰、易计算，自采用以来，挪威模型保持了较好的稳定性。挪威模型由三个部分组成①：

（A）结构化、可验证且已被验证的国家数据库，完整收录所有研究领域的同行评审学术文献的书目记录；

（B）具有权重系统的出版指标，使得各学科领域的出版传统在机构层面的“出版物分数”测度中具有跨领域可比性；

（C）基于科研绩效的拨款模式，根据各机构在“出版物总分数”中的份额对一小部分年度直接经费进行重新分配。

在上述三个组成部分中，国家数据库也被称为在研信息系统（CRISTIN），它是挪威模型的重要基础。CRISTIN 的数据与评价范围完全一致，既作为评价的基础设施为评价提供数据基础，同时通过数据库建设，严格而清晰地界定了评价的范围和成果的基本标准和类型。具有权重系统的出版指标是评价的核心标准，通过对出版渠道的分级，以及对不同类型、不同级别成果的加权，为所有领域建立一个可比较的共同的模型。以上工作最终服务于科研绩效的经费分配。下面简单介绍挪威模型三个组成部分的具体内容。

（1）挪威在研信息系统——CRISTIN

CRISTIN 是一个具有多功能、多用途的全国性信息系统。它的主要功能是注册和记录国家科研部门（包括研究所、卫生健

---

① Gunnar Sivertsen, “The Norwegian Model in Norway”, *Journal of Data and Information Science*, Vol. 3, No. 4, 2018, pp. 3-19.

康机构、大学和学院三大类）的研究活动。

在数据库建设过程中，NPU 制定了统一的数据加工及质量控制规范①，严格而清晰地界定了评价的范围和成果的基本标准，明确了出版物类型。CRISTIN 中的挪威科学索引（NVI）用于登记学术出版物的完整书目信息，同时与被评价机构及个人（作者）进行关联。相关的出版数据由研究者本人或科研助理填写并上传到系统。数据库建设机构已与期刊论文书目数据供应商达成协议，可以从书目数据源直接导入数据并进行确认。大多数学术期刊论文都可以从书目数据库中提取相关数据，没有收录的数据则需要人工登记。CRISTIN 要求单位督促本机构的科研人员每年积极上传自己的科研信息，并对信息进行校验和审核。各机构的参与者定期会面讨论相关问题，较为重要的问题由 NPU 商讨解决。

与一般面向期刊或图书馆馆藏的书目数据库相比，CRISTIN 面向评价需求，具有完整性、准确性、开放性、结构化、可比较等特点。数据库全面收录了挪威学者发表的各学科学术研究成果信息，并与作者所在机构关联；所有数据经过核准和验证，达到较高质量；数据透明度高，数据库通过网络向社会开放，每个机构都可以查看其他机构的数据。CRISTIN 数据可以重复利用。除了进行机构科研评价，该系统还可以起到机构知识库的作用。管理部门可以利用数据库信息进行科研人员队伍监测评估、项目评审、科研信用管理、调查与咨询等工作②，研究机构和个人可以在简历、申请、评估、年度报告、内部管理、开放档案参考书目、全文链接中使用相关数据。

① “Reporting Instructions（NVI）”，https：//www. cristin. no/english/resources/reporting-instructions/.

② 石长慧：《挪威科研信息管理系统介绍及其对我国的启示》，《全球科技经济瞭望》2018 年第 2 期。

（2）挪威出版指标

挪威出版指标（NPI）是挪威模型中的第二部分，它确定了被评价出版物的定义、类型、分级以及指标的权重。NPI 由 NPU 负责管理和开发。挪威模型按照不同的成果类型及不同的学术出版渠道对发表的成果进行加权，不同学科的权重相同。成果类型主要包括期刊论文、专著、图书章节和论文集论文三类。各类成果都分为两个级别，分别赋予不同的权重（如表4-2所示）。参与评价的前提条件是，相关成果必须是同行评审的期刊和图书。其中第 2 级仅包括最优质的国际期刊、连续出版物和图书出版商，最多占学科领域科学出版物总数的 20%。这些期刊和出版商名单由专家组讨论决定。

（3）基于科研绩效的拨款模式

挪威模型开发的目的是为科研绩效分配提供拨款依据，但利用该模型所分配的经费占机构年度直接拨款经费的比例较低。2006 年，挪威教育科研部利用挪威模型对挪威基础研究年度经费预算的 2%进行绩效分配，约为 34 亿欧元，此后这一比例增加到 6%。

表 4-2　　挪威模型中研究成果类型及权重分配

成果类型	1 级	2 级
期刊论文	1	3
专著	5	8
图书章节和论文集论文	0.7	1

资料来源：Gunnar Sivertsen，“The Norwegian Model in Norway”，*Journal of Data and Information Science*，Vol. 3，No. 4，2018，pp. 3-19。

2. 挪威模型的评价要素

（1）评价成果的收录范围、类型及其标准

挪威模型评价的出版物范围有明确规定。UHR 认为，国家数据库建设的目标是为了评价研究活动并提供资金分配的依据，因此收录范围不应过于宽泛，而应针对拟资助的特定活动，主要涉及将学术出版作为最重要的成果展示方式的学术/研究领域和机构。① 为此，相关指标不用于评价艺术类机构，对于博物馆、编纂机构等的成果形式也要谨慎使用。

UHR 规定，被国家数据库收录的学术出版物必须同时满足四个标准②，这个标准与国际惯用的学术期刊认定标准相同。

①由国际 ISSN 注册处确认的有效 ISSN（2014 年起要求）。

②拥有一个学术编辑委员会（或同等机构），主要由从事研究的大学、研究所或组织的研究人员组成。

③已制定外部同行评审程序。

④作者身份具有多样性，这意味着最多 2/3 的作者可以属于同一机构。

与此同时，NPU 对“同行评审”进行定义，要求获得批准的出版渠道必须有外部同行评审的例行程序，各机构在提交每份出版物时也必须遵循这一定义③：

①同行评议通常发生在原创研究成果发表之前。

②一份手稿必须由至少一位与出版商或作者无关的领域内专家审阅，专家署名或匿名均可。

③同行评议必须坚持学术独创性和学术质量，同行评议的书面意见中必须包括学术独创性的评价。

在规定出版物及同行评议的定义基础上，挪威模型确定收

---

① UHR, *A Bibliometric Model for Performance-based Budgeting of Research Institutions*, Oslo: Norwegian Association of Higher Education Institutions, 2004.

② "Criteria for Inclusion of Scientific Publication Channels", https: //kanalregister. hkdir. no/publiseringskanaler/omkriterier.

③ "Reporting Instructions (NVI) ", https: //www. cristin. no/english/resources/reporting-instructions/.

录的评价成果包括三种文献类型，即期刊、专著、图书章节和论文集论文，要求收录的成果必须为挪威相关研究机构的产出。① 各类型成果要符合以下条件。②

①学术专著必须拥有 ISBN 号，出版社必须有外部同行评议的惯例；教科书或面向市场的图书不被视为学术专著。

②图书中的学术论文：图书拥有 ISBN 号；论文可以有一个或多个作者，作者名字要被列出并与论文相关联；所有论文集中的完整文章，引言或结论都被视为学术文章；图书中的前言、摘要、讨论或其他材料都不属于学术论文。

③期刊或连续出版物中的学术论文：期刊要有 ISSN 号，有外部同行评审程序；论文包括原创文章和文献综述，但不包括社论、书评、讨论文章和其他材料；一些连续出版的文献如丛书、丛刊等可能同时具有 ISSN 号和 ISBN 号，此时按 ISSN 号归类到期刊。

其他不是学术型的期刊原则上不被 CRISTIN 收录，如专业期刊（professional journals）和文化杂志（cultural magazines）。挪威的专业期刊是针对特定专业或社会部门的（非科学）学科群体的期刊。文化杂志是针对普通读者的杂志，提供有关文化和社会问题的信息和思考，或为艺术和文化遗产保护提供展示和分析空间的杂志（根据挪威艺术委员会的定义）。但是专业期刊存在一些例外情况，如部分专业期刊对同行评议的科学论文进行了细分。挪威和北欧其他国家的专业期刊由 Norart 数据库收录，并按是否同行评议进行分组，列入同行评议类目的期刊可被批准为科学出版渠道，并作为被评价的成果。

---

① UHR, *A Bibliometric Model for Performance-based Budgeting of Research Institutions*, Oslo: Norwegian Association of Higher Education Institutions, 2004.

② "Criteria for Inclusion of Scientific Publication Channels", https://kanalregister.hkdir.no/publiseringskanaler/omkriterier.

（2）学术出版渠道的等级划分

为了更好地对学术成果进行评价，防止出现片面追求发表数量的现象，挪威模型通过对学术出版渠道进行等级划分，对高等级渠道发表的论著赋以更高的权重，以此鼓励学者在高质量期刊和优质出版社发表论文和出版图书。出版渠道的等级划分主要涉及期刊分级和出版社分级。

挪威科学期刊、丛书和出版商登记处负责搜集出版渠道信息，对出版渠道分级，发布分级结果，也接受学者推荐新发布渠道或对现有渠道的评论和建议等。该登记处由 NPU 和 HKDIR 共同管理。前者拥有期刊、连续出版物、出版社的审批权，后者负责业务管理。①

挪威模型按出版渠道（期刊、出版社）将成果划分为 0、1、2、x 四个等级，其中在 1 级和 2 级科学出版渠道发表论文，就可以获得相应分数，教育科研部使用出版分数作为挪威各机构之间重新分配资金的基础。1 级为满足基本入库条件的成果，即前述学术出版物定义和类型中可以包含的所有内容，其中最重要的是在该渠道发表的成果必须经过学术同行评审。此外，还要求这个渠道不能是内部（本地）的，即某机构人员发表在该渠道上的比例（内稿比例）不能超过 2/3。1 级渠道数量很多，符合基本标准的都被收录。2 级为更优质的期刊或出版社出版的成果，约占发表成果总量的 20%，有专门的评审程序。0 级是已被提名但没有通过的渠道，不能获得分数，可以在新一轮评审中再次提交并参加评审。当一些期刊可能存在问题，如具有掠夺性期刊的特征而需要进一步调查时，该渠道就变成 x 级。发表在 x 级渠道上的论著，按照它之前的级别计算成果的分数，并在下一轮重新确定级别。

① "About the Register for Scientific Journals, Series and Publishers", https：//kanalregister. hkdir. no/publiseringskanaler/om.

1级、0级和x级审批程序如下：

①机构或出版社等通过注册处的平台可以提出评级申请并提交材料。注册用户可以通过注册中心的平台公开发表评论，质疑已有级别、提出2级或1级渠道建议、对x级渠道发表意见等。

②挪威高等教育和技能理事会处理提交的材料，并提出等级建议（1级/0级），提交到决定性会议上获得批准。如果理事会不确定提交的材料是否符合标准，则将其标记为“特殊”并提交决定性会议讨论。挪威分别在每年6月、10月和次年1月举行三次决定性会议，批准1级渠道的名单。挪威高等教育和技能理事会顾问、NPU的代表和CRISTIN观察员参加决定性会议。在决策会议上处理1级渠道提交的文件，决定是否批准通过，同时也处理对已批准的出版渠道的关注和对决定的投诉。

③被确定为1级或0级的决定从当年开始生效。如果从1级降为0级，则从第二年开始按0级计算。

2级渠道的确定更为复杂，也被学术界高度关注，它分为提名和决定两个过程。

①科学小组负责进行年度2级渠道的提名。科学小组分为四大科学领域、74个子领域，分别为：人文（分为21个子领域）、社会科学（12个子领域）、健康科学（30个子领域）、自然科学与工程（11个子领域）领域。每个科学小组都有决策会议，它们通常在每年8月开始，11月结束。最后向NPU提出2级渠道建议。

②NPU在每年的最后一次会议上根据不同科学小组的建议确定2级名单。

③在每个科学领域的页面上发布提名情况，包括是否通过及理由。

④调入2级或调出2级的决定在提名2年后生效。

在2级期刊的选择过程中，重点考虑以下几方面因素①：最重要的指标是期刊国际影响力（CiteScore 指标）；同等情况下，优先考虑开放获取期刊，将 DOAJ、Sherpa Romeo 等开放获取数据库收录情况、与出版商签订开放获取协议情况作为参考因素；强调期刊的国际化，避免挪威作者过于集中的期刊；期刊三年发文量；丹麦和芬兰的分级情况。以上数据提供给专家参考，并公布于各学科期刊的网站。

截至2022年年底，注册处共收录期刊34669种，其中0级5554种，1级26917种，2级2198种。在挪威模型实施伊始的2004年，收录期刊14221种，其中1级12736种，2级1485种。这就意味着2004—2022年，收录1、2级期刊数量翻了一倍。截至2022年年底，注册处共收录3353个出版社，其中0级1596种，1级1672个，2级85个。相比之下，2004年数量较少，当时共收录474家出版社，其中1级417家，2级57家。2013年之后，0级出版社数量占比很高。

（3）机构绩效分数计算

三个管理部门（大学和学院部门、研究所部门和医疗保健部门）分别计算所属机构的分值。

挪威模型对不同类型的成果赋以不同的权重。赋权的依据有四个方面，包括①出版渠道（期刊/出版社）的层级；②出版形式（专著、期刊论文、文集中的论文）；③国际合作，参与国际合作的权重为1.3；④合作成果中各机构作者的份额。

单一机构的成果直接使用等级和出版形式加权的分数即可（见表4-2）。但机构合作成果的分值计算较为复杂。一篇合著成果中有多个机构的作者，每个机构获得的分数为：

①计算出版物中的作者份额（即作者—机构的唯一组合）

① NPI，"Guidelines for Level 2 Nomination"，https：//npi.hkdir.no/informasjon#nominering.

的总数 N；

②计算该机构的作者份额 a，然后除以该成果的作者份额总数，得到 a/N；

③计算前面结果的平方根，得到 $\sqrt{\frac{a}{N}}$；

④根据成果的类型和级别乘以权重；

⑤如果该成果存在国际合作，则乘以 1.3。

其中第三个步骤的开平方，是为了消除学科之间的不均衡。对于一个作者署名多个机构的成果，作者份额仍然被定义为作者和机构在出版物中的每一个唯一组合。例如，一个出版物有两个作者，其中一个署名有两个机构，最终该出版物将获得三个作者份额。

3. 评价活动的效果评估及对挪威模型的修正

(1) 对评价活动效果的评估

2013 年，丹麦奥胡斯大学科研与研究政策中心代表 UHR 对挪威模型的实施效果进行了评估。① 评估从多个角度进行：对大学研究人员、大学校长等管理人员开展评估；对学术出版物进行文献计量分析；对部分大学和大学学院进行案例分析、访谈或文档研究；在国际范围内审视挪威出版指标的变化情况。

评估发现了挪威模型的积极作用：第一，发表数量增长明显。2004—2012 年，至少发表过一篇论文的研究人员的比例大大增加，人均发表量增加了 26%②，特别是新成立、研究基础

① Kaare Aagaard, Carter Bloch, Jesper W. Schneider, "Impacts of Performance-based Research Funding Systems: The Case of the Norwegian Publication Indicator", *Research Evaluation*, Vol. 24, No. 2, April 2015, pp. 106-117.

② Kaare Aagaard, Carter Bloch, Jesper W. Schneider, "Impacts of Performance-based Research Funding Systems: The Case of the Norwegian Publication Indicator", *Research Evaluation*, Vol. 24, No. 2, April 2015, pp. 106-117.

薄弱的大学和学院的出版活动有强劲增长。第二，成果的影响力保持稳定。2004—2010 年，挪威学者的引文影响力总体稳定，略高于 WoS 数据库平均水平。第三，作者的发表模式保持稳定。对 CRISTIN 数据库的数据分析发现，实施挪威模型后，不同出版物形式的占比只有很小的变化。例如，期刊或连续出版物论文在 2005 年的出版物总量中占 84%，在 2008 年占 86%，在 2011 年占 84%。在此期间，论文集和专著中的论文的份额变化也不大。第四，科研人员在高质量出版渠道和国际出版渠道发表成果的意愿增强。更多的人倾向于在 2 级渠道上发表论文，更多发表论文而非专著，减少指标范围之外的发表行为，更多利用国际语言进行发表等。

与此同时，调查评估过程中也发现了一些存在的问题：首先，存在对评价体系的争议，主要集中于 2 级出版渠道的提名及名单确定方面。很多人认为 2 级渠道目录的制定缺乏透明度，特别是在规模较小的学科或涉及几个委员会之间的研究领域的名单确定方面。调查表明，只有 14%的研究人员和 32%的管理人员认为 2 级渠道提名和确定过程是透明的。其次，没有达到确保学科之间无差异的评价目标。评估活动中发现，学科间发表分数的均值和中位数存在显著差异。人文社会科学看起来比自然科学更多产，人文学科教授的平均分值是医学和健康学科教授的 2.5 倍，人文学科副教授和博士后的平均分值大约是医学和健康学科相应人员的 3 倍。最后，评价结果和评价指标在机构本地化使用中存在一些问题。从 2004 年进行评价体系设计时，挪威模型就明确提出该评价体系只能用于国家层面的机构经费分配，不适用于对个人的评价，鼓励所有机构根据自身的总体目标开发更合适的本地模型进行机构内部的评价与经费分配。但是在机构开发本地模型方面一直存在很多挑战，没有形成理想的做法。机构之间以及这些机构内部的实践存在很大差异。一方面，调查表明，大多数情况下，在机构内部，这些指标的直接经济激励被削弱，即在机构内部下级部门的每个分值的经济价值低于机构从国家得到的价值，只有少数机构为了提高绩效而增加了经济激励强度。另一方面，该指标在许多其他重要方面被使用，无论是在部门层面还是用于衡量研究人员个人的绩效，其中一个重要部分是指标在工资、奖金和晋升方面的使用方式。超过40%的管理者表示，在讨论和确定工资和奖金时，该指标被用作评价标准之一。因此，挪威模型对基层的直接经济影响很小，但激励措施似乎通过许多不同的机制渗透到个人层面。因此，如何坚持定量指标仅用于宏观层面，特别是在基层恰当使用评价指标和结果还存在很大不确定性。

（2）对挪威模型的修正

对于丹麦奥胡斯大学科研与研究政策中心评估报告中提出的问题，UHR 及其他相关部门十分重视，采取措施对模型进行修正及研讨。①

在 2 级出版渠道的提名方面，UHR 之后采用了更加公开和透明的方式，在网站（https://npi.nsd.no/）上提供了评审的过程及相关依据。同时，加强了与学术界的交流，学者可以在网站上发表个人评论和推荐意见。

对于学科之间分数不均衡的问题，2014 年，NPU 通过模拟研究，找到一个更好的方案以平衡不同学科的机构发表分数。具体做法就是使用机构分数的平方根来代替原始的机构分数。该解决方案以 2015 年学术出版物的数据为基础，用于 2017 年的预算分配中。此后一直坚持了这种计算方法。

对于挪威模型的指标在机构本地化使用中存在的问题，在 2015 年一次全国的大型会议上，各级研究机构的领导在会上分享了他们对本地使用出版指标的看法和经验。② NPU 也出版

① Gunnar Sivertsen, "The Norwegian Model in Norway", *Journal of Data and Information Science*, Vol. 3, No. 4, 2018, pp. 3-19.

② Gunnar Sivertsen, "The Norwegian Model in Norway", *Journal of Data and Information Science*, Vol. 3, No. 4, 2018, pp. 3-19.

了机构本地化使用准则。这些措施对解决本地化使用问题有一定作用。然而，从各国实践来看，尽管评价和管理机构多次强调相关的指标和方法不能直接用于微观评价，但适用于机构、学科层面的宏观评价政策总是会渗透和传导到更微观的机构内部评价中，从而不恰当地用于测度研究者及其具体研究成果，并带来负面影响。这是文献计量学及量化评价面临的普遍难题。

挪威模型运行近20年，其评价指标和评价方法保持稳定，分配的经费占比相对较小。总体而言，它在没有降低发表质量的情况下促进了挪威学术成果发表数量的增长，重要的是，研究人员的出版模式没有发生大的变化，在学术界也没有产生大的负面影响，在采用文献计量学评价模型的国家中，属于较为成功的实践，对其他国家的评价政策和经费分配政策也产生了影响。

（四）挪威的其他评价活动

除了量化的挪威模型，挪威还有其他的评价活动，包括面向学科的评估，以及对卓越研究中心的评价等。挪威面向学科的评估属于形成性和诊断性评估，与经费无关，对卓越研究中心的评估则涉及对该中心的资助。

1. 面向学科的评价活动①

挪威研究理事会是政府研发经费管理、分配的重要部门。相关法律规定，挪威研究理事会应“确保对挪威研究活动的评估”。挪威研究理事会与国际专家小组合作，定期开展特定学科

① Gunnar Sivertsen, “Unique, but Still Best Practice? The Research Excellence Framework (REF) from an International Perspective”, *Palgrave Communications*, No. 3, 2017, p. 17078.

的评估，并对研究机构（通常涉及高等教育机构、研究所和医学研究部门三种类型）进行评估。它还请外部专家评估自己的方案、活动和其他经费分配工具。针对特定学科的评估每5—10年进行一次，旨在提出进一步的改进建议。机构评估考虑研究质量和相关性，并更多地关注组织绩效，如效率、灵活性，能力发展、合作、任务分配，国际化、领导力、管理和财务。

曾经的评估案例包括：挪威人文学研究（2017年）、社会科学研究（2016—2017年）、技术基础和长期研究（2014—2015年）、气候研究（2012年）、体育科学研究（2012年）、信息通信技术基础研究（2012年）、数学科学研究（2011年）、地球科学研究（2011年），以及生物学、临床医学和健康科学研究（2011年）。

这些诊断性的评价通过定性方法完成，文献计量学指标为同行评审提供相关参考信息。评估为国家战略及各机构提供信息，评价结果不直接作为经费分配的依据，但有可能会带来经济方面的影响。

2. 挪威卓越研究中心的评估

挪威卓越研究中心的设立源于20世纪90年代的高等教育改革。2003年、2007年和2013年挪威分别设立了13所、8所和13所卓越研究中心。卓越研究中心遴选的原则主要基于申请者的科研潜力，有单一组织型、多组织型以及虚拟组织型三种形式。每个卓越研究中心设立三年半之后通常会进行评估，主要目的是评估该中心自设立以来取得的相关科研成果，以及中心的下一个五年科研活动计划。评估工作由挪威研究理事会组织成立专家委员会，成员包括跨学科的国际专家。评价内容为各中心的研究成果、组织管理及下一个五年规划。①

---

① 高黎、任海棠：《挪威卓越研究中心的发展与评估》，《世界教育信息》2016年第1期。

在研究成果评价方面，专家委员会重点评价以下几方面内容：研究成果的前沿性、原创性和质量；与国内外的合作是否增强了中心的研究能力；是否培养出一定数量并具有国际水准的研究者；是否吸引到国外优秀研究者、博士生和博士后；研究成果是否具有潜在的企业和社会效益；是否与原计划有差异以及所做调整是否更有益于研究发展。

在组织管理方面，专家委员会注重评估卓越研究中心的管理和组织是否有助于提升研究效率和水平；评估该中心与所在大学及其他成员间的合作关系是否融洽，是否有益于改善彼此的研究环境；中心主任是否较好地履行了研究者和管理者的职责；中心场地和设备状况，中心人员选聘工作是否考虑了性别平等的因素。

对于下一个五年计划的评估，专家委员会主要分析其各个目标的原创性、研究抱负及可行性；拟采用研究方法和设备的适切性及必要性；未来研究能否产生创新性研究成果，中心能否在相关领域继续领先；所培养的研究人员在质量和数量上是否适度，中心是否采取了选聘青年研究者的措施，人员招聘中是否使性别平等制度化；拟开展的国际合作在质量和数量上是否适度，中心是否具有吸引国外杰出研究人才的能力；中心的组织管理能否确保研究的高效开展和成员间的良好合作关系。

综上所述，挪威的科研评价体系既包括服务于科研绩效拨款的量化公式为主的方式，同时也存在基于同行评议的形成性评价，它们分别服务于各自不同的目的，形成一个较为完整的评价体系。

（五）挪威模型在欧洲三国的应用

受挪威模型影响，一些欧洲国家（地区）如芬兰、比利时弗拉芒、丹麦、瑞典、波兰等，在绩效拨款制度下的科研评价中整体或部分采用了挪威模型。多数国家基于挪威模型的要素以及本国国情，对原有评价体系进行了重新设计或改良。各国的行政与科研体制、学术传统、拨款力度等都影响着评价体系的效果，对挪威模型各要素的实施方式和细节也决定着评价模型的质量。因此，同样的模型应用于不同国家，产生了不同的效果。总体而言，芬兰学术界对评价结果相对满意；比利时弗拉芒在人文社会科学领域数据库建设及图书同行评议标签方面吸收了挪威模型中国家数据库建设的思路，同时也有自己的创新和拓展；丹麦在原有模型基础上采纳挪威模型的方法，增加了文献计量指标（Bibliometric Research Indicator，BFI），经过十余年的评价活动，在受到多方争议的情况下于 2021 年 12 月停止。限于篇幅，本报告仅就芬兰、丹麦、比利时（弗拉芒）三个比较有特点的国家（地区）的相关实践进行简要介绍。

1. 芬兰的国家科研评价

(1) 芬兰的大学拨款制度及科研绩效分配公式

20 世纪 90 年代初，芬兰的大学拨款制度以绩效协议谈判的形式引入了第一批基于绩效的要素，其目的是提高效率和效益。多年来，其基于绩效的资助标准经历了几次变化。2007—2012 年，增加了与学术人员数量相关的科学出版物数量作为科研绩效评价的一个指标。2009 年，芬兰大学校长理事会（现在的芬兰大学联合会，Universities Finland，UNIFI）成立工作组开展对出版物质量的评价。UNIFI 工作组建议建设全面的国家出版物信息系统，并将芬兰的信息系统建立在已有的出版论坛（又称“出版物权威列表”，Publication Forum，芬兰语简称 JUFO）的基础上，专家对其所在领域的出版物根据质量进行甄别和等级划分。

在此基础上，芬兰借鉴挪威模型，在 2013 年对科研绩效分配公式进行调整，增加了文献计量指标（科学出版物）。科研绩效分配模型中包括三个部分：教育、科学研究、其他教育及科学政策目标。科学研究部分包括四个指标：博士学位、科学出版物、国际教育和研究（教研）人员、竞争性研究经费。其中，科学出版物的加权系数占总模型的权重比例为 13%。[①] 2013—2015 年，科学出版物指标逐步与挪威模型的组成部分相匹配。

芬兰由资助模型决定的大学拨款大约每年 16 亿欧元，其中超过 2 亿欧元是依据出版物指标分配的。一个出版得分（相当于 1 级期刊上的一篇同行评议论文）对大学的价值约为 4200 欧元。

（2）芬兰的出版物评价模型

①出版论坛 JUFO

芬兰出版物评价模型与挪威模型高度相似，都是基于国家数据库的出版数量的分级系统，没有考虑引文指标。多个主体分别负责相关工作：教育文化部决定是否以及如何在资助模型指标中使用出版物数据和出版物评级列表，芬兰学术协会联合会（Federation of Finnish Learned Societies，芬兰语简称 TSV）负责编制具有等级评级的出版物权威列表（JUFO）。第一个权威列表于 2012 年年初发布。最近一个权威列表在 2022 年发布，于 2023 年年初生效，用于 2023—2026 年评价活动中。

挪威和芬兰权威列表之间最显著的差别在于：制定列表的专家小组数量、出版物质量等级数量、本土语言出版物列表的评级以及列表更新的间隔。

JUFO 由芬兰 TSV 管理。TSV 下设机构包括秘书处、指导小组和专家小组。秘书处负责筹备和协调指导小组和专家小组的

---

① Janne Pölönen, "Applications of, and Experiences with, the Norwegian Model in Finland", *Journal of Data and Information Science*, Vol. 3, No. 4, 2018, pp. 31-44.

工作，同时还开发和维护发布渠道数据库及其用户界面JUFO门户。指导小组由代表学术学科以及芬兰国家图书馆、教育文化部、芬兰科学院、芬兰大学图书馆网络、CSC－IT科学中心、UNIFI和TSV的专家组成，由TSV任命。指导小组起草关于JUFO的维护、发展和评价标准的相关规定，通报分类情况，并任命学科小组成员。专家小组的主要任务是对学术出版渠道进行评价和分类。每个小组由9—17名专家组成。目前有24个小组，共计300余位专家。其中前23个小组分属各学科，第24个小组负责多学科期刊以及图书出版社的选择。小组成员是全国各研究领域的代表，是从具有研究、学术出版和研究评价经验的学者中选出的。①

芬兰同行评议的期刊和图书出版商分为多个等级：3级（顶级）、2级（领先）、1级（基本），不符合1级的出版物归为0级。符合以下标准的国内外期刊/丛刊、会议、图书出版商均可进入1级②：

a. 标识符：出版渠道具有注册的ISSN或ISBN编号。

b. 透明度：出版渠道的网站对编辑委员会和同行评审过程有公开描述（即使网站上没有描述编辑委员会和同行评审过程，图书出版商也可能符合1级标准）。

c. 聚焦科学：出版渠道专门出版学术研究成果，定期出版经过同行评审的科学出版物。

d. 编辑委员会：本出版渠道的编辑委员会由专家组成，主要包括高校或科研院所的科研人员。

e. 同行评审：学术论文或图书的整篇手稿均须接受同行评

① Elina Pylvänäinen and Janne Pölönen, *Publication Forum Review of Ratings in 2022*, Helsinki: The Federation of Finnish Learned Societies, 2023.

② "Classification Criteria", https://julkaisufoorumi.fi/en/evaluations/classification-criteria.

审，评审由编辑邀请外部专家以匿名或公开的方式进行（如果图书出版商的编辑对其质量进行了可靠的评价，则该出版商可能符合 1 级标准）。

f. 范围：出版渠道由国内或国际科学界使用，超过一半（1/2）的编辑委员会或作者来自出版商组织的不同的研究机构。

g. 可信度：对于国际或芬兰科学界而言，出版渠道在其领域具有科学相关性，其确保科学质量的程序是可信的。

即使是符合这些标准的出版物列表，如果质量存疑（如掠夺性期刊）或与芬兰的研究成果不太相关，也不应该纳入 1 级名单。

芬兰的权威列表包含 3 万余种期刊和图书出版商，2 级和 3 级包括不同领域认可度最高的前 10%的国际期刊和图书出版商。在人文社会科学领域，自 2012 年以来 2 级还包括 3 个本土语言（芬兰语和瑞典语）图书出版商和 20 多种本土语言的期刊和丛书。权威列表会定期更新。每年评估 1 级以外新的出版物列表，2—3 级每 4 年更新一次。与挪威类似，JUFO 评级信息可以在 JUFO 门户网站公开获得，科学共同体成员也可以通过网站对 JUFO 期刊目录的增加和更改提出建议。除 JUFO 的 1、2、3 级之外的其他出版渠道都包含在“0 级”中。

②出版物类型及权重

芬兰利用 VIRTA 出版物信息服务系统提供综合国家级出版数据。VIRTA 将出版物分为科学出版物、专业出版物和大众出版物三类，如表 4-3 所示。不同类型的科学出版物，包括经过同行评议和非同行评议的出版物被分别归类。

根据芬兰教育文化部发布的数据收集指南，科学出版物需要满足以下 3 个条件：

a. 出版物必须提供与先前同一主题的研究数据相关的新信息。

表 4-3　　　　芬兰 VIRTA 的出版物类型

出版物类型	详细分类
科学出版物	A1 同行评议的期刊论文
	A2 同行评议的期刊原创研究论文
	A3 同行评议的图书
	A4 同行评议的会议论文
	B1 非同行评议的期刊论文
	B2 非同行评议的论文
	B3 会议论文集中的非同行评议论文
	C1 同行评议的专著
	C2 同行评议的编纂性成果
专业出版物	D1 贸易期刊（trade journal）论文
	D2 专业图书（professional book）论文
	D3 专业会议论文
	D4 已出版的发展或研究报告
	D5 教材、专业手册或指南
	D6 编纂的专业图书
大众出版物	E1 科普文章、报纸
	E2 普及性专著
	E3 编纂的畅销书

资料来源：Janne Pölönen, "Applications of, and Experiences with, the Norwegian Model in Finland", *Journal of Data and Information Science*, Vol. 3, No. 4, 2018, pp. 31-44。

b. 出版物的格式必须能够核实研究结果和/或在新研究中使用研究结果，有助于其他科研人员评价研究结果并将其用于自己的工作。

c. 属于专门出版科学研究成果的出版物渠道，且拥有一支由科学领域专家组成的编辑队伍和同行评议实践。

2015 年，芬兰正式将出版渠道质量权重引入科研绩效拨款模型，并在 2017—2020 年进行了调整，增加了不同级别出版物之间的权重差异，主要变化是大幅降低了 0 级出版物的权重，小幅降低 1 级权重，适当增加了 3 级出版物权重，从而使各级别之间的差距被拉大（如表 4-4 所示）。

芬兰与挪威模型的一个不同点是采用整数法对合作论文进行机构计数。即一篇合著论文，如果其作者来自不同的芬兰高校，会被计算不止一次。

③同行评议出版物的识别

2014 年，受到比利时弗拉芒地区 GPRC 标签的启发，TSV 推出了一个同行评议出版物的国家标签。目前有 10 家芬兰图书出版商和 167 家期刊使用这个标签来标识已根据其要求经过同行评议的图书和论文。

表 4-4 芬兰科研绩效拨款模型中不同级别出版物的权重

	出版物类型	3 级	2 级	1 级	0 级
2015—2016 年	同行评议的专著（C1）	12	12	6	4
	同行评议的期刊论文（A1-2）	3	3	1.5	1
	同行评议的图书（A3）	3	3	1.5	1
	同行评议的会议论文（A4）	3	3	1.5	1
	非同行评议的专著	0.4			
	非同行评议的论文	0.1			
2017—2020 年	同行评议的专著（C1）	16	12	4	0.4
	同行评议的期刊论文（A1-2）	4	3	1	0.1
	同行评议的图书（A3）	4	3	1	0.1
	同行评议的会议论文（A4）	4	3	1	0.1
	同行评议的编纂性成果（C2）	4	3	1	0.1
	非同行评议的专著	0.4			
	非同行评议的论文	0.1			

资料来源：Janne Pölönen, "Applications of, and Experiences with, the Norwegian Model in Finland", *Journal of Data and Information Science*, Vol. 3, No. 4, 2018, pp. 31-44。

（3）评价效果

对芬兰绩效拨款中评价体系的效果分析表明，相关评价活动在芬兰取得较好效果，主要表现如下①：

①自 2011 年以来，科研效率有所提高。科研人员在选择出版物列表时，有明显的从 0 级向 1—3 级移动的趋势。

②所有大学同行评议出版物的平均权威列表评级都有所上升，在 2011 年平均水平较低的大学更是如此。大学之间的绩效差异已经减小，这表明该模型在那些尚未充分发挥生产力潜力的环境中最为有效。

③从教学和科研人员的数量来看，科研人员的出版效率有所提高，同时研究质量并没有降低。

与此同时，学术界也发现了评价中存在的问题，认为专家对于出版物列表的分级存在主观性。在 2 级和 3 级出版物提名中，对不同领域和专业的待遇是否平等存在很大争议。

2. 比利时（弗拉芒）地区的科研评价

（1）比利时弗拉芒地区的行政与科研体制

比利时是一个由语言区和行政大区组成的联邦国家。4 个语言区分别为法语区、弗拉芒语区、德语区以及作为双语区的布鲁塞尔。语言区政府主要负责本区的文化、教育事务。3 个行政大区分别为北部荷兰语族聚居的弗拉芒大区，南部法语居民聚集的瓦隆大区，以及布鲁塞尔首都大区。比利时的行政权力分布于联邦政府、语言区政府和行政区政府三个层面，分别对应不同领域的管理。对于其权限范围内的事务，他们都拥有一定的自治权。其中，联邦政府负责有关国家整体利益的事务，语

---

① Janne Pölönen, "Applications of, and Experiences with, the Norwegian Model in Finland", *Journal of Data and Information Science*, Vol. 3, No. 4, 2018, pp. 31-44.

言区政府负责语言、文化和教育，行政区政府负责当地的土地与财产事务。

弗拉芒是比利时人口最多的区域，拥有5所大学及13所与大学相关的大学学院。20世纪80年代末期，弗拉芒获得了制定自己的科学和创新政策的法律能力和财政手段。20世纪90年代初，弗拉芒政府开始系统地增加科学和创新支出，1993—2019年，弗拉芒预算中的研发支出增加了6倍。尤其是特别研究基金（BOF）和工业创新基金（IOF）设立之后，弗拉芒确定了战略重点，建立了适当的资助工具和机构，进行科研绩效拨款，并不断改进评价方式。其中，通过BOF分配的资金是所有弗拉芒高校的重要资金来源，对弗拉芒高校的研究能力具有结构性影响。2017年，BOF资金金额为1.7亿欧元，占弗拉芒高校总收入的8.9%。

由于BOF包含了人文社会科学及自然科学学科，而IOF主要资助工业企业，因此本报告仅介绍BOF的评价体系。

（2）BOF经费分配中的评价模型

受科研绩效资助制度的影响，弗拉芒政府于1994年推出特别研究基金，为弗拉芒高校分配研究经费，最初BOF的经费分配主要基于输入指标。2003年，弗拉芒政府批准了对BOF条例（BOF-regulation）的重大修改，增加了基于科学引文索引扩展版（SCIE）的发表及被引等文献计量学指标。BOF条例认为发表指标可代表大学研究能力，被引指标可代表影响力或知名度。但这种做法由于WoS数据库对人文社会科学文献的收录不足而引发了弗拉芒学术界的强烈批评。

弗拉芒政府于2008年修订了BOF条例，在两方面进行了重大改变：一是发文和引文的数据来源增加了SSCI、A&HCI及WoS会议论文数据库；二是为全面覆盖人文社会科学同行评议文献的数据库制定法律框架，增加收录本地人文社会科学成果的数据库——弗拉芒人文社会科学学术书目数据库（The Flemish Academic Bibliographic Database for the Social Sciences and Humanities，荷兰语简称 VABB-SHW）。VABB-SHW 类似于挪威的 CRISTIN 数据库，但收录范围与 CRISTIN 有所不同。VABB-SHW 收录了 2000 年以来弗拉芒科研人员在人文社科领域发表/出版的期刊论文、专著、编著、图书章节以及非期刊或编著的会议文献，为人文社科评价提供了可靠的基础数据。

弗拉芒政府颁布的 BOF 条例规定了 BOF 资金分配（包括其文献计量参数）所依据的标准和规则。为了保证 VABB-SHW 数据库的质量，政府设立了权威专家组（Gezaghebende Panel，GP）。权威专家组由弗拉芒高校的 18 名教授组成，其专业知识涵盖了主要的人文社会科学学科。权威专家组负责每年为 VABB-SHW 选择符合 BOF 条例标准的出版渠道。权威专家组可以向政府提出对 BOF 条例的修改建议。弗拉芒校长会议（VLIR）为权威专家组提供行政支持，弗拉芒研发监测中心（ECOOM）为其提供技术支持。对于 WoS 数据库收录的出版渠道，政府没有设立专门的工作组或专家小组，弗拉芒校长会议的研究政策工作组对其进行管理。

VABB-SHW 数据库中收录了 5 种文献类型：期刊论文、专著、编著的图书、图书章节和会议论文。弗拉芒高校人文社会科学研究人员撰写的成果被 VABB-SHW 数据库收录，必须满足以下标准：

①可以公开获取；

②有 ISSN 或 ISBN 号；

③促进新见解的发展或应用；

④出版前由该领域的独立专家进行同行评议。

在 BOF 分配模型中，根据文献类型对 VABB-SHW 数据库收录的成果进行加权。其中，期刊论文、编著的图书和图书章节的权重均为 1，专著的权重为 4，会议论文权重为 0.5。与挪威模型不同，BOF 分配模型对出版渠道没有进行分级。VABB-SHW 数据库收录列表每年更新一次。ECOOM-安特卫普小组负责搜集和处理数据，并根据数据编制期刊、出版商和丛书等出版渠道列表。权威专家组研究决定哪些出版渠道符合上述标准，并对是否属于同行评议渠道进行鉴定。

与挪威类似，弗拉芒也选择了有限数量的出版商，其出版的所有图书均被 VABB-SHW 数据库收录。其他出版机构出版的图书，可通过“同行评审内容保证”（GPRC）标签识别是否经过同行评审，从而确定是否被 VABB-SHW 数据库收录。GPRC 标签制度是弗拉芒在推进人文社会科学学术图书评价方面的创新。2010 年，弗拉芒出版商协会创建了 GPRC 质量标签，用以保证图书内容的同行评议特征，只有通过合格的同行评审的图书才能获得这个标签。通过 GPRC 标签，弗拉芒实现了对人文社会科学领域同行评审图书的确认和识别。对于人文社科领域的学术图书评价而言，这项工作具有重要意义。芬兰等国家学习了弗拉芒的经验，也建立了图书质量标签制度。权威专家组决定从 VABB-SHW 数据库第二版开始收录 GPRC 认定的同行评议图书。从 2013 年起，除了在出版商和单本报告籍层级进行遴选，权威专家组还致力于对丛书进行遴选。同年开始，权威专家组还要求 ECOOM-安特卫普小组对 VABB-SHW 数据库进行检测，识别出掠夺性开放获取文献并将其剔除出库。

弗拉芒的期刊列表由几个部分组成，包括 WoS、Scopus 和 ERIH Plus 索引，以及其国内期刊。2019 年 VABB-SHW 数据库名单包含 13640 种期刊，弗拉芒各大学的人文社会科学研究人员 2008—2017 年在这些期刊上发表论文。其中，6243 种（约 45%）被 WoS 全部或部分收录，7397 种（约 55%）为其他具有

ISSN 号的期刊。①

弗拉芒 BOF 中还有一些做法与挪威模型不同：弗拉芒在文献计量学指标中采用了引用指标，2019 年以前，被引指标与发表指标一直保持相同的权重。此外，对于合作机构，采用整数法计算各机构的分值。与挪威模型基本保持稳定不同，弗拉芒自 2003 年以来，对评价指标及其权重进行了多次调整和修改。弗拉芒 BOF 的评价指标变迁见表 4-5。

表 4-5　　弗拉芒 BOF 的评价指标变迁

<table>
<tr><th>年份</th><th>分组</th><th>权重（小计）</th><th>指标</th><th>权重</th></tr>
<tr><td rowspan="3">1994</td><td rowspan="3">A</td><td rowspan="3">1</td><td>加权硕士学位数</td><td>0.5</td></tr>
<tr><td>加权博士学位数</td><td>0.3</td></tr>
<tr><td>一次性拨款</td><td>0.2</td></tr>
<tr><td rowspan="5">2003</td><td rowspan="3">A</td><td rowspan="3">0.7</td><td>加权的初级硕士学位（initial master degrees）数</td><td>0.35</td></tr>
<tr><td>加权博士学位数</td><td>0.5</td></tr>
<tr><td>一次性拨款</td><td>0.15</td></tr>
<tr><td rowspan="2">B</td><td rowspan="2">0.3</td><td>SCIE 论文</td><td>0.15</td></tr>
<tr><td>SCIE 引文</td><td>0.15</td></tr>
<tr><td rowspan="6">2006</td><td rowspan="4">A</td><td rowspan="4">0.7</td><td>加权的学士和初级硕士学位数</td><td>0.35</td></tr>
<tr><td>加权博士学位数</td><td>0.5</td></tr>
<tr><td>一次性拨款</td><td>0.09</td></tr>
<tr><td>流动性和多样性</td><td>0.06</td></tr>
<tr><td rowspan="2">B</td><td rowspan="2">0.3</td><td>SCIE 出版物</td><td>0.15</td></tr>
<tr><td>SCIE 引文</td><td>0.15</td></tr>
</table>

① Janne Pölönen, Raf Guns, Emanuel Kulczycki, etc., "National Lists of Scholarly Publication Channels: An Overview and Recommendations for Their Construction and Maintenance", *Journal of Data and Information Science*, Vol. 6, No. 1, 2021, pp. 50-86.

续表

年份	分组	权重（小计）	指标	权重
2008	A	0.64	加权的学士和初级硕士学位数	0.25
			原始和加权博士学位数的组合	0.35
			终身教职员工和研究人员数	0
			流动性和多样性	0.04
	B	0.36	加权出版物类型： ·有/无影响因子的 SCIE 和 SSCI 论文 ·AHCI 论文 ·STP/ISI 会议录索引的会议论文 ·SSHP/ISI 会议录索引的会议论文，VABB-SHW 中的出版物	0.18
			引文	0.18
2012	—	—	3所大学（安特卫普大学、哈塞尔特大学、布鲁塞尔自由大学）各自分配了 BOF 总额的一小部分，但重新分配公式保持不变	—
2019	A	0.5	每所大学收到的固定比例的经费总额	0.5
	B	0.225	加权出版物类型： ·有/无影响因子的 SCIE 和 SSCI 论文 ·AHCI 论文 ·STP/ISI 会议录索引的会议论文 ·SSHP/ISI 会议录索引中的会议论文 ·VABB-SHW 中的出版物	0.15
			引文	0.075
	C	0.275	原始和加权博士学位数的组合	0.09
			引文分布	0.1
			与国际伙伴合作的弗拉芒出版物	0.0375
			欧盟框架计划总收入	0.0375
			跨学科研究参数	0
			多样性参数	0.01

资料来源：Marc Luwel，“Performance-based Institutional Research Funding in Flanders，Belgium”，*Scholarly Assessment Reports*，Vol. 3，No. 3，2021，pp. 1-24。

2019年，弗拉芒 BOF 的评价指标进行了较大调整，将2003年以来一直保持的 A、B 两部分变为 A、B、C 三部分，具体如下：

A：每个大学的固定份额（0.5）；

B：文献计量学指标，包括在不同数据库中收录的发表情况（0.15）和被引用情况（0.075）；

C：代表政府优先事项的指标，包括以博士学位数量为基础的指标、引文分布、与国际合作者发表的弗拉芒出版物、欧盟框架项目资助的总经费、交叉学科研究的参数、多样性参数。

C类指标的加入突出了政府的评价导向，同时让弗拉芒的评价角度更加多元，从只有历史经费和文献计量学指标中拓展开来，同时文献计量学指标的权重从最高时期（2008年）的0.36下降至历史最低（0.225）。此次修改也使得指标的计算变得复杂。新增的交叉学科研究参数从2024年开始计算，分配给每个参数的权重略有修改。

（3）弗拉芒评价体系的效果

目前尚未见到对弗拉芒BOF资助及评价体系的系统评价，现有研究更多关注人文社科出版物的分析。蒂姆·C.E.恩格尔斯（Tim C. E. Engels）等人研究了2004—2015年VABB-SHW数据库以及其他国家CRIS中专著和图书章节的趋势。[①] 对于人文学科来说，VABB-SSH数据库索引的同行评审出版物中的专著和图书章节的份额相当稳定。在弗拉芒社会科学领域的同行评审出版物产出中，专著的份额也相当稳定，在2014年和2015年有所增加，而图书章节的份额则稳步上升。这意味着评价活动并未改变学者的出版模式，图书类型的增长应当与GPRC标签的使用有关。

弗雷德里克·T.弗莱森（Frederik T. Verleysen）等认为，

① Tim C. E. Engels, et al., "Are Book Publications Disappearing from Scholarly Communication in the Social Sciences and Humanities?" *Aslib Journal of Information Management*, Vol. 70, 2018, pp. 592-607.

在服务于拨款的科研绩效评价时，进行研究成果权重的设置要格外小心。在弗拉芒绩效拨款评价体系中，专著权重的增加不会导致大学之间资金的急剧转移，但专著和期刊文章之间权重比的变化会影响研究领域之间的平衡。①

3. **丹麦的国家科研评价**

(1) **丹麦的研究与拨款机制**

丹麦的科研机构包括大学和其他公共研究机构（主要是政府研究机构），以学术研究为导向的大学和更偏重任务导向的政府研究机构在传统上有较为明确的分工。直到20世纪90年代初，这两类机构的规模相差无几，增长模式也很相近。1993年之后，国家的发展重心逐渐向大学部门转变。随着2007年的全面机构合并改革，这一趋势被进一步加强，虽然政府将大学数量从12所减少到8所，但同时将15所政府研究机构中的12所并入大学。研究资源大量集中在少数几个选定的机构中，其中三所最大的大学获得了丹麦所有公共研究经费的近2/3。

几十年来，丹麦公共科研资助制度发生了变化，从一个相当稳定的洪堡式最低资助模式（floor funding model）发展为一个复杂的多层次系统，一系列调整导致整个体系的转变。1968年建立研究理事会制度，严格按照传统学科路线运作，注重内部科学标准，对可用资金进行相应分配。1993年成立丹麦国家研究基金会（DNRF），根据学术质量标准为新的“卓越中心”提供长期支持。2001年年末，新政府上台，开始了全面的改革进程，包括对大学进行改革，向更具竞争力的研究资助体系过渡，进行大规模的机构合并和引入新的基于科研绩效的最低资助模式。陆续成立了科

① Frederik T. Verleysen and Tim C. E. Engels, “How Arbitrary Are the Weights Assigned to Books in Performance-based Research Funding? An Empirical Assessment of the Weight and Size of Monographs in Flanders”, *Aslib Journal of Information Management*, Vol. 70, No. 6, 2018, pp. 660-672.

技创新委员会（CTI，2002 年）、战略研究理事会（CSR，2004 年）和先进技术基金会（ATF，2005 年），后来三者合并为丹麦创新基金。在这个过程中，拨款制度的组成逐渐发生变化：从最低资助转向外部资助，从重视基础研究转向重视战略研究，从对许多小项目的资助转向更少和更大的项目资助。①

（2）服务于科研绩效拨款的学术评价模式

丹麦的国家科研评价体系是随着对科研绩效经费的分配过程而逐步建立起来的。从第二次世界大战结束至 20 世纪 70 年代，丹麦大学的科研经费基本上完全由核心资金支配，这些经费最初平均分配于教学与科研任务之间。1981 年的预算改革明确区分了教学经费和科研经费，为使用基于绩效的教育活动指标铺平了道路，但在科研经费方面，依然将学生数量和历史拨款因素作为分配标准。20 世纪 90 年代中期，丹麦对拨款计算模式进行了修正，采用被称为“50—40—10 模型”的定量公式进行经费分配，即教育（50%）、外部研究经费（40%）和博士毕业人数（10%）。这个模型的资金分配是基于历史条件，没有考虑到学校的教学、科研质量和资金使用效率，按照该模型分配的资金数量每年都有很大差异。

世纪之交，政府部门认为应当确保科研资金的分配是基于“质量”，而不是基于历史和数量导向的参数，并且应该系统地评价这种“质量”。2006 年政府提出应对大学的教学、科研和知识传播活动进行评估。经过政策制定者、管理者和利益相关方之间的各种磋商和内部讨论，最后决定采用基于指标的模型而不是同行评议小组的模式进行评价，挪威模型被认为负面影响较小而作为重要参考。2009 年 6 月，丹麦推出基于科研绩效

① Kaare Aagaard，“The Evolution of a National Research Funding System：Transformative Change Through Layering and Displacement”，*Minerva*，Vol. 55，No. 6，2017，pp. 1-19.

的新评价模型。新模型在“50—40—10 模型”的基础上引入了挪威模型中的文献计量研究指标（BFI），并由学科领域内的特定专家组确定具体等级。新模型包括 4 个指标：教育（45%）、外部研究经费（20%）、博士毕业人数（10%）及 BFI（25%）。在国家数据库 CRIS 建设方面，每年将书目数据导出到专门设计的中央数据库中，用于进行 BFI 的分数计算。与此同时，丹麦多数大学都有自己的系统 PURE，由爱思唯尔公司进行建设和维护。① BFI 出版渠道（期刊和出版社）名单由 67 个学科委员会确定和维护，该委员会由 BFI 专业委员会任命。每所大学的院系或学科领域至少会派一名代表参加专家小组。

2009 年BFI 最初设立时只制定了期刊列表，并将其划分为两级，其中 2 级期刊数量的占比约为 15%。2013 年 BFI 第一次更新，加入出版社列表，也将其划分为两级，其中 2 级比例不足 7%。此外还对出版物类型进行了调整，增加了“会议论文”类型，将专著和论文集分为两种类型。2018 年进行第二次调整，将期刊划分为 3 级，2 级比例略微升高（占比约 16%），3 级的比例非常低（0.1%）。对于合作论文，通过将机构分数乘以 1.25 来进行鼓励。

截至 2019 年，BFI 期刊名单包括 20433 种期刊，分为三级，出版商名单包括 1163 家出版商，分为两级。被评价的文献类型包括四种，根据出版渠道及分级情况分别赋予不同的权重。丹麦 BFI 中的出版物类型及权重分配如表 4-6 所示。

表 4-6　**丹麦 BFI 中的出版物类型及权重分配**

出版物类型及渠道	BFI 第 1 级	BFI 第 2 级	BFI 第 3 级
连续出版物目录中的期刊论文及论文集论文、会议论文	1	3	5
出版商目录中的论文集论文、会议论文	0.5	2	—

① Gunnar Sivertsen, “Data Integration in Scandinavia”, *Scientometrics*, Vol. 106, No. 2, 2016, pp. 849-855.

续表

出版物类型及渠道	BFI 第 1 级	BFI 第 2 级	BFI 第 3 级
出版商目录中的专著	5	8	—
丛书中的专著	5	8	8

资料来源：Daniella Bayle Deutz, et al., "Quantitative Quality: A Study on How Performance-based Measures May Change the Publication Patterns of Danish Researchers", *Scientometrics*, Vol. 126, 2021, pp. 3303-3320。

BFI 只影响核心资金增量的分配结果。2010 年 BFI 分配的经费占比为 1%，此后不断增长，2018 年达到核心资金的 6%。[①]

（3）评价效果

研究表明，丹麦 BFI 系统实施之后，曾对促进科研出版产生积极影响。[②] 自 2008 年以来，丹麦的相对引用影响一直在增加，2009 年引入 BFI 绩效指标后，研究论文的数量急剧上升，超过了同期研究人员的增长率。BFI 对 2 级期刊论文的增加有更大激励作用。2012 年之前，丹麦没有形成碎片化出版模式，也没有出现引文影响力下降的情况。丹麦国内和国际合作研究论文的比例保持稳定，合作国家数量增加，国际合作研究论文的引文影响力也增加了，但会议论文的引文影响力有所下降。在这一阶段，BFI 被认为是这些变化的重要加速器。

但是随着时间的推移，丹麦学者也发现 BFI 存在的一些问题。丹尼拉·贝勒·道依茨（Daniella Bayle Deutz）等通过对丹麦 2009—2019 年在 BFI 收录渠道上发表数据的统计分析发现[③]，

① Kaare Aagaard, "Performance-based Research Funding in Denmark: The Adoption and Translation of the Norwegian Model", *Journal of Data and Information Science*, Vol. 3, No. 4, 2018, pp. 20-30.

② Peter Ingwersen and Birger Larsen, "Influence of a Performance Indicator on Danish Research Production and Citation Impact 2000-12", *Scientometrics*, Vol. 101, No. 2, 2014, pp. 1325-1344.

③ Daniella Bayle Deutz, et al., "Quantitative Quality: A Study on How Performance-based Measures May Change the Publication Patterns of Danish Researchers", *Scientometrics*, Vol. 126, 2021, pp. 3303-3320.

自然科学与技术、人文社会科学领域的发表情况有所改变，而健康科学领域没有受到影响。自然科学与技术领域的研究人员更关注那些能获得更多 BFI 分数的高影响力期刊。人文社会科学研究人员也更加关注出版渠道的影响，出版类型发生变化，在社会科学领域发表了更多的期刊论文，在人文学科领域发表了更多论文集论文。

卡尔·阿加德（Kaare Aagaard）认为丹麦模型合理性较差，未能具备挪威模型的优点。原因有以下几方面：（1）政府部门没有很好地处理评价活动的筹备、设计和执行的过程；（2）引入挪威模型的目标一直不明确，而且在整个过程中一直在变化，利益相关者在模型的引入、修改和使用中掌握主动权的意愿十分有限；（3）在评价实施过程中普遍缺乏沟通，明显低估了使用文献计量指标的挑战性。阿加德认为，丹麦 BFI 的设计和实施过程提醒我们，将评价模型从一个国家的政策环境转移到另一个国家的政策环境非常不容易。①

2021 年 12 月，丹麦宣布 BFI 停止服务，相关的指导委员会、BFI 委员会和研究专家组被解散。

4. 不同国家和地区评价模型的比较

（1）四国（地区）评价模型的特征比较

虽然丹麦、比利时（弗拉芒）、芬兰都参考了挪威模型，但是并非完全照搬照抄，而是在指标、权重、数据库建设、数据搜集处理等方面各有特色。表 4-7 对四个国家（地区）的评价模型进行了汇总。

除了比利时（弗拉芒），挪威、丹麦等三个国家都对出版渠道进行了分级。四个国家和地区都规定了评价出版物的出版渠

① Kaare Aagaard, "Performance-based Research Funding in Denmark: The Adoption and Translation of the Norwegian Model", *Journal of Data and Information Science*, Vol. 3, No. 4, 2018, pp. 20-30.

表 4-7　　挪威、芬兰、丹麦及比利时（弗拉芒）的评价模型

特点	国家（地区）			
	挪威	芬兰	丹麦（BFI）	比利时（弗拉芒）
评价目的	记录出版活动； 根据出版业绩分配研究经费	经费分配；研究信息和质量提升	大学研究经费分配；研究所层面的研究行为测度	为特别研究基金（BOF）进行经费分配
起止时间	2005 年至今	2013 年至今	2009—2021	2010 年至今
评价范围	挪威全国的大学、研究所及医疗卫生研究机构	芬兰全国的大学	丹麦全国的大学及研究机构	比利时弗拉芒地区的大学
国家科研数据库及收录范围	CRISTIN 挪威学者出版的所有学术成果	VIRTA 芬兰学者出版的所有成果，包括学术性和非学术性成果	中央数据库 丹麦学者出版的所有成果	VABB-SHW 弗拉芒学者出版的人文社会科学学术成果
数据库建设方法	出版社数据导入； 作者输入	每年从其他数据库中导出书目数据到中央数据库	每年从其他数据库中导出书目数据到中央数据库	相关数据导入； 利用 GPRC 标签加入学术图书
数据库收录的信息	来自挪威所有机构的学术出版成果的元数据	大学学术出版成果的元数据和研究人员建议的新增数据	丹麦所有大学的学术出版成果的元数据	5 所弗拉芒大学的学术出版书目，以及前两年所有新注册的出版物
评价指标体系	发表	发表	发表	发表+引用

续表

特点	国家（地区）			
	挪威	芬兰	丹麦（BFI）	比利时（弗拉芒）
评价成果的类型	图书、期刊及其他连续出版物论文	同行评议的专著、期刊论文、图书中的论文、会议论文；同行评议的编纂成果；非同行评议的专著和论文	期刊论文、论文集论文、会议论文、专著	期刊论文、专著、编辑的图书、图书章节和会议论文
出版渠道分级	0、1、2、X	1、2、3	1、2、3	未分级
出版渠道评审的学科数量	74	23	67	—
合作成果的名誉分配	小数法，按机构	整数法	整数法	整数法
期刊评选周期	每年评选。 1级当年生效；2级2年后生效	1级每年评价一次，2—3级每4年更新一次	每年更新	每年更新
创新	挪威模型	—	—	人文社科数据库； 图书同行评议标签

资料来源：笔者自制。

道，并给予不同的权重。详见表 4-8 和表 4-9。

表 4-8　　挪威、芬兰、丹麦及比利时（弗拉芒）的出版渠道

组织情况和出版渠道		国家（地区）			
		挪威	芬兰	丹麦（BFI）	比利时（弗拉芒）
组织	开始时间	2005	2010	2009	2010
	专家人数	331	250	429	18
	专家小组数量	74	23	67	1
期刊/连续出版物级别	级别	0、1、2	0、1、2、3	1、2、3	—
	2 级占比	20%	20%	17.5%—22.5%	—
	3 级占比	—	5%	2.5%	—
期刊/连续出版物数量	1—3 级	27214	23596	20787	13640
	2—3 级	2111	3057	3104	—
	2—3 级占比	8%	13%	15%	—
图书出版社级别	级别	0、1、2	0、1、2、3	1、2、3	—
	2—3 级占比	20%	10%	20%	—
图书出版社数量	1—3 级	1693	1335	1409	未查到
	2—3 级	86	106	91	—
	2—3 级占比	5%	6%	6%	—

资料来源：根据论文“National Lists of Scholarly Publication Channels：An Overview and Recommendations for Their Construction and Maintenance”及其他资料整理。期刊及出版社数量为 2019—2020 年的统计结果。

表 4-9　　挪威、芬兰、丹麦及比利时（弗拉芒）的出版物分级及权重

出版物类型	国家（地区）			
	挪威（1—2 级）	芬兰（0—3 级）	丹麦（BFI）（1—3 级）	比利时（弗拉芒）
期刊论文	1/3	0.1/1/3/4	1/3/5	1
专著	5/8	0.4/4/12/16	5/8	4

续表

出版物类型	国家（地区）			
	挪威（1—2级）	芬兰（0—3级）	丹麦（BFI）（1—3级）	比利时（弗拉芒）
会议论文	—	0.1/1/3/4	期刊目录中的会议论文：1/3 出版社目录中的会议论文：0.5/2	0.5
论文集论文	0.7/1	0.1/1/3/4	期刊目录中的论文集论文：1/3 出版社目录中的论文集论文：0.5/2	1
其他	—	非同行评议专著：0.4 非同行评议论文：0.1	—	—

资料来源：笔者自制。

注：除芬兰外，出版物均为同行评议成果，只有芬兰包括了非同行评议的专著和论文。

（2）各国的其他学术评价体系

除了绩效拨款中的定量评价之外，挪威、丹麦、芬兰也有其他方式的评价体系，其卓越中心的评价标准如表4-10所示。自20世纪90年代开始，丹麦、芬兰等国家也实施了卓越中心建设的计划，如丹麦的“大学研究投资资本计划”（UNIK）、芬兰的“卓越研究中心计划”（COE）。这两个北欧国家的卓越计划均建立了经费投入的绩效评价和问责机制，包括卓越研究中心的自我评价以及较为系统的外部评价体系。评价标准大体包括研究质量、内部管理和影响力三个方面，评价方法以同行评议为主。政府组织建立由国内外学术专家、企业及社会相关领域专家组成的评价小组，或委托第三方咨询公司，对中心进行中期评价和末期评价。如芬兰卓越中心获得六年两轮的资助，每三年卓越中心要进行一次国际同行评议，而下一个三年的资助要基于中期评价的结果。①

表 4-10 挪威、丹麦、芬兰卓越中心的评价标准

项目	评价标准	评价机构
挪威卓越研究中心计划	评估期的研究成就；组织和管理；未来五年期规划	挪威科学院指定的国际评估委员会
丹麦 UNIK	科学水平；组织管理能力；资助结束后嵌入高校的能力	丹麦科学技术创新署（DASTI）
芬兰 COE	研究的社会影响；知识用户及博士生培养科研和创新系统的影响；大学和研究机构科研创新政策或科研创新系统发展	芬兰科学院委托 Gaia 咨询公司

资料来源：杨希、刘念才：《北欧高校卓越计划投入模式研究》，《比较教育研究》2017 年第 8 期。

（3）学者对科研绩效评价的信任与效果感知

在各国官方组织的评价效果评估中，大多都肯定了科研绩效评价在促进科研产出普遍增长方面的作用，同时也指出评价结果和评价指标在机构本地化使用中存在一些问题。科研绩效拨款及其评价制度存在的问题有些是容易发现并纠正的，但还有一些潜在的缺点和问题并不直接显示于实施效果中，而是以较为隐蔽的方式起作用，长此以往甚至可能破坏国家的学术环境和学术风气，产生严重的后果。欧盟报告提示，要特别关注和了解科研绩效拨款制度的具体设计和实施所产生的潜在缺点和不当激励。要考虑到不同的奖励、评价指标和方法可能产生的意想不到的后果，并对此进行监测和评估。② 评价政策对于科研人员的影响以及科研人员对评价政策的认知和接受程度作为一个重要问题被提出。科研人员的态度是政策合理性的反映，

① 杨希、刘念才：《北欧高校卓越计划投入模式研究》，《比较教育研究》2017 年第 8 期。

② Koen Jonkers and Thomas Zacharewicz, *Research Performance Based Funding Systems: A Comparative Assessment*, Brussels: JRC Science Hub, 2016.

也在很大程度上决定着政策效果。

汉娜·福斯·汉森（Hanne Foss Hansen）等于2015—2016年对北欧四国（丹麦、芬兰、挪威和瑞典）中没有担任官方管理职位（如部门负责人、中心负责人）的高级大学学者（欧洲职业生涯第三和第四阶段）进行了调查，主要了解在北欧大学改革的背景下，科研人员对于管理问责制与学术绩效的测量和评价的态度。① 调查结果表明，丹麦学者对管理问责、科研绩效测量等的信任度低于其他国家。平均而言，北欧学者认为对学者工作的评价是合法的任务，但这一问题中丹麦分数低于挪威和芬兰。丹麦学者对科研绩效测量程序的认可度也低于芬兰和挪威，丹麦学者比其他国家更强烈认为绩效测量是对学者不信任的表现，但芬兰学者显然对绩效测量的接受度更高。挪威、芬兰、丹麦学者对绩效测量的认可度见表4-11。

表4-11　**挪威、芬兰、丹麦学者对绩效测量的认可度**

问题	国家	均值（李克特量表1-5）	显著性检验
控制和评价我的工作是一项合法的任务	挪威	3.4	丹麦得分低于挪威
	芬兰	3.4	
	丹麦	3.3	
测量学术绩效的内部程序与我对学术绩效的理解一致	挪威	2.6	丹麦得分低于芬兰和挪威
	芬兰	2.6	
	丹麦	2.4	
在我看来，绩效测量是不信任的表现	挪威	3.0	丹麦得分显著高于其他国家；芬兰得分显著低于挪威
	芬兰	2.6	
	丹麦	3.3	

资料来源：Hanne Foss Hansen, et al., "Balancing Accountability and Trust: University Reforms in the Nordic Countries", *Higher Education*, Vol. 78, 2019, pp. 557-573。

注：量表中，强烈不同意（1）—— 强烈同意（5）。

① Hanne Foss Hansen, et al., "Balancing Accountability and Trust: University Reforms in the Nordic Countries", *Higher Education*, Vol. 78, 2019, pp. 557-573.

调查还发现，在对科研绩效测量及评价效果的感知方面，丹麦在对提高学者研究表现、改善学术工作氛围等积极影响方面，也显著低于其他国家（见表4-12）。

表4-12 挪威、芬兰、丹麦学者对科研绩效测量及评价效果的感知

问题	国家	均值（李克特量表1-5）	显著性检验
测量提高了我在研究中的表现	挪威	2.6	丹麦得分显著低于其他国家
	芬兰	2.6	
	丹麦	2.2	
科研绩效测量对学术工作氛围有积极的影响	挪威	2.3	丹麦得分显著低于其他国家
	芬兰	2.2	
	丹麦	1.9	
对工作的控制和评价对我的研究表现有积极的影响	挪威	2.6	丹麦得分显著低于其他国家
	芬兰	2.6	
	丹麦	2.3	

资料来源：Hanne Foss Hansen, et al.,“Balancing Accountability and Trust: University Reforms in the Nordic Countries”, *Higher Education*, Vol. 78, 2019, pp. 557-573。

注：量表中，强烈不同意（1）——强烈同意（5）。

（六）挪威模型的特点

透明性、简单性和可用性是挪威模式的明显优势。从模型设计来看，挪威模型简约而不简单，是精心设计的结构，简单明了的背后是较为复杂的运作机制，无论是数据库的建设质量还是期刊的分级，都是经过仔细考量和设计，在大量细致工作基础上完成的。

收录完整、结构化、可验证且已被验证的国家在研信息系统CRISTIN是挪威模型取得成功的最坚实的基础和前提。CRISTIN数据库的提出和建设也是挪威模型的重要贡献。融合同行评议、分级的量化指标体系是挪威模型成功的另一个重要

因素，指标数量很少但含义明确。引用数据也曾经被讨论过是否作为评价指标，但最终并未被正式纳入评价模型。

挪威模型的实施过程中有学术界的广泛参与，如由专家小组决定二级出版渠道的目录；学者了解评审过程，同时也通过评论和推荐对评价产生影响。评价标准、评价程序和数据保持公开、透明，也有助于学术界的参与和理解。作为科研绩效分配的基础，挪威模型虽与经费分配相关，但是涉及比例较低，对于机构、学者的影响和激励程度较为适宜，同时评价政策保持长期稳定，这是评价指标不被异化的重要前提。及时组织对评价活动的评估，同时监测科研人员出版模式的变化，发现问题及时解决和改进，也是挪威模型的重要经验。

总结起来，挪威模型的实质就是：简单的要素、强大的基础支持、系统的设计和审慎的利用。

在其他国家和地区对该模型进行借鉴和应用的过程中，由于国情、科研管理体制、科研绩效拨款比例、数据基础和科研特征等方面的差异，其评价的效果各有不同。比利时和芬兰的创新，更好地解决了人文社科数据收录不足的问题，特别是对本国图书的同行评议标签认证，使得评价数据更适合于本国的具体情况。2019 年比利时评价模型中 C 类指标的加入，显示出多元评价、政府导向等特点。丹麦几十年来频繁改革，但评价目标不够明确，且在评价指标、数据库建设方面存在不足，导致科研人员对科研绩效评价的满意度和信任度很低，最终停止了 BFI 在评价中的应用。

五　波兰国家科研评价

（一）波兰科研体制概况

1. 波兰科研体制

波兰位于欧洲中部，西与德国为邻，南与捷克、斯洛伐克接壤，东邻俄罗斯、立陶宛、白俄罗斯、乌克兰，北濒波罗的海，国土面积 31.27 万平方千米。截至 2023 年 1 月，波兰人口为 3774.9 万人，官方语言为波兰语。政治体制方面，波兰实行议会民主制，总统为国家元首，议会由众议院和参议院组成，是国家最高立法机构。①

波兰拥有庞大的科学和高等教育体系。第二次世界大战后，波兰的科研管理体制沿用苏联模式。1952 年波兰科学院（Polska Akademia Nauk，PAN）成立，此后波兰逐渐形成科学研究的三个系统：波兰科学院、高等院校、专业部门研究机构。在 20 世纪 80 年代，三大系统情况如下：（1）波兰科学院是国家最高科学研究机构，是全国的科学研究中心，主要任务是开展基础研究；（2）高等院校共 89 所，主要任务是培养科学技术专业人才，并结合教学工作，开展以基础研究为主的科学研究；（3）专业部门研究机构主要从事应用、开发研究以及新产品、

---

① 《波兰国家概况》，中华人民共和国外交部网站，http：//cs.mfa.gov.cn/zggmcg/ljmdd/oz_ 652287/bl_ 652909/。

新工艺的试验研究。[①] 截至2023年，波兰有19位诺贝尔奖获得者。

目前，这三大系统依然是波兰的科研和高等教育主体，但高校发展更快，数量有大幅度增长。当前波兰的高等教育体系由公立和私立两部分院校组成。从1990年代到2005年，教育机构数量保持持续动态增长。2013—2015年，私立高等教育机构的数量减少，波兰的大学总数（包括公立高等职业教育学校）从467所下降到452所。尽管私立大学数量众多（318所），但超过3/4的学生在公立大学（134所）接受教育。波兰在每百万居民中拥有的大学数量在欧盟处于领先地位，仅次于立陶宛和葡萄牙。波兰大学历史悠久。雅盖隆大学（Jagiellonian University）建立于1364年，是波兰的第一所大学，也是世界上最古老的大学之一。华沙大学（University of Warsaw）成立于1816年，是世界级著名研究型大学，培养了众多优秀人才，包括7位诺贝尔奖获得者和5位波兰总理。

波兰科学院为国立科研机构，其使命是全面推进科学发展，为社会服务，丰富波兰的民族文化，同时坚持最高标准的研究质量和道德规范。波兰科学院下设5个学部：人文与社会科学学部，生物与农业科学学部，数学、物理、化学与地学学部，工程科学学部以及医学学部。波兰科学院共有79个科研单位，包括研究所、研究中心或研究实验站等，69个研究所中的大多数在科学或研发活动中名列前茅，其中13个研究所在国家科研评价中获得A+级别。波兰科学院受总理管辖，但从科学和高等教育部获得预算。[②] 波兰科学院共有约9400名工作人员，其中

---

① 刘仲春：《波兰的社会科学研究》，《苏联东欧问题》1987年第5期。

② Krzysztof Gulda, et al., *Peer Review of Poland's Higher Education and Science System: Background Report*, Luxembourg: Publications Office of the European Union, 2017, pp. 43-45.

约8500人隶属于其下属的各研究所。① 1960年波兰通过《波兰科学院法》，后历经多次修改，2020年发布修正案草案，主要目标是加强波兰科学院在科学和高等教育体系中的地位，提高波兰在世界科学体系中的地位，更多参与公共生活中重要问题的讨论等。

除高校和波兰科学院外，波兰的另一支研究队伍是各部委的研究所。这些研究所由多样化的专业人员组成，专注于应用研究和开发工作。第一批研究所建立于第二次世界大战之前，研究所在波兰共和国时期发挥了重要作用。目前有114个研究所，几乎涵盖所有科学领域。在2013年的国家科研评价中，所有研究所参与了评价，其中4家评级为"A+"，40家评级为"A"，67家评级为"B"，另外3家评级为"C"。②

为推动经济发展，波兰政府高度重视科研创新事业，高等教育在国家科研创新系统中的主体地位不断强化，但从现状来看，其科学和教育事业的发展依然任重而道远。波兰的科技创新水平在欧盟国家中较为落后，高被引论文比例明显落后于其他欧盟成员国。2018年，进入世界前10%的科研成果仅占本国总量的4.9%，居欧盟第24位。③ 波兰的高等教育研发开支虽然不断提升，但仍远低于欧盟和OECD平均水平，在全球大学排行榜中处于劣势。在QS 2024世界大学排名中，仅有两所大学进入前500强名单，即华沙大学（第262名）和雅盖隆大学

---

① 《波兰科学院简介》，中华人民共和国驻波兰大使馆网站，https://pl.china-embassy.gov.cn/chn/ywzn/kjhz/blkjgk1/201506/t20150604_2464974.htm。

② Krzysztof Gulda, et al., *Peer Review of Poland's Higher Education and Science System: Background Report*, Luxembourg: Publications Office of the European Union, 2017, pp. 45-46.

③ 武学超、罗志敏：《波兰新一轮高等教育体制改革动因、向度及评价》，《比较教育研究》2020年第6期。

（第 304 名）。[①]

2. 波兰科研管理体制的变革

20 世纪 80 年代后期，国家体制的变化改变了波兰高等教育和科学研究系统。相关学者认为从那时起到 2018 年可分为四个阶段。[②] 笔者结合波兰 2018 年之后的发展，认为 20 世纪 90 年代至今，波兰的科学研究及高等教育制度经历了以下五个阶段的发展。

（1）剧烈变化阶段（1989—1991 年）

随着国家政治体制的改变，波兰科学研究及高等教育制度发生剧烈变化。1990 年，《高等教育与科学法》（*Higher Education and Science Law*）出台。

（2）逐步稳定阶段（1991—2000 年）

波兰的机构和制度逐步健全完善。1991 年，国家科学研究理事会成立，负责向研究机构或团队提供资金资助。1999 年波兰加入博洛尼亚进程，对之后的波兰高等教育国际化进程产生了深远影响。

（3）渐进变革阶段（2000—2007 年）

在这一阶段，波兰学习其他欧洲国家，对研究政策和研究经费进行调整。2000 年代中期，国家科学研究理事会开始采用择优资助方式，但随后其职能被科学和信息技术部以及新成立的科学和高等教育部所取代。为了提高科学资助过程的有效性和透明度，政府决定根据国际组织推动的解决方案引入新的经费分配模式。这一阶段高等教育迅速发展，学生规模大幅度增

① 《位于波兰的大学——评级和评价》，https：//www.universityguru.cn/gaoxiao--poland。

② Jacek Bieliński and Aldona Tomczyńska，"The Ethos of Science in Contemporary Poland"，*Minerva*，Vol. 57，2019，pp. 151-173.

加，从1990年的40万名学生增加到2005年的195万，教学在大学中占据主导地位。与此同时，科学研究地位相对下降，波兰的学术出版物逐渐失去国际知名度。

（4）系统性改革阶段（2007—2018年）

这一阶段波兰通过对拨款机制的改革，促进科学和教育发展。2007年，国家研究与发展中心（NCRD）开始运营，该机构主要为应用研究分配拨款，并确保知识向商业部门转移。2008年，波兰科学和高等教育部提出了《以知识作为基础》《2008—2015年的波兰科学发展战略》的政策声明，启动了科学和高等教育部门的大规模改革，旨在恢复和加强波兰高等教育机构的研究能力。2010年，国家科学中心（NSC）成立，可独立决定基础研究经费分配。2010—2011年，一系列法律法案的出台进一步改变了公共科学资助体系。2010年，成立科学单位评估委员会（KEJN）开展科研评价，实施基于科研绩效的拨款制度，研究组织和高等教育机构根据其参数评价的结果获得法定活动资金，其中机构资助和项目资助分别占资金的40%和60%。2014—2016年，国家科学中心的大部分资助拨款分配给评级最高的研究单位。2015年，波兰推出《高等教育国际化计划》，从多个层面推进高校国际化水平的建设和国际竞争力的提高。

（5）提升质量的综合体制改革阶段（2018年以来）

为全面推进高等教育体制改革，波兰政府于2018年7月出台了新的《高等教育与科学法》（也称《科学宪法》，*Constitution for Science*），提出了“一揽子”改革方案，旨在通过综合体制改革，全面提升波兰高等教育整体质量和对社会经济发展的贡献，充分释放高等教育科研创新的积极溢出效能。波兰新一轮改革依据分层分类办学原则，在学科评价（根据评价结论中A+或A的数量）基础上，将大学划分为研究型大学、研究教学型大学和教学型大学三种类型。

波兰政府高度重视科学研究和高等教育在社会经济转型发展中的重要作用，高等教育在国家科研创新系统中的主体地位不断强化。2021 年，波兰政府出台《国家科学政策计划草案》，提出了波兰高等教育和科学领域的重点工作和优先事项。该草案目的是增强大学的自主权，使大学能够调整符合实际的研究计划，建立有区域性特色的研究机构。该草案强调科学和高等教育对于国家发展的重要性，要求根据当前的国际趋势和挑战加强科学和高等教育的发展。

（二）波兰科研评价发展历程

波兰的科研评价政策伴随着波兰科研体制的变革而不断发展，经历了多个政策版本的演变。正式的科研绩效评价从 1991 年开始，共开展了八轮评价活动，相关评价政策经历了四个主要的版本周期。第一个周期基于同行评议的评价框架，第二个周期开始采用量化评价的方法，第三个周期成立了科学单位评估委员会，使用了统一的评价数据平台，对评价政策进行了大幅度修改，形成较为系统、稳定的评价体系。2018 年新的《高等教育与科学法》发布后，评价体系又有了较大调整，进入第四个版本周期。各阶段主要情况如下。

1. 评价政策第一版

1991—1998 年，波兰国家科学研究理事会引入同行评议评价框架，对波兰所有研究机构进行评价，之后对研究机构分级分类，并将评价结果用于经费分配。由于这一轮评价结果中评为最高级别的机构过多，使得高评价级别贬值，所以波兰政府决定从 1999 年开始改进评价体系。

2. 评价政策第二版

1999 年制定的版本较之第一版有了很多改变，主要变化为将同行评议改为量化评价方法，减少了专家意见的作用，为各种成果（如学术专著、期刊论文和项目经费）分配了具体的分数。与此同时，波兰国家科学研究理事会发布了第一版波兰期刊排名（The Polish Journal Ranking，PJR）作为出版物评价的基础。

2003 年、2006 年和 2010 年，波兰采用同样思路确定了评价方法并开展评价，每个周期在政策上都有一些调整和改进，包括数据范围、结果分类的数量和参数的定义等。①

3. 评价政策第三版

2010 年波兰成立专门的评价机构——科学单位评估委员会。之后开始对评价政策进行大幅度修改，以进一步推动相关研究机构开展世界级研究。2013 年启动评价活动，对 2009—2012 年各类研究机构及大学院系的表现进行了评价，评价过程中使用了中央信息系统 POL-on 进行数据搜集和处理。2013 年建立的评价框架中最重要的评价参数是学术出版物，其中期刊论文根据基于文献计量的排名进行评价，学术图书则根据形式标准进行评价。2017 年的评价活动基本上采用了 2013 年的评价框架，只对少量指标进行了修正。

4. 评价政策第四版

2018 年的《高等教育与科学法》制定了科学活动的质量评价规则，其基本评价框架与 2013 年保持一致，但在评价标准、评价单元、评价方法等方面发生了系统性改变。评价标准从四个方面调整为三个方面，将“科学活动的其他影响”变更为“科学活动对社会和经济运行的影响”，并明确采用案例评价方

① Emanuel Kulczycki, et al.,“Toward an Excellence-based Research Funding System: Evidence from Poland”, *Journal of Informetrics*, Vol. 11, 2017, pp. 282-298.

式。评价单元由大学的院系和研究所变为学科，学术图书评价以出版社清单为基础进行分级，给予很高的分值，并在评价中充分考虑了人文社科及神学学科中图书的重要性。

（三）波兰科学单位综合评价

2013年实施的评价被称为“科学单位综合评价”（The Comprehensive Evaluation of Scientific Units，CESU），采用波兰评价政策的第三版，2017年有微调。本部分以2013年和2017年评价为例，较为详细地介绍波兰科学单位综合评价的框架和内容，并在第四部分着重介绍2022年评价活动的改革和变化情况。

1. CESU 概况

在2013年的评价中，962个科学单位的83211名研究人员提交了2009—2012年产出的近100万个评价项目。① 大约有200人参与评价工作，包括30名科学单位评估委员会成员、160名负责检查科学单位提交数据质量的评估组成员，以及数名部级官员。此外，国家信息处理研究所和哥白尼国际指数公司作为评价活动的数据与技术支持参与相关工作。②

2016年12月，波兰科学和高等教育部在《关于授予科学单位和大学科学类别的条例》中发布了2017年评价活动的评价标准及相关内容，规定公共科学单位（大学和研究机构）必

① Emanuel Kulczycki, et al., “Toward an Excellence-based Research Funding System: Evidence from Poland”, *Journal of Informetrics*, Vol. 11, 2017, pp. 282-298.

② Emanuel Kulczycki, “Assessing Publications Through a Bibliometric Indicator: The Case of Comprehensive Evaluation of Scientific Units in Poland”, *Research Evaluation*, Vol. 26, No. 1, 2017, pp. 41-52.

须进行评价，而私立大学的科学单位可自愿参与评价。2017年，其利用2013年评价框架对2013—2016年的成果实施评价，994个科学单位的86500名全职学术人员提交了近100万个评价项目。①

（1）CESU **涉及的概念**

CESU中涉及一些基本概念，其定义如下：

科学单位：科学单位是评价的基本单位，即高等教育机构内的一个单位（例如学院、系），以及波兰科学院或其他部委的研究所。

科学组：即学科领域。波兰在评价过程中将所有学科划分为四个大的科学组，即人文社科、科学与工程、生命科学、艺术科学与艺术生产。

评价项目（Evaluated Item）：是科学单位产出的单个成果，如专著、专利、章节、文章、专利、组织的会议和艺术成果。这是为计算每个机构的成果分数而提出的一个概念。波兰对于合作成果采取整数计算法，每个参与单位都可以得到该成果的完整分数，也就是说该成果发表后每个参与单位都增加一份评价项目并得到相应的分数。因此一份出版物可以生成一个或多个评价项目，这取决于合作者单位的数量。

波兰期刊排名（PJR）：期刊评价目录。由科学期刊评估专家小组每年评审。

波兰得分（Point）：经过评价，每个被评价机构最后得到的分数。

大会语言（Congress Language）或学科基础语言：英语、德语、法语、西班牙语、俄语、意大利语，或一门学科的基础语

① Emanuel Kulczycki and Przemysław Korytkowski, "Redesigning the Model of Book Evaluation in the Polish Performance-based Research Funding System", *Journal of Data and Information Science*, Vol. 3, No. 4, 2018, pp. 61-73.

言，如捷克文献学中的捷克语。

（2）CESU 的评价要素

根据相关文献，现将 CESU 中各评价要素总结如下：

评价对象：CESU 用于评价波兰所有类型的研究机构，也就是科学单位。

评价主体：波兰科学和高等教育部是评价活动的组织者和最后的发布者。波兰科学和高等教育部成立了科学单位评估委员会和科学期刊评估专家小组，负责制定评价原则并进行评价。科学单位评估委员会成立于 2010 年，由四个委员会组成，委员会为所有科学单位提出了新的评价标准。科学期刊评估专家小组成立于 2012 年，提出了在各种期刊上发表文章的评价规定，负责每年编制一份 CESU 认可的科学期刊清单。

评价标准：包括科学和创造性成果、科学潜力（科学实力）、科学活动的物质影响、科学活动的其他影响四个方面。每个方面的标准有若干量化指标，不同领域采用不同评价指标和权重。

评价方法：量化方法为主，与同行评议相结合。四个评价标准中有三项为量化指标，一项为同行评议打分。最后计算出每个单位的波兰得分。

评价结果：根据各机构的波兰得分将科学单位分为四个类别：A+（领先）、A（很好）、B（合格）和 C（不合格），并以此作为决定各单位拨款额度的重要依据。

评价周期：四年一次。

（3）CESU 的评价实施过程

CESU 的评价实施过程主要分为三个阶段。首先，进行科学单位的分组。波兰科学单位评估委员会将学科领域分为四大类：人文社科、科学与工程、生命科学、艺术科学与艺术生产，各大类下设若干小类。在评价伊始，先按照学科门类和研究机构类型，将每个参评的科学单位分配给特定科学组内的联合评价小组（Joint Evaluation Groups，JEGs）。例如，所有大学的哲学系或学院被分配到一个小组，波兰科学院的研究所被分配到单独的小组。2013 年 CESU 共建立了 60 个联合评价小组，每个小组中的科学单位数量为 1—93 个不等。评价时对同一小组内各科学单位的评价结果进行比较。① 其次，按照四个评价标准进行评价。评价标准和组成参数由波兰科学单位评估委员会设计，共有 65 个参数，其中 53 个为主要参数。不同学科的评价标准有所不同，每个学科组有 28—49 个主要参数，只有 10 个是四个科学领域共有的指标。最后，根据相关标准和参数计算出各单位的波兰得分，在联合评估组内进行比较，并确定最终的四个等级类别。

2. 评价标准及指标体系

（1）评价标准

CESU 评价标准包括四个方面：

①科学创新成果：包括期刊论文、图书、知识产权、艺术作品以及对国防的贡献。

②科学潜力：包括学位点数量；授予学位的数目（分为雇员和非雇员）；科研人员的专业活动，例如成为国际科学组织、期刊编辑委员会和专家小组的成员，以及在期刊引证报告（JCR）或欧洲人文学科参考索引（ERIH）收录的期刊上发表论文；国家或国际认证实验室的状况。

③科学活动的物质影响：主要考察科学单位的资金流动情

① Emanuel Kulczycki, et al.,"Toward an Excellence-based Research Funding System: Evidence from Poland", *Journal of Informetrics*, Vol. 11, 2017, pp. 282-298.

况。一般是按人均计算的项目经费，不包括从教育部直接获得的法定拨款。

④科学活动的其他影响：每个科学单位最多可提交 10 项有意义的活动，例如：会议组织、研究成果的应用，知识的传播，对国家遗产、文化以及科学发展特别重要的活动等。

在四项评价标准中，第一项是科研产出，用文献计量学方式进行评价；第二项是科学单位的研究潜力，包括人才队伍及培养情况等；第三项考察科学单位申请各类资助的情况，研发及产品应用情况；第四项提供了一个开放的选择，根据学科特点可选择不同的项目，目的是反映科学活动的社会影响等内容。前三个标准都由量化指标组成，最后一类由两位专家独立评审打分，其平均值作为该部分得分。

（2）不同学科评价标准的权重分配

科学单位评估委员会为每项标准分配了不同的权重，四项评价标准的权重之和为 100。四个不同学科组的标准权重分配不同，同一学科组不同类型机构的指标权重分布也可能有所不同，如最重要的第一项标准，其权重为 35—75。机构类型导致的权重差异主要反映在科学与工程、生命科学领域，人文社科、艺术科学与艺术生产中三类机构的权重分布都相同（如表 5-1 所示）。

（3）评价指标及分数

2013 年 CESU 根据学科特点设计了不同的二级指标及三级指标，并对三级指标分配相应的分数。三级指标共有 65 个，其中 53 个为主要指标。不同学科的指标数量有所不同。科学创新成果指标、科学潜力指标、科学活动的物质影响指标与其他影响指标见表 5-2 到表 5-5。

表 5-1　　各学科组的评价指标权重

学科组	标准	标准权重		
		高等教育机构内的研究单位	波兰科学院研究单位和国际研究机构	研究机构及其他机构
人文社科	科学创新成果（C1）	65	65	65
	科学潜力（C2）	15	15	15
	科学活动的物质影响（C3）	5	5	5
	科学活动的其他影响（C4）	15	15	15
科学与工程	科学创新成果（C1）	65	65	35
	科学潜力（C2）	10	10	10
	科学活动的物质影响（C3）	15	15	45
	科学活动的其他影响（C4）	10	10	10
生命科学	科学创新成果（C1）	70	75	60
	科学潜力（C2）	5	5	5
	科学活动的物质影响（C3）	15	10	25
	科学活动的其他影响（C4）	10	10	10
艺术科学与艺术生产	科学创新成果（C1）	60	60	60
	科学潜力（C2）	20	20	20
	科学活动的物质影响（C3）	5	5	5
	科学活动的其他影响（C4）	15	15	15

资料来源：Emanuel Kulczycki，“Assessing Publications Through a Bibliometric Indicator：The Case of Comprehensive Evaluation of Scientific Units in Poland”，*Research Evaluation*，Vol. 26，No. 1，2017，pp. 41-52。

表 5-2　　科学创新成果指标

代码	指标	分数	人文社科	科学与工程	生命科学	艺术科学与艺术生产
p1. 1	期刊论文		+	+	+	+
p1. 1. 1	JCR 收录的期刊论文	10—50	+	+	+	+

续表

代码	指标	分数	人文社科	科学与工程	生命科学	艺术科学与艺术生产
p1.1.2	PJR 收录的期刊论文（无影响因子，未被 ERIH 收录）	1—10	+	+	+	+
p1.1.3	ERIH 收录的期刊论文	10—14	+	+	+	+
p1.1.4	被 WoS 收录的会议论文集中的文章	10	-	+	+	-
p1.1.5	大会语言文章＊＊（其他非波兰本土期刊）	4	+	-	-	+
p1.2	图书		+	+	+	+
p1.2.1	大会语言专著＊＊	25	+	+	+	+
p1.2.2	波兰语专著	20	+	+	+	+
p1.2.3	大会语言的图书章节＊＊	5	+	+	+	+
p1.2.4	波兰语的章节	4	+	+	+	+
p1.2.5	波兰语编著的图书（编著得分）	4	+	+	+	+
p1.2.6	大会语言编著的图书＊＊（编著得分）	5	+	+	+	+
p1.3	知识产权		-	+	+	+
p1.3.1	科研单位拥有专利的所有权	25	-	+	+	+
p1.3.2	第三方拥有的专利所有权，员工为发明人	15	-	+	+	+
p1.3.3	商标、外观设计、实用新型、半导体形貌	10	-	+	+	+
p1.3.4	植物品种权	15	-	+	+	+
p1.3.5	专利申请	2	-	+	+	+
p1.4	艺术作品		-	+＊	-	+
p1.4.1	主要艺术作品的作者	25	-	+＊	-	+
p1.4.2	小型艺术作品的作者	12	-	+＊	-	+
p1.4.3	重大艺术作品全球首演	12	-	+＊	-	+
p1.4.4	小型艺术作品全球首演	6	-	+＊	-	+

续表

代码	指标	分数	人文社科	科学与工程	生命科学	艺术科学与艺术生产
p1. 4. 5	小型艺术作品表演	20	−	+ *	−	+
p1. 4. 6	参加艺术作品表演	10	−	+ *	−	+
p1. 4. 7	参加集体展览或国外作品修复	4	−	+ *	−	+
p1. 4. 8	参加集体展览或国内作品修复	2	−	+ *	−	+
P1. 5	对国防的贡献	****	−	+	−	−

资料来源：Emanuel Kulczycki，et al.，“Toward an Excellence-based Research Funding System：Evidence from Poland”，*Journal of Informetrics*，Vol. 11，2017，pp. 282-298。

注：标记“+”表示在给定科学组的评价中使用该指标，“-”表示在科学组的评价中不使用该指标。“ * ”表示仅适用于建筑、城市规划和艺术设计。“ * * ”表示大会语言：英语、德语、法语、西班牙语、俄语、意大利语或一门学科的基础语言，如捷克文献学中的捷克语。“ * * * * ”表示由一个专门评估组打分。

表 5-3 **科学潜力指标**

代码	指标	分数	人文社科	科学与工程	生命科学	艺术科学与艺术生产
p2. 1	授予学位的权力		+	+	+	+
p2. 1. 1	授予 DSc（Doctor of Science）学位的权力	70	+	+	+	+
p2. 1. 2	授予博士学位权力	30	+	+	+	+
p2. 2	员工学术提升		+	+	+	+
p2. 2. 1	授予博士学位数	2	+	+	+	+
p2. 2. 2	获得 DSc 学位数	7、10	+	+	+	+
p2. 2. 3	授予教授称号数	10、14	+	+	+	+
p2. 3	非员工学术提升		+	+	+	+
p2. 3. 1	授予非雇员博士学位数	1	+	+	+	+
p2. 3. 2	授予非雇员 DSc 学位数	3	+	+	+	+
p2. 3. 3	授予非职工教授职称数	5	+	+	+	+
p2. 3. 4	对非雇员的科学建议数	1	+	+	+	+

续表

代码	指标	分数	人文社科	科学与工程	生命科学	艺术科学与艺术生产
p2. 4	其他有潜力的成就		+	+	+	+
p2. 4. 1	国际科学组织理事机构的成员数	1、2	+	+	+	+
p2. 4. 2	JCR 或 ERIH 收录期刊的主编数	2	+	+	+	+
p2. 4. 3	JCR 或 ERIH 收录期刊的编辑数	1	+	+	+	+
p2. 4. 4	专家小组成员数	2	+	+	+	+
p2. 4. 5	发表被 JCR 或 ERIH 索引的期刊	3	+	+	+	+
p2. 5	研发项目数量	★	−	−	+	−
p2. 6	实验室数量		−	+	+	−
p2. 6. 1	国家认证认可的实验室数量	10	−	+	+	−
p2. 6. 2	国际认证认可的实验室数量	10	−	+	+	−
p2. 7	国家研究院现状	10	−	+	+	−

资料来源：Emanuel Kulczycki, et al.,"Toward an Excellence-based Research Funding System: Evidence from Poland", *Journal of Informetrics*, Vol. 11, 2017, pp. 282-298。

注：标记"+"表示在给定科学组的评价中使用该指标，"-"表示在科学组的评价中不使用该指标。"★"表示最高 200 分，与收入占政府税收的百分比有关。

表 5-4　　　　**科学活动的物质影响指标**

代码	指标	分数	人文社科	科学与工程	生命科学	艺术科学与艺术生产
p3. 1	国际、国内研发项目数量		+	−	−	+
p3. 1. 1	国际研发项目数量	1 ***	+	−	−	+
p3. 1. 2	国内研发项目数量	0. 5 ***	+	−	−	+
p3. 2	财政收入		−	+	+	−
p3. 2. 1	研发项目资助的工资	2 ***	−	+	+	−
p3. 2. 2	采购或开发的科学设备规模	2 ***	−	+	+	−

续表

代码	指标	分数	人文社科	科学与工程	生命科学	艺术科学与艺术生产
p3. 3	研究成果销量		+	+	−	+
p3. 3. 1	按第三方排序的新结果数量	1＊＊＊	−	+	−	+
p3. 3. 2	出售专有技术许可规模	1 ＊＊＊	−	+	−	+
p3. 3. 3	商业咨询规模	1＊＊＊	+	+	−	+
p3. 4	研究成果实施量（仅适用于应用研究所）	0. 1＊＊＊	−	+	+	−
p3. 5	对国防的贡献	＊＊＊＊	−	+	−	−

资料来源：Emanuel Kulczycki, et al.,"Toward an Excellence-based Research Funding System: Evidence from Poland", *Journal of Informetrics*, Vol. 11, 2017, pp. 282-298。

注：标记"+"表示在给定科学组的评价中使用该指标，"-"表示在科学组的评价中不使用该指标。"＊＊＊"表示每5万兹罗提。"＊＊＊＊"表示由一个专门评估组打分。

表 5-5 **科学活动的其他影响指标**

代码	指标	分数	人文社科	科学与工程	生命科学	艺术科学与艺术生产
p4	科学活动的其他影响	0-100	+	+	+	+

资料来源：Emanuel Kulczycki, et al.,"Toward an Excellence-based Research Funding System: Evidence from Poland", *Journal of Informetrics*, Vol. 11, 2017, pp. 282-298。

注：标记"+"表示在给定科学组的评价中使用该指标。

3. 期刊论文及图书的评价

波兰的评价指标体系中，后三类标准中的具体指标可以根据数据或专家评议结果直接获得分数，但第一类标准的计算较为复杂。第一类标准为科学创新成果，包括期刊论文、图书、知识产权、艺术作品及国防贡献等五种主要类型，它们是评价体系四部分指标中涉及面最广、权重最高的组成部分，其计算方式也在很大程度上直接影响最终的评价结果。其中对于人文社会科学评价最重要的指标是期刊论文和图书两种类型。与挪威等国家类似，波兰期刊论文指标分数的确定需要依赖期刊评价结果，因此期刊评价目录成为论文评价过程中重要的内容。在 2013 年和 2017 年两次评价中，图书的评价分数主要基于形式评价指标确定。

（1）**期刊清单及论文赋分**①

波兰科学期刊评估专家小组成立于 2012 年。它根据波兰科学和高等教育部发布的《科学期刊评价标准与程序》，每年编制《科学期刊排名》（PJR）。与挪威等国相比，波兰的期刊清单编制方法较为复杂。波兰期刊清单分为 A、B、C 三类期刊目录，其中 A、C 类期刊属于国际数据库收录的期刊，B 类为 A、C 目录之外的波兰本地期刊。在同一类目录中，不是将期刊划分 2—3 个等级，而是根据指标确定每种期刊的得分。2014 年之前，PJR 基于形式和文献计量两个维度开展评价。2015 年，考虑到批评意见，科学期刊评估专家小组决定在评价 B 类期刊时增加基于专家评价的维度。

下面以 2015 年 PJR 为例介绍波兰的期刊清单及赋分方式。2015 年 PJR 收录了 17437 种期刊，根据不同数据和指标分别确定 A、B、C 三个名单中期刊的分数。

①A 名单（11114 种期刊）：将 JCR 的五年影响因子标准化，转化为从 15 到 50 的 8 个档次的分数（15、20、25、30、35、40、45 和 50）。

②B 名单（2212 种期刊）：仅包括未被 JCR 和 ERIH 编入索

① Emanuel Kulczycki and Ewa A. Rozkosz, "Does an Expert-based Evaluation Allow Us to Go Beyond the Impact Factor? Experiences from Building a Ranking of National Journals in Poland", *Scientometrics*, Vol. 111, 2017, pp. 417-442.

引且符合基本标准的波兰期刊。按照三个维度评价每种期刊（1—15分）。

③C名单（4111种期刊）：仅包括被ERIH收录的期刊。按照SCImago的期刊和国家排名指标计算每种期刊的分数（10分、15分、20分和25分）。

科学期刊评估专家小组针对B类期刊制定了专门的评审规则。首先，确定波兰期刊的基本收录标准。所有希望进入B名单的波兰期刊必须通过波兰学术书目（Polska Bibliografia Naukowa, the Polish Scholarly Bibliography）提交科学期刊问卷。科学期刊评估专家小组从审稿人名单、同行评审过程、最新网站内容、审稿人、论文的英文标题和摘要，以及出版的连续性六个方面进行审核，在六项基本标准中至少满足五项的期刊才能进入下一个环节（如表5-6所示）。

表5-6　　2015年PJR B名单进入标准

标准	要求
审稿人名单	每年至少发布一次审稿人名单
同行评审过程	采用发表在期刊网站上的评审策略，建议采用双盲评审
最新网站内容	更新期刊网站，发布（至少包括）作者说明、编辑方针和目录
审稿人	至少50%的文章由外部审稿人评审，外部审稿人是编委会和主编所在机构以外的审稿人
论文的英文标题和摘要	发布所有论文的英文标题和摘要
出版的连续性	出版的任何期次都不得延期6个月以上

资料来源：Emanuel Kulczycki and Ewa A. Rozkosz, “Does an Expert-based Evaluation Allow Us to Go Beyond the Impact Factor? Experiences from Building a Ranking of National Journals in Poland”, *Scientometrics*, Vol. 111, 2017, pp. 417-442。

其次，对通过审核的期刊按照形式维度、文献计量维度及专家评价维度进行打分（表5-7）。

表 5-7　2015 年 PJR B 名单中按科学领域划分的评价参数及最小值

形式维度						
参数（测量值）	最小值			分数		
	人文学科	社会科学	工程、自然科学和医学	人文学科	社会科学	工程、自然科学和医学
提供完整书目数据（年数）	至少 6 年			2	2	1.5
	至少 2 年			1	1	1
作者的国际化（外国作者的百分比）	>=10	>=10	>=5	1	0.5	0.5
指定的数据库索引（数据库数）	>=2	>=2	Scopus/WoS	1	1	1
	=1	=1	>=2	0.5	0.5	0.5
论文数（每年的论文数）	>=12（年刊） >=24（其他出版频次）			1	0.5	0.5
审稿人的国际化（外国审稿人比例）	>=10	>=10	>=10	0.5	0.5	0.5
出版频率（每年的期次）	>=4	>=4	>=4	0.5	1	0.5
出版语言的国际化（用英语、德语、法语、西班牙语、俄语和意大利语发表论文的百分比）	>=5	>=20 >=5&<20	>=20	0.5	1 0.5	1
编委会的国际化（编委会外国成员的百分比）	>=10	>=10	>=50（至少五人）	0.5	0.5	0.5
电子版（可获得的电子版的百分比）	= 100	=100	=100	1	1	1
办刊时间（年数）	>=20 >=10&<20 >=5&<10	>=10 >=5&<10	>=20 >=10&<20	1.5 1 0.5	1 0.5	1 0.5

续表

文献计量维度						
参数（测量值）	最小值			分数		
	人文学科	社会科学	工程、自然科学和医学	人文学科	社会科学	工程、自然科学和医学
预期影响因子或SCImago影响因子（在预期影响因子PIF或SCImago影响因子SIF中的排名）	期刊排名的前20%			0.5	1	1.5
	期刊排名的之后30%			0.25	0.5	1
	排名中的其他期刊			0	0	0
专家评价维度						
参数（测量值）	推荐排名中的位置			分数		
	人文学科&社会科学&工程、自然科学和医学			人文学科&社会科学&工程、自然科学和医学		
基于专家的评价（由科学期刊评估专家小组给出的排名位置）	波兰科学院院士推荐的数字和类型			0—5		

资料来源：Emanuel Kulczycki and Ewa A. Rozkosz, "Does an Expert-based Evaluation Allow Us to Go Beyond the Impact Factor? Experiences from Building a Ranking of National Journals in Poland", *Scientometrics*, Vol. 111, 2017, pp. 417-442。

形式维度以问卷所提供的数据为基础直接计算分数。文献计量维度基于两个文献计量指标：预期影响因子（PIF）和SCImago影响因子（SIF）。B类期刊都没有JCR影响因子，其PIF是根据WoS检索的被引频次计算的。2015年PIF计算方法如下：

$$PIF_{2015} = A/B \tag{5-1}$$

其中A为该期刊2012—2014年在WoS中的被引频次；B为该刊2012—2014年发表的论文总数。

期刊的SIF是根据SCImago期刊与国家排名（Journal and Country Rank）来计算，只计算Scopus索引的波兰期刊。SIF计算方法如下：

$$SIF_{2015} = C/B \tag{5-2}$$

其中，C 为期刊 2012—2014 年 SCImago 的总被引频次；B 为该期刊 2012—2014 年发表的论文总数。

在评价期间，卡托维兹西里西亚大学图书馆收集了数据，技术操作员计算了所提交期刊的 PIF 和 SIF 值。

专家评价维度由波兰科学院的委员会完成，各学科委员会代表了相关的科学共同体。评价伊始，各委员会收到相关学科的初始期刊清单（按刊名排序），专家委员会对清单上的期刊进行评价，也可以增加清单外的期刊。每个委员会决定邀请多少专家参加评价，专家可以是外部人员（即非委员会成员）。科学期刊评估专家小组规定每个委员会要在指定的期刊范围内，推荐不超过 10% 的“杰出”期刊以及不超过 10% 的“重要”期刊。具体的评价程序和标准由每个委员会自己决定。2015 年，有 94 个委员会参与评审，1367 份期刊被至少一个委员会评为“杰出”或“重要”。

在各委员会评价基础上，科学期刊评估专家小组为期刊分配分数（0—5 分）。一些因素可能会影响评价结果，如各委员会人数的差异，受以前评价结果的影响，以及委员会的尽职情况等。

最后，汇总三个维度的得分，即得到 B 类期刊中每种期刊的分数（1—15 分）。

（2）图书类出版物的评价

学术图书是波兰学术成果的重要组成部分。波兰 CESU 将图书出版物分为专题图书（monograph）①、图书章节和编著图书三大类。评价分为两个阶段，首先对专题图书进行定义，满足定义条件的可以进入评价范畴；其次，将进入评价范畴的图书归

---

① 相关英文文献中采用“monogragh”作为这个类型的名称。monogragh 最常见的译法是“专著”，同时也有“专论、专题文章”等含义，结合表 5-8 中的定义，此处将其译为“专题图书”。

入相应类别，并赋予相应的分数。

2013 年和 2017 年评价活动中对专题图书的定义和入选标准有所不同，具体内容见表 5-8。在两次评价活动中，分类标准也有所调整（见表 5-9）。在 2013 年的规定中，主要评价标准是写作语言，按语言种类的不同可以得到不同的分数。2017 年，语言评价标准被取消，采用另外三项评价标准，即作者数量、贡献标记和作者所属单位。如果某一科学单位提交的图书获得了重要奖项（国家或国际奖项），该单位最多有 5%的图书可以被认定为“杰出图书”，获得 50 分。① 此外，取消了对手册和教科书的限制，允许其加入评价范围。出版物的最终得分取决于作者的数量：作者不超过 10 人时，可得到全部分数；作者超过 10 人，则分为几种情况：当至少 20%的作者是某科学单位的工作人员时，该科学单位得 100%的分数；当至少 10%的作者是某科学单位的工作人员时，得 75%的分数；当不到 10%的作者是某科学单位的工作人员时，得 50%的分数。②

CESU 对成果提交中的图书数量有最高限制。2013 年规定，人文社科领域图书出版物的提交量不能超过本单位提交成果总量的 40%，科学与工程以及生命科学领域的提交量均不能超过提交总量的 10%，艺术科学与艺术生产的提交量不能超过提交总量的 1/3。在 2017 年的评价中，人文社科领域的份额保持不变，而科学与工程领域的份额提高到 20%，艺术科学与艺术生产领域的份额下降到 25%。

① Emanuel Kulczycki and Przemysław Korytkowski, “Redesigning the Model of Book Evaluation in the Polish Performance-based Research Funding System”, *Journal of Data and Information Science*, Vol. 3, No. 4, 2018, pp. 61-73.

② Emanuel Kulczycki, “The Diversity of Monographs: Changing Landscape of Book Evaluation in Poland”, *Aslib Journal of Information Management*, Vol. 70, No. 6, 2018, pp. 608-622.

表 5-8 评价活动中专题图书的定义和入选标准（2013 年和 2017 年）

评价时间	专题图书的定义	标准（条件）	不作为专题图书进行评价的类型	章节的定义和标准
2013	专著、原始文本的专门版本（specifically editions of source texts）、词典、地图集和多面地图、编纂著作的译本、专题百科全书和词典、法律评论、文学文本的批评作品、传记和书目词典、书目和文物目录。此外，还包括人文和社会科学领域及艺术和艺术生产领域的会议录	1. 必须是一篇主题连贯（coherent）且经过同行评审的研究文献 2. 必须包含参考书目 3. 长度至少达到六个作者表 4. 必须作为一本独立的图书出版 5. 必须提出一个原创性的研究问题	1. 在期刊上发表专题论文 2. 手册和教科书 3. 小说 4. 诗歌 5. 故事集和纪录片 6. 日记 7. 再版专题图书	章节（或地图）的长度应至少达到半个作者表
2017	专著、科学和艺术的专门版本（specifically editions of scientific and artistic texts）、地图集和地图、专题百科全书和词典、法律评论、手册和教科书、传记和书目词典、书目和文物目录	1. 必须是一篇主题连贯的研究文献 2. 必须提出一个原创性的研究问题 3. 必须经过同行评审 4. 必须包含参考书目（或脚注/尾注）；但地图不强制执行该标准 5. 长度至少达到六个作者表 6. 必须作为独立图书出版（地图不是必须）。作品应在线出版，或将副本送交给图书馆 7. 必须在 ISBN、ISMN、ISSN 或 DOI 中可识别	1. 在期刊上发表的专题论文 2. 小说 3. 诗歌 4. 故事集和纪录片 5. 日记 6. 再版专题图书	1. 章节（或地图）的长度应至少达到半个作者表 2. 百科全书和字典条目的长度应至少有四分之一作者表 3. 如果一本书的章节被归类为会议记录并在 WoS 中编入索引，那么章节长度可不受限

资料来源：Emanuel Kulczycki，“The Diversity of Monographs：Changing Landscape of Book Evaluation in Poland”，*Aslib Journal of Information Management*，Vol. 70，No. 6，2018，pp. 608-622。

注：一个作者表（author sheet）由 40000 个字符或约 6000 个单词组成。

表 5-9 **评价活动中的专题图书出版类型（2013 年和 2017 年）**

<table>
<tr><th colspan="3">2013 年评价</th><th colspan="3">2017 年评价</th></tr>
<tr><th>学术图书出版类型</th><th>符号</th><th>描述</th><th>学术图书出版类型</th><th>符号</th><th>描述</th></tr>
<tr><td rowspan="4">专题图书</td><td>A</td><td>以大会语言或者学科的基础语言[a] 撰写的科学专题图书</td><td rowspan="4">专题图书</td><td>C</td><td>不超过三位作者的专题图书</td></tr>
<tr><td rowspan="3">B</td><td rowspan="3">以波兰语（如果波兰语不是该学科的基础语言）或以大会语言以外的语言撰写的科学专题图书</td><td>D</td><td>四位及以上作者的专题图书。他们撰写的章节没有单独署名</td></tr>
<tr><td>E</td><td>四位及以上作者的专题图书。书中标明了他们各自的贡献。所有作者均隶属于同一科学单位，该单位将专题图书提交评审</td></tr>
<tr><td>F</td><td>四位及以上作者的专题图书。所有作者均隶属于同一科学单位，该单位将专题图书提交评审。作者贡献被标明，且贡献的长度至少达到 6 个作者表</td></tr>
<tr><td rowspan="2">章节</td><td>G</td><td>以学科的基础语言或大会语言撰写的科学专题图书中的一章[b]</td><td rowspan="2">章节</td><td>I</td><td>专题图书中的章节（E 类）。如果一章有多个作者，则分配给本出版物的分数除以二</td></tr>
<tr><td>H</td><td>以波兰语（如果波兰语不是学科的基础语言）或以大会语言以外的语言撰写科学专题图书的一章</td><td>—</td><td>—</td></tr>
</table>

续表

2013 年评价			2017 年评价		
学术图书出版类型	符号	描述	学术图书出版类型	符号	描述
编著	J	以一门学科的基础语言或大会语言汇编出版的科学专题图书的编者[b]	编著	L	编写的图书。标记章节的作者，且贡献者的数量至少是四个
	K	以波兰语（如果波兰语不是这门学科的基础语言）或以大会以外的语言出版的科学专题图书的编者			

资料来源：Emanuel Kulczycki，“The Diversity of Monographs：Changing Landscape of Book Evaluation in Poland”，*Aslib Journal of Information Management*，Vol. 70，No. 6，2018，pp. 608-622。

注：a 指一门学科的基础语言，如捷克文献学中的捷克语；b 指大会语言，包括英语、德语、法语、西班牙语、俄语和意大利语。

波兰科学和高等教育部聘请评价专家（约 150 名学者）来确定出版物是否符合专题图书的认定标准。专家按照提交的数据、出版物类别的分配以及是否满足给定类别的评价标准进行评价。最后将图书分为接受、受限、拒绝三种类型。① “接受”表示该出版物符合所有标准，可以进入评分阶段；“受限”表示该出版物未能进入最终评价，原因与科学单位提交评价项目的限制有关；“拒绝”意味着该出版物至少有一项标准不符合要求。只有“接受”的图书才能赋予相应的分数。同一种类型的图书得到的分数相同，即专题图书 25 分，图书章节或编著图书 5 分。

① Emanuel Kulczycki，“The Diversity of Monographs：Changing Landscape of Book Evaluation in Poland”，*Aslib Journal of Information Management*，Vol. 70，No. 6，2018，pp. 608-622.

4. 其他相关情况

（1）数据支持情况

波兰的CESU活动中，评价数据主要来源于两个系统平台：高等教育信息系统（POL-on）和哥白尼索引（Index Copernicus）。

所有科研单位要通过POL-on平台提交与该单位相关的数据。POL-on由近40个模块组成，为以下六方面工作提供数据支持：

①为波兰统计局编制的公共统计提供数据；

②高等院校和科研机构的报告；

③论文和论文库；

④支持评估教育素质；

⑤为学生、准学生、科学家和企业家提供有关科学和高等教育的客观数据；

⑥科学能力的可靠评估和科学与高等教育资源的合理管理。

哥白尼索引是由国际医学组织（Medical Science International）创办的国际检索系统，最初以收集生物学、医药学内容为主，近年来逐步扩大收录的学科范围，成为综合性期刊索引。哥白尼索引收录期刊的标准包括六个方面：期刊的科学特征、发文量、ISSN号、出版情况、网站建设及更新、评审程序。① 期刊收录的范围为全球各领域。它每年根据期刊的质量和影响力两个方面的近百项标准进行评价，发布哥白尼指数（ICV）。

（2）合作成果的名誉分配

对于多个作者合作的成果，波兰采用整数法对作者机构进

① Index Copernicus International, "Evaluation Procedure in the ICI Journals Master List Database", https://indexcopernicus.com/index.php/en/parametrisation-1/journals-master/the-indexation-procedure.

行成果分数的分配。同一单位的多人合作，按照出版物的权重计算，该单位得到全部分数。多个单位的作者合作，按照出版物的权重计算，每个单位都可得到全部分数。

科学单位评估委员会将“评价项目”作为度量单位。一个评价项目就是一个科学单位提交的一项成果。合作成果可以由不同的科学单位分别提交，形成多个评价项目。例如，2010 年发表的一篇文章在 CESU 中提交了 12 次，形成 12 个评价项目，共获得了 480 分。这种情况并不少见。2009—2012 年，被 A 目录收录的波兰期刊发表了 487 篇至少有一个波兰作者的文章，在 CESU 中生成了 1533 个评价项目。

合作成果的计分方法会对评价结果带来重要影响。在复杂研究小组（尤其是在国际合作中）工作的学者有机会得到更高分数。相对而言，人文社科领域合作较少，因此而受到的影响也较小。

(3) 不同语言出版物的加权

在波兰，学者们用英语发表研究成果的比例比部分欧洲国家如挪威等要少很多，尤其在人文社会科学领域。2009—2012 年，波兰各科学领域的学者向 CESU 提交了 19764 部图书，其中 86.7%以波兰语出版，人文社科领域这一占比为 87.8%；波兰学者发表了图书章节 144873 篇，其中 77.4%用波兰语出版，人文社科领域这一占比为 80.2%。这些数据表明，波兰学者发表的成果大多用波兰语。在 CESU 的评价中，对于使用大会语言（见前文定义）的成果，权重更高，而波兰语成果的权重则相对较低。如大会语言的图书可以得到 25 分，而波兰文图书只能得到 20 分。很多学者认为这项评价标准对波兰语存在歧视，因此 2017 年在图书评价中取消了不同语言的分数差异。

(4) 成果的提交数量

与英国 REF 评价活动类似，波兰 CESU 对各科学单位提交成果的最大数量进行了限制，可用公式 $3N-2N_0$ 表示，其中 N

是指评价期间（2009—2012 年）在一个科学单位工作的学术人员数量的算术平均值，而 N_0 是在评价期间没有任何出版物作者的学术人员数量。这意味着，如果一个科学单位有 100 名科学家，其中 90 人至少发表一项成果，那么该科学单位可以在 2013 年 CESU 内提交 280 份出版物进行评价。

CESU 也根据学科的不同规定了科学单位提交图书的最多数量。例如，在人文社科领域，图书不能超过科学单位所有提交出版物的 40%。这意味着在上述示例中，一个科学单位可以提交 280 篇出版物，其中最多可以有 112 部专著。在两个评价周期中，大多数科学单位提交的图书都未达到限制额度。

5. 评价结果

在计算出各评价单位的波兰得分之后，CESU 进入评价单位分类（分级）阶段。在分类过程中，还考虑了学科和单位性质的差异，意味着同样分数的机构不一定得到同样的评价类别。

在评价活动初期设立的联合评价小组（JEGs）负责确定组内评价单位的类别。在同一个小组内部根据得分情况对科学单位进行比较，最后将科学单位分配为 A+（领先）、A（很好）、B（合格）和 C（不合格）四个等级。2013 年评价结果分级如下：A+类有 37 个科学单位，A 类有 308 个，B 类有 541 个，C 类有 77 个。2017 年除 B 类外，其他各类都有增加，A+类 47 个，A 类 332 个，B 类 467 个，C 类 147 个。①

6. 科研绩效经费分配

波兰对科研机构有多种资助方式，其中最重要的是对研发活动的法定核心资助，即政府利用公共资金有选择地向指定的

① Emanuel Kulczycki, et al.,“Toward an Excellence-based Research Funding System: Evidence from Poland”, *Journal of Informetrics*, Vol. 11, 2017, pp. 282-298.

研究机构、单位和大学院系提供资金，以支付其研究活动的费用。政府对科学研究的所有经费支持都通过科学和高等教育部进行分配。2014 年，所有科学单位的法定经费为 22 亿兹罗提，占波兰科学总预算的 31.38%。国家预算的其余部分（68.62%）分配给国家科学中心、国家研究与发展研究中心等领域。

通用的经费算法主要依据两部分：（a）最近一次机构评价的结果，以及（b）基于先前评价的拨款水平来确定法定拨款水平。从 2010 年开始，该算法的（b）部分比重逐渐减少。

对各研究机构的法定资助（Statutory financing）主要用于维持研究机构的研究潜力，该拨款主要包括四个方面①：

①维持研究机构的研究潜力（日常费用）；

②维护专用研究设备（包括 IT 基础设施）；

③科研机构的科学活动；

④研究组织获取科学信息的活动。

其中，在第 1、3 类拨款额度的确定过程中最重要的参考指标是各机构所获得的评价类别。

第 1 类维持研究机构研究潜力的拨款额度由以下因素决定：

①研究机构的评价类别；

②各个科学领域的预估研究成本；

③研究组织（PRO 类型）的性质及其对实施科技创新政策的重要性；

④员工人数；

⑤上一年度获得研究机构资助的金额；

⑥国家预算资金。

第 3 类科研机构科学活动的拨款额度由以下因素决定：

①研究机构的评价类别；

---

① Krzysztof Gulda, et al., *Peer Review of Poland's Higher Education and Science System: Background Report*, Luxembourg: Publications Office of the European Union, 2017, pp. 60-61.

②各个科学领域的预估研究成本；

③青年科研人员数量；

④在申请年度的前一年，在其受雇的研究机构以外获得博士学位的青年科研人员数量；

⑤在申请年度的前一年，研究机构授予的博士学位和资格认证学位的数量；

⑥该学年申请该研究机构的博士生人数；

⑦上一年度授予研究机构的资助金额。

2015 年，经费分配中取消了机构规模因素，CESU 评价对机构的分级分类在分配法定资金方面发挥了更大的作用。[①] CESU 评价每四年开展一次，因此在下一次评价前，各机构的分级分类保持不变，但不同类别的加权值每年设置一次。2015 年的权重如下：A+ 类单位为 1.5，A 类单位为 1.0，B 类单位为 0.7，C 类单位为 0.4。

7. 评价周期和成本

波兰的评价活动每四年开展一次，其分类结果在四年周期内有效，并用于每年的经费计算分配。波兰 2013 年 CESU 的总成本约为 300 万兹罗提，与其他国家相比成本较低。这些成本仅包括评价的直接成本，未计入科研人员及基层管理人员的申报成本等。

（四）波兰科学活动质量评价的改革

2018 年 7 月，波兰颁布了一项新的法案《高等教育与科学法》，开启波兰科学和高等教育体制的重大改革。与此相关的评

① Emanuel Kulczycki, "Assessing Publications Through a Bibliometric Indicator: The Case of Comprehensive Evaluation of Scientific Units in Poland", *Research Evaluation*, Vol. 26, No. 1, 2017, pp. 41-52.

价制度是改革的重要内容之一，从评价目的、评价规则到评价结果的使用都发生了变化。在评价规则方面，评价单元、评价标准、图书评价等方面都有重大改进，对于高质量出版渠道给予更高的权重分数，同时更加支持跨学科和跨机构之间的合作。除此之外，其他方面也有一些调整。评价结果不仅仅作为经费拨付的重要依据，同时在大学授予博士和博士后学位方面也依赖于学科评价结果。在经费拨付方面，更加倾向于支持卓越机构。

2018 年《高等教育与科学法》规定的“科学活动质量评价”基于三个主要假设：（1）标准和权重应适应学科差异，特别是社会科学、人文学与艺术学科，其中学术图书类出版物是学术交流的重要渠道；（2）该模式应引入高质量跨学科成果的激励机制；（3）研究结果产生影响的权重应在最终评价中发挥更重要的作用。①

2019 年，波兰成立科学研究评估委员会（KEN），之前的科学单位评估委员会于同年结束使命。KEN 由 30 余名学者组成，负责波兰高等教育和研究机构的研究评价。由于新冠疫情的影响，原定于 2021 年的评价活动在 2022 年实施。

下面介绍评价规则的变化情况。

1. 评价单元从机构改为学科

与之前的科学单位评价不同，此次评价对高等教育和科学系统各实体开展的科学活动进行评价，评价单元从大学的院系以及研究所变为大学或研究所内的学科。负责评价的学科小组进行了调整，小组数量从之前的 93 个减少到 47 个。

---

① Emanuel Kulczycki and Przemysław Korytkowski, “Redesigning the Model of Book Evaluation in the Polish Performance-based Research Funding System”, *Journal of Data and Information Science*, Vol. 3, No. 4, 2018, pp. 61-73.

评价单元变为学科后，对科研人员及成果进行学科分类就变得十分重要。科研人员通过提交学科声明来确定自己的学科归属，《科学活动质量评价：指南》规定学者个人需要在入职14天内提交学科声明信息。对于跨学科和多学科研究者，每人最多可在两个学科提交声明，每两年可以更改一次。科研成果也需要分类，每位科研人员的成果都必须归入某一个学科。评价必须在学科内部进行，非某学科的人员或成果不能在该学科进行评价。期刊也进行了学科分类。

2. 评价标准更加突出学术成果的重要性，明确提出影响力评价

基本评价标准从原来的四个变为三个：

①科学活动的科学水平或艺术水平；

②科学研究或开发工作的财务影响；

③科学活动对社会和经济运行的影响。

新标准取消了原来的第二条"科学潜力（科学实力）"标准，强化了科研产出、争取外部经费和创收能力，明确提出影响力评价。

不同学科评价标准的权重也随之调整（见表5-10）。例如，在人文社科领域，"研究质量"（产出）占70%（原来占65%），通过研究项目经费或商业服务带来的资金占10%（原来占5%），影响力占20%（原来的第四类标准占15%）。

表5-10 **不同学科评价标准的权重**

评价标准	权重
人文社科和神学学科	
1. 科学活动的科学水平	70
2. 科学研究或开发工作的财务影响	10
3. 科学活动对社会和经济运行的影响	20

续表

评价标准	权重
科学、生命科学、医学和健康科学领域的学科	
1. 科学活动的科学水平	60
2. 科学研究或开发工作的财务影响	20
3. 科学活动对社会和经济运行的影响	20
工程技术科学和农业科学的学科	
1. 科学活动中的科学水平	50
2. 科学研究或开发工作的财务影响	35
3. 科学活动对社会和经济运行的影响	15
艺术学科	
1. 科学活动的艺术水平	80
2. 科学活动对社会和经济运行的影响	20

资料来源：Ministerstwo Naukii Szkolnictwa Wyższego，“Ewaluacja Jakości Działalności Naukowej-przewodnik”，2018，https：//www. nauka. gov. pl/g2/oryginal/2018_08/6e48e5dd 4e469616354f861c105e 25f6. pdf。

标准 1 主要指科研成果的数量和质量，是评价中的最重要也是最复杂的部分，本节后续的大部分内容涉及标准 1 的调整和改变。

标准 2 为科学研究或开发工作的财务影响，包括来源于五个方面的经济收入，主要是申请的各种项目资助、研究系统外的委托研究服务以及研究成果所产生的经济收益。这些经济收益必须与被评价的学科相关。该标准首先鼓励来自国际的项目资助，特别是来自欧盟的经费，对这些经费给予额外的加分（增加 0. 5—4 倍得分）；其次鼓励与高等教育和科学系统外实体开展合作。评价时按照不同的经费来源及类型折算为分数，考虑到人文社科和神学学科研究的特殊性（研究成本通常低于其他科学领域），经费折算的分数比例是其他学科的两倍。为了消除学科规模带来的影响，对标准 2 中的结果进行了标准化，即将每个实体前述所有项目得分之和除以 N（一个机构的某学科中全职研究人员数）。

标准3提出新的影响力评价，在影响力描述基础上进行。影响力描述应包含科学研究、开发或艺术产出的主要成果与经济、社会、卫生、文化和艺术、环境保护、国家安全和国防或其他影响因素之间已证实的联系。描述中应提交相关证明，特别是以科学出版物、报告和其他文件以及出版物引用的形式。此外，《科学活动质量评价：指南》中明确指出影响力标准侧重于科学研究活动，而不是研究人员的政治或新闻活动。每个评价实体按照人数规模允许提交2—5项影响力描述材料。如果少于规定的份数，则空缺的份数得分为0。每份材料由两位专家进行评价。一个实体单位的最后得分为所有影响力案例的平均分。考虑到影响力滞后的因素，在影响力评价中，可以报告在评价所涉期间之前取得的成就，最长不超过评价期之前的20年，但要展示在评价周期内体现出来的影响力。

3. 改进图书评价方式，提高人文社科领域图书的重要性

新的评价模式改变了图书的评价方法和分值，大幅度提高了图书在人文社科和神学学科评价中的重要性。

（1）建立以出版社清单为基础的图书评价方式

波兰放弃原来针对单本图书的形式化定量评价标准，确定以出版社清单为基础的图书评价方式。出版社清单分为两个级别。1级出版社清单涵盖符合伦理和科学出版标准的学术出版社。这些出版社出版的图书要符合基本的学术伦理及出版要求，必须经过同行评审。2级出版社清单除满足上述条件外，还要求收录的必须是在国际科学界被高度认可、具有非凡声望的国际领先出版社。2级出版社清单参考了西班牙SPI、挪威的图书登记册和芬兰JUFO的出版社清单。

（2）大幅度增加图书的分值，并对人文社科和神学学科的图书给予更高的分数

较之2017年评价活动中所有图书一律25分、编著图书和章节 5 分，新的评价体系大幅度增加了图书的分值，充分肯定了图书类成果的贡献。新的评价方法规定，1 级图书可以得到 80 分，2 级图书可以得到 200 分。考虑到图书对于人文社科和神学学科的重要性，在这些学科的评价中，进一步加大了图书的分数：1 级 100 分，2 级 300 分。编著图书分值为 1 级 20 分、2 级 100 分，图书章节为 1 级 20 分、2 级 50 分，人文社科和神学学科的 2 级成果的分数再增加 50%，即编著图书 150 分，图书章节 75 分。译著可得到相应图书类目 1/4 的分数。

（3）出版社清单之外的图书有特殊的评价机会

对人文社科或神学领域的图书，除了正常的出版社清单之外，还存在特殊的评价渠道。对于未纳入名单的出版社出版的图书，评价实体（学科）可提出评价申请，每年最多提交 5 本书。这些书将接受专家的单独评审，如果在专家评价中获得积极评价，那么该书也可以获得 100 分。此外，其他未列入清单的图书可得到 20 分，编著图书和图书章节可得5 分。

（4）对个人及实体提交图书的数量进行限制

原则上每位科研人员提交的成果中最多不超过两本图书（包含图书章节），每个人文社科实体提交的图书数量最多不能超过总提交量上限的 20%（即 3N×20%，不含图书章节），但 2 级出版社的图书不受此限制。其他学科领域可提交的图书数量最多不能超过总提交量上限的 5%（即 3N×5%）。

（5）图书也可赢得标准 2 和标准 3 中的分数

有些图书获得了项目支持，该项目可以作为标准 2 的条件获得相应的分数。有些图书产生较大的社会影响，符合标准 3 的条件，可以提交案例说明获得相应的得分。图书类出版物的评价标准及分值见表 5-11。

表 5-11　　图书类出版物的评价标准及分值

出版社出版的科学图书		
出版社清单所列出版物	声望标准	科学出版物总分值
收录	2 级	200 分（人文社科和神学学科 300 分）
	1 级	80 分（人文社科和神学学科 100 分）
未收录	KEN 给出积极评价的人文社科或神学领域的图书	100 分
	其他图书	20 分
编著的图书		
出版社清单所列出版物	声望标准	科学出版物总分值
收录	2 级	100 分（人文社科和神学学科 150 分）
	1 级	20 分
未收录	KEN 给出积极评价的人文社科或神学领域的图书	20 分
	其他图书	5 分
图书章节		
列入出版社清单的学术出版社	声望标准	科学出版物总分值
收录	2 级	50 分（人文社科和神学学科 75 分）
	1 级	20 分
未收录	KEN 给出积极评价的人文社科或神学领域的图书	20 分
	其他图书	5 分

资料来源：Ministerstwo Naukii Szkolnictwa Wyższego，“Ewaluacja Jakości Działalności Naukowej-przewodnik”，2018，https：//www.nauka.gov.pl/g2/oryginal/2018_ 08/6e48e5dd4e4 69616354f861c105e25f6.pdf。

2020 年 9 月，波兰教育和科学部部长签署发布科学图书的出版社名单，其中包括 1 级出版社 692 家，2 级出版社 36 家。①

① Patryk Ciurak，Tea Mijač and Grzegorz Wierczyński，“An Overview of Science Evaluation in Poland and Croatia”，*Journal of Contemporary Management Issues*，Vol. 26，No. 2，2021，pp. 229-244.

4. **期刊论文与会议论文评价方式的变化**

期刊论文仍然采用基于期刊清单的评价方法，但是期刊清单的来源及评选方式进行了调整（见表5-12）。期刊清单不再分为A、B、C三大类，而是改为以下四类：

①Scopus数据库收录的科学期刊；

②WoS数据库收录的科学期刊；

③被欧洲人文社会科学研究索引（European Research Index for the Humanities and Social Sciences，ERIH+）数据库收录，并经过专家评价，公认具有国际声誉，对特定科学学科的发展有特殊影响，符合伦理和科学标准的科学期刊；

④波兰"支持科学期刊"计划资助项目中相关学科的科学期刊。

此次评价中，还发布了作为会议论文评价基础的会议清单。制作清单时要求相关会议要被澳大拉西亚计算机研究与教育协会（CORE）的数据库收录，其评级至少为C类，会议论文应被DBLP数据库收录。会议清单主要用于信息科学相关领域的评价。

与2017年相比，本次评价在期刊论文和会议论文方面的主要变化包括以下五个方面：

（1）波兰本土期刊的评审方式和来源发生变化。取消了原来的B类期刊（波兰本土期刊）。对波兰人文社科本土期刊的评价，除了Scopus和WoS收录的100多种波兰语期刊，其他进入期刊名单的波兰本土期刊主要来源于ERIH+目录并经过专家再次评审，以及波兰科学和高等教育部的"支持科学期刊"方案涉及的期刊。此前的本土期刊包括ERIH+，但不要求专家评审。波兰语期刊的收录始终是期刊评价中的难点，也被学术界高度关注。

（2）增加了国际会议目录，这对于信息科学相关领域十分重要。

（3）增加了Scopus数据库收录的期刊。之前仅仅是利用该数据库的SCImago指标对ERIH收录的B类期刊提供数据支持。

(4) 期刊论文的分值大幅度提高，最高分从50分增加到200分。

(5) 对未列入期刊清单的成果也给予一定分数（5分）。

表5-12　　期刊论文或会议论文的评价标准及分值

列入期刊和会议清单	分值标准	分值
进入清单	①Scopus数据库收录； ②WoS核心收藏（SCIE，SSCI，A&HCI，ESCI）； ③ERIH+目录中经专家选择的期刊 ④“支持科学期刊”计划 ⑤澳大拉西亚计算机研究与教育协会（CORE）数据库收录	200分、140分、100分、70分、40分、20分——根据期刊列表中的得分
未进入清单	—	5分

资料来源：Ministerstwo Naukii Szkolnictwa Wyższego，“Ewaluacja Jakości Działalności Naukowej-przewodnik ”，2018，https：//www. gov. pl/attachment/c28d4c75-a14e-46c5-bf41-912 ea28cda5b。

此外，期刊清单及分数的确定程序也有一些变化。

改革后成立了44个学科评估小组，期刊的评价主体由期刊评价小组变为学科评估小组，学科评估小组可根据学科特点选择指标，更加突出学科专家的作用，体现学科差异性。学科评估小组的工作包括两个阶段。第一阶段，按照相关的规则对期刊分配初始分数。每个小组在Scopus和WoS中选取一个最适合本学科的指标，如果期刊同时被两个数据库收录，选择最后得分高的指标。根据期刊指标在学科中的排名位置来确定20—200分的6个等级的分数。在人文社科领域，专家从ERIH+数据库未被Scopus和WoS收录的期刊中挑选波兰及国外期刊，并提供纳入这些期刊的详细理由，包括对期刊声誉的评价，对学科发展及其伦理和科学标准的影响力。最后再加上“支持科学期刊”收录的期刊。这些期刊的初始值均为20分。第二阶段，由各学科评估小组对期刊进行审核，可以根据期刊的实际情况适当调高或降低其分数。调整时要提供相应的数据或国际公认的期刊的声望，人文社科领域的调整需要提供详细的理由。

这两个阶段完成之后，由科学评估委员会编制期刊清单草案。科学评估委员会审议第二阶段的期刊调整情况，如果认为理由不充分，可以恢复最初计算或赋予的分数，甚至拒绝将某种期刊从 ERIH+数据库中添加到期刊清单。最后由波兰科学和高等教育部部长签发公布。科学期刊和国际会议同行评审材料的清单至少每两年发布一次。

2018 年 7 月 20 日起生效的《高等教育与科学法》中公布了一份科学期刊和国际会议材料清单。为了反映 2019 年以来的新变化，2024 年波兰科学和高等教育部发布了新版科学期刊清单。该清单是根据科学评估委员会 2023 年 6 月 29 日制定的草案编制的，由来自科学界并代表各个学科的专家团队开发。各评估小组根据选定的指标对期刊进行评价。然后，科学评估委员会根据团队提交的科学期刊清单、国际会议的审查材料以及指定的分数，起草一份新的期刊清单草案。新的清单包括 34088 种期刊和 1735 个会议。

5. 评价结果的运用

评价结果在波兰的科研和高等教育中发挥更加重要的作用。2018 年的法案改革了资金流向大学的方式，使它们更加依赖于评价结果。在经费分配方面，只有具有 A+或 A 等级学科的研究型大学能够获得更高的研究资助。此外，评价结果直接影响到博士招生的资格，至少有一门学科等级达到 A+、A 或 B+的学校才能建立博士学院，提供博士教育项目。[①] 新一轮改革依据分层分类办学原则，在学科评价基础上，将大学划分为研究型大学

① 武学超、罗志敏：《波兰新一轮高等教育体制改革动因、向度及评价》，《比较教育研究》2020 年第 6 期。

（一门以上学科达到 A 或 A+等级）、研究教学型大学（一门以上学科达到 B+等级）和教学型大学（所有学科都为 B 或 C 等级）三种类型。在办学定位上，研究型大学主要开展卓越科研创新和高层次人才培养，跻身世界一流大学之列；研究教学型大学主要开展教育教学、科学研究、创新创业活动，服务于地方社会经济发展；教学型大学主要开展创新创业教育，通过产教协同培养技术技能型人才。

6. 其他调整

（1）学科和个人提交出版物数量的调整

新版《高等教育与科学法》规定，一个分析单元（如某所大学的所有心理学家）提交的出版物数量最多为 3N（之前为 $3N-2N_0$），N 是学术工作人员 FTE 的算术平均值。每位科研人员可提交成果的最大数量不超过 4 份。多学科人员的提交方式按照从事该学科工作的时间比例来计算。

（2）增加评价结果的类别

同之前的类别相比，评价结果增加了“B+”类别，目前被评价的学科最后可分为五个类别：A+，A，B+，B 和 C。

（3）评分范围的调整

本次评价大幅度提高了所有成果各档次的分数。期刊、图书的最高分从 50 分和 25 分调整至 200 分，人文社科图书甚至达到 300 分。对优质出版渠道的成果鼓励力度大大增强，同时也拉大了各层级的分数差距。此外，照顾到未列入清单的出版物，可根据出版物类型赋予 5 分或 20 分。

（4）更加鼓励合作与跨机构合作

对于跨机构合作的成果给予比单一机构合作更大的权重（各机构得分之和超过一个成果的得分）。合著出版物的评价方法如表 5-13 所示：

表 5-13　　**合著出版物的评价方法**

<table>
<tr><th>科学出版物的类型</th><th>科学出版物的分数</th><th>多作者出版物的转换后分数</th></tr>
<tr><td>图书类出版物（2级）：科学图书；编著图书；图书章节</td><td>200；100；50（人文社科和神学学科为300；150；75）</td><td rowspan="4">无论被评价实体的作者数量在全部作者中占比多少，都将获得100%的分数</td></tr>
<tr><td rowspan="5">列表中的期刊论文或会议论文</td><td>200</td></tr>
<tr><td>140</td></tr>
<tr><td>100</td></tr>
<tr><td>70</td><td rowspan="3">$\sqrt{\frac{k}{m}}$，但不低于10%的分数</td></tr>
<tr><td>40</td></tr>
<tr><td>图书类出版物（1级）：学术图书，获KEN正面评价的学术图书；编著的图书；图书章节</td><td>80（人文社科和神学学科为100）；20；20</td></tr>
<tr><td>列表中的期刊论文或会议论文</td><td>20</td><td rowspan="3">k/m，但不低于10%的分数</td></tr>
<tr><td>未列入期刊列表的科学期刊上的科学论文</td><td>5</td></tr>
<tr><td>未列入出版社清单的出版社所出版的科学图书、编著图书及图书章节</td><td>20；5；5</td></tr>
</table>

资料来源：Ministerstwo Naukii Szkolnictwa Wyższego，“Ewaluacja Jakości Działalności Naukowej-przewodnik”，2018，https：//www. gov. pl/attachment/c28d4c75-a14e-46c5-bf41-912ea28cda5b。

注：k为被评价实体中的成果作者人数，m为成果作者总数。

对于2级图书以及较高等级的期刊和会议论文（100分及以上），合作者中的每一个参与机构都能得到全部分值的分数。

对于1级图书以及较低等级的清单上的期刊和会议论文（70分和40分），各合作机构可以得到出版物分数的 $\sqrt{\frac{k}{m}}$，但不低于10%的分数。

对于期刊最低档（20分）以及未列入期刊的出版物，各合作机构可以得到出版物分数的k/m，但不低于10%的分数。

(5) **优化信息提交方式**

2022 年的评价信息提交方式有所调整，在一定程度上减轻了信息申报的负担。所有作者必须申请 ORCID 号码，并在发表时注明。POL-on 系统通过 ORCID 系统获取相关的发表信息。同时，之前以调查方式四年申报一次本单位科学活动信息的方式更改为随时申报。

(五) 波兰国家科研评价的效果与影响

波兰的科研评价活动引起了许多讨论和争议，学者们经常在学术期刊、报纸以及学术博客上对 CESU 及之后的评价活动中存在的问题和影响展开辩论。

CESU 的推行提高了科研生产率。有学者分析了波兰 2009—2016 年的评价数据①，研究了国家层面的科学评价政策对学术出版模式的影响，发现波兰在未降低其出版物质量的情况下提高了 JCR 期刊论文的生产率。而学术图书的出版模式并未产生很大变化，因为其评价标准不能区分图书质量。

但是 CESU 也存在很多问题。首先，CESU 主要基于形式评价和文献计量标准，同行评议仅在标准 4（科学活动的其他影响）中有所涉及。与此同时，同行评议的结果也受到质疑。在许多学科中，学术研究团体规模较小，在同行评议系统中缺乏良好的实践和解决方案。其次，以英语等语言发表的成果可以获得更高的分数，波兰语成果受到一定程度的歧视，这对人文学科研究造成不良影响。最后，评价活动出现了一些非预期的问题。② 大学和

① Przemysław Korytkowski and Emanuel Kulczycki, "Examining How Country - level Science Policy Shapes Publication Patterns: The Case of Poland", *Scientometrics*, Vol. 119, No. 3, 2019, pp. 1519-1543.

② Emanuel Kulczycki, "Assessing Publications Through a Bibliometric Indicator: The Case of Comprehensive Evaluation of Scientific Units in Poland", *Research Evaluation*, Vol. 26, No. 1, 2017, pp. 41-52.

研究所等使用文献计量指标来评价个体研究人员。一些大学已经发布了使用 CESU 的规定：例如博士生除了完成学位论文之外，还必须通过发表专著获得 80 分之后才能获得博士学位。这种情况引发了很多问题，有些人积极创建自己的期刊，这样更容易发表论文；形成了一个行业帮助各机构处理研究评价系统的现象；引发了出版活动的改变：出现碎片化出版、重复出版，将手册作为专著出版等现象；更愿意在影响因子较低的期刊上发表多篇文章，而不是在有声望的优秀期刊上发表一篇论文。此外，有学者认为评价指标过于复杂。CESU 包括四类标准，共有 65 个指标。指标数量过多增加了博弈的可能性，一个更简单的系统会减少博弈的空间。①

2018 年的《高等教育与科学法》试图在一定程度上纠正之前的偏差。例如取消了对波兰语成果与其他语言成果之间的分数差异，改进了图书的评价方式，减少了评价标准等。这些改革措施得到了褒贬不一的评价，学者们继续争论这些改革是否产生了预期的影响。

华沙大学前校长马尔钦·帕维斯（Marcin Pałys）表示，《高等教育与科学法》赋予了大学更多的自主权，更加注重质量，大学的自主程度取决于某所大学的研究质量，研究排名越高，大学的自由度越大。他认为这项改革提升了大学的“质量精神”，促使各院校更加关注成果的质量；有利于推进跨学科研究；促进学者在国际期刊上发表论文；提升了波兰获得欧盟研究资助的数量及其总体价值。②

① Emanuel Kulczycki, et al., “Toward an Excellence-based Research Funding System: Evidence from Poland”, *Journal of Informetrics*, Vol. 11, 2017, pp. 282-298.

② Anna Rzhevkina, “Poland's Sweeping Science Reform Gets Mixed Reviews”, November 30, 2022, https://sciencebusiness.net/news/polands-sweeping-science-reform-gets-mixed-reviews.

批评意见指出，改革后的评价标准中虽然设立了影响力指标，但是在实际提交成果的过程中却被很多参评单位忽视，说明对评价指标体系的解释和宣传不足。有学者认为波兰的相关法规变化过于频繁，有必要制定稳定和持续的评价标准。不断变化的标准导致学术界对于2022年的评价活动存在很多不同的理解和认识。为此，波兰科学和高等教育部专门对评价中的十大误区进行解释。① 有关期刊清单的变化也引发了学术界的高度关注，新的评价方案被认为进一步加剧了对人文社会科学的实际歧视。为此，2021年科学和高等教育部部长在期刊清单发布前绕过科学研究评估委员会直接修改期刊列表，增加人文社科和神学期刊，但此举也因违反规定的程序而受到学术界的严厉批评。② 科学研究评估委员会发表声明指出，部长公布的版本包括73种未经科学研究评估委员会审议或推荐的期刊，237种期刊的分数有所增加，但也没有与科学研究评估委员会协商。波兰科学院法律科学委员会等多个学科的委员会对此表示强烈抗议。③ 此外，评价的非预期问题依然存在，有学者认为评价导致研究人员在高分期刊上发表论文已经成为"一种学术痴迷"，缺少对其他形式学术交流的肯定和鼓励。④

① Ministerstwo Naukii Szkolnictwa Wyższego, "Ewaluacja Jakości Działalności Naukowej-przewodnik", 2018, https://www.nauka.gov.pl/g2/oryginal/2018_08/6e48e5dd4e469616354f861c105e25f6.pdf.

② Emanuel Kulczycki, "Polityczna Ingerencjaw Wykaz Czasopism Naukowych-Dlaczego Wykazy MuszAą Byćw Rękach Naukowców", NAUKA, No. 2, 2021, pp. 39-77.

③ Patryk Ciurak, Tea Mijač and Grzegorz Wierczyński, "An Overview of Science Evaluation in Poland and Croatia", *Journal of Contemporary Management Issues*, Vol. 26, No. 2, 2021, pp. 229-244.

④ Anna Rzhevkina, "Poland's Sweeping Science Reform Gets Mixed Reviews", November 30, 2022, https://sciencebusiness.net/news/polands-sweeping-science-reform-gets-mixed-reviews.

（六）波兰国家科研评价的特点

（1）充分考虑到学科差异，采用有差异的评价方法和指标。例如，对于人文社科、神学和艺术领域，在图书评价方面给予更高的赋分和更加灵活的评价机制，并设立清单之外的补充评价申请机制。

（2）明确体现出政策的导向性。鼓励跨机构、跨学科合作，对于合作成果给予更高的分数。对于国家支持发展的期刊，给予更高的级别。有些项目规定了额外的加分，如影响力评价中对科学发展至关重要的跨学科研究或开发工作的影响。

（3）新版评价中有一定的灵活性和包容性。所有的成果中增加了没有列入出版物清单的成果，给予了相对较低的评分。对于人文社科成果允许有更多的学术图书。

（4）相对复杂的指标体系。与挪威等国家相比，波兰的评价指标体系相对复杂。例如，期刊列表分为多个来源，不同学科、不同类型的机构拥有差异化权重，合作成果计算方式非常复杂，2018 版评价中对研究人员、研究成果进行学科划分等，增加了评价体系的复杂性。波兰评价体系的这个特点导致评价难度和评价成本上升，出现非预期问题的风险增大。

（5）新版评价中，学科分类成为所有评价的基础，但是学科分类存在困难和模糊性。随着评价单元改为学科，科学期刊也被分配到各学科，在每个学科的评估过程中，只有在该学科分配的期刊上发表的文章才能被计入评价分数。从 2019 年和 2021 年科学研究评估委员会公布的期刊目录来看，特定学科期刊的审定过程在实践中遇到了许多困难。

（6）学者个人参与程度较高。学者需要提交学科声明、隶属关系声明，选择自己的代表作，开设 ORCID 账户等。

（7）与其他采用量化评价的国家一样，以期刊和出版社为基础的评价方式，可能带来微观层面的负面影响。

六　法国国家科研评价

（一）法国科研体制概况

法国位于欧洲西部，轮廓呈六边形，三边临水，面积 55 万平方千米（不含海外领地），是欧盟面积最大的国家。① 法国与多国接壤，如比利时、德国、卢森堡、瑞士、摩纳哥、意大利、安道尔及西班牙，西北方向则与英国隔英吉利海峡相望。其地形以平原为主，平原占据总面积 2/3，阿尔卑斯山脉、比利牛斯山脉与汝拉山脉等横亘其间。

法国的教育体系被视为人文与科学兼容并蓄的独特范本。从文艺复兴时期文学艺术的辉煌盛世，到近代科学领域的快速崛起，法国始终引领着潮流，持续推动人文精神与科学理念的深度交融与相互启迪。2023 年，法国在全球创新指数中排名第 11 位，在人工智能和金融科技等领域以数字创新而闻名。② 法国的高等教育体系涵盖四种主要类型：综合性大学、高等专业学院、高级技术学校，以及承担教学任务的科研教育机构。根据法国高等教育署数据，法国拥有超过 3500 所公立和私立高等教育机构，包括 72 所大学、25 所大学社区、271 所博士学院、

---

① 《法国国家概况》，中华人民共和国外交部网站，http：//cs.mfa.gov. cn/zggmcg/ljmdd/oz_ 652287/fg_ 653219/。

② 资料来源：世界知识产权组织（WIPO）发布的《2023 年全球创新指数》（*Global Innovation Index 2023*）。

227 所工程学院、220 所商业和管理学院、45 所公共艺术学院、22 所建筑学校和 3000 所私立学校。2023 年法国高等教育和科研部预算为 257 亿欧元。[①] 法国著名高校有巴黎大学、斯特拉斯堡大学、里尔大学、里昂大学以及巴黎综合理工学院、国家行政学院、巴黎政治学院、巴黎高等商业学院、巴黎高等师范学院、巴黎高等矿业学院等。法国拥有一系列国家级和地方级的科研机构，如国家科学研究中心、国家农业科学研究院、国家信息与自动化研究所、国家健康与医学研究院、国立人口研究所、法国交通及国土整治与网络研究所、国家农业科技研究院等，这些机构在科研活动中发挥着重要作用。

（二）法国科研评价发展历程

为了适应欧洲乃至世界科研发展的客观条件，法国政府根据自身的实际情况，对其使命、定位和责任进行了持续调整。[②] 法国科研评价发展历程主要包括三个阶段：第一阶段由法国国家科学研究委员会（CoNRS，1982 年成立）、法国国家评估委员会（CNE，1984）、法国国家科研评估委员会（CNER，1989）主导科研评价。第二阶段由法国科研与高等教育评估署（Agence d’évaluation de la Recherche et de l’enseignement Supérieur，AÉRES，2006）主导科研评价。第三阶段由法国研究与高等教育评估高级委员会（Haut Conseil de l’Évaluation de la Recherche et de l’enseignement Supérieur，HCÉRES，2014）主导科研评价。科研评价机构的每次改组与变革都不是简单地依靠行政命令，

① 《法国国家概况》，中华人民共和国外交部网站，http：//cs. mfa. gov. cn/zggmcg/ljmdd/oz_ 652287/fg_ 653219/。

② 王富有、王相东、蔡东宏：《欧美等国科研评估的发展历程及其对我国的启示》，《农业科技管理》2011 年第 4 期。

而是在法律规定的顶层设计与整体引导下进行。[①] 这就保证科研评价机构在改组、改制、优化、调整等各个环节都能有法可依，有章可循。

1. 第一阶段：CoNRS、CNE、CNER 主导的科研评价

20 世纪 50 年代，法国逐步推行科研评价机制，旨在科学分配资源、精进管理体系，推动国家科研管理架构的全面革新。[②] 20 世纪 70 年代中期，法国面临突发的石油危机，国际油价飙升，市场竞争加剧，经济陷入空前艰难时期。为了尽快走出经济增长缓慢、通胀过高的困境，法国政府逐渐认识到以科技推动经济发展的重要意义，对科学评价的规范化也逐渐被提上议事日程。

1982 年 7 月，法国把科技研发提升至国家战略层面，正式开启由政府牵头建立科研评价制度的序幕。由于不同的科研组织在使命和组织机制上有着明显的区别，CoNRS 在建立的时候就意识到，对于不同岗位和类型的研究人员和群体，不能采用一种统一的标准来量化。因此，研究成果的社会影响和经济效果也应该被作为科学评价的一个重要内容。这种超前的评价观念，为法国推行分级评价奠定了良好的基础。

1984 年 1 月，法国通过了《高等教育法》的修订案，也就是《萨瓦里法》的修改。除了鼓励和支持高校间的学术竞争外，新议案还作出了成立 CNE 的决定，其目的是对高等院校的教学质量进行全面、集中的检查和评价。[③] 1984 年法国在教育部内设立了评估和前景指导司（The Direction de l'Evaluation et de la

① 邱举良：《法国科研工作的评价指标和程序》，《国际科技交流》1992 年第 7 期。

② 汪小会等：《法国高校的国家评估及对我国的启示》，《上海教育评估研究》2016 年第 6 期。

③ 陈云良、莫婷婷：《法国大学教学科研人员评价制度研究》，《南华大学学报》（社会科学版）2020 年第 1 期。

Prospective，DEP）。涵盖了所有层次的教育，包括高等教育等，其任务是了解、评价和规划教育系统中学术人员和机构的数量。

1985年，法国政府颁布第85—1376号法令，CNE开始运作，其核心任务涵盖科研政策、规划、项目及立法的深度剖析与评价，据此设定科研评价标准与指导原则，并对评价人员的资质与技能实施严格审核与培训。鉴于法国高校的多样化特征，CNE基于多元准则对高校进行评价。① 在此基础上，CNE可以向接受评价的高校决策部门提供改进意见，并将最后的评价报告递交教育部，标志着法国高等教育评价迈入政府引领的新时期。1985年12月，法国在扶持重大研发计划，大力发展高等教育，鼓励企业加大研发力度外，更是以条款的方式，重新强调了科研评价在国家的地位和作用，对科研评价的工作流程进行了规范。②

1989年5月，法国成立了CNER专门从事以下工作：（1）评价法国在科技发展方面的政策措施、重大科技计划和科学研究与试验发展（R&D）项目的实施效果和产生的影响；（2）对国家重大战略进行科研评价；（3）认定评价机构的执业资质等。随着CoNRS、CNE和CNER的相继成立，初步建立起了由政府主导的“多线并存，各有分工”的科研评价制度。③

2. 第二阶段：AÉRES主导的科研评价

20世纪后期，欧洲各国纷纷启动了博洛尼亚进程，目的在于通过多层次的合作，逐步整合欧洲高等教育与科研领域的优势人才与特色资源，促进高等教育与科研一体化的发展。面对旧有体

---

① 王丽媛、刘敏：《21世纪法国大学科研组织评估改革研究》，《比较教育研究》2021年第7期。

② 史飞：《法国科研中心基础研究活动评估办法》，《全球科技经济瞭望》2002年第7期。

③ 王兆祥：《法国财政科技投入及监督检查措施》，《全球科技经济瞭望》2004年第10期。

系中的评价冗余与流程烦琐等挑战，法国政府于2006年创立科研与高等教育评估署（AÉRES），取代CNE、CNER，将不同领域的独立评价机构融为一体。①

AÉRES致力于促进法国大学、研究机构与经济、社会等多领域的深度融合，升级科研评价体系，在欧洲乃至全球范围内树立高标准、高质量的评价典范。② AÉRES的职责是：（1）全面审视国家科研机构、高教机构、研发企业及资助组织的科研与资助活动，并依据其规章制度及流程，对其日常运营实施外部独立评价；（2）审查和核准以上组织内部员工的评价程序和方法，并根据其执行情况提供相应的专业指引，但是，AÉRES仅评价组织的评价过程和方法，而非直接评价其内部员工；（3）审查各种高等院校的学位颁发情况等。③

AÉRES的组织架构涵盖评价委员会、理事会及多个分部，其中理事会汇聚了国内外顶尖的学术权威，共计25名成员，成员任期设定为四年，并实行每两年的半数轮换制度。分部体系则由行政部、科研部及教学与文凭认证部三大支柱构成，所有部门领导均由政府直接委任。行政部聚焦于大学综合发展的评价与规划；科研部则专门负责大学及研究机构科研活动的质量评价；而教学与文凭认证部的核心使命在于执行大学教学质量评价及学士、硕士、博士等学位认证的审查工作。这一架构确保了AÉRES在学术评价、科研监督及教育认证等多方面的覆盖与高效运作。

AÉRES的自我评价（内部评价）旨在为每个被评价的机构

---

① 徐澜：《论法国教学体制改革对科研的影响》，《温州大学学报》（社会科学版）2012年第4期。

② 江小平：《多视角下的法国人文社会科学》，中国社会科学出版社2011年版，第10—30页。

③ 王晓辉：《法国科研体制与当前改革》，《比较教育研究》2011年第5期。

或组织提供评价其绩效的机会。这为负责评价机构的外部专家提供了明确的资料，以便评价其研究机构战略和现有方案的范围；外部评价是根据机构或组织提交的自我评价报告和评价申请进行的。AÉRES 每四年进行一次评价，共开展了四个周期的评价工作（2008—2011 年、2009—2012 年、2010—2013 年、2011—2014 年）。每年 25%的参与机构和四五个研究机构都会接受评价。AÉRES 除了自我评价的质量评价外，关于优势、劣势（在 SWOT 分析中）和建议是基于评分系统。该评分系统反映：(1) 生产力（科研的质量、数量和影响）；(2) 社会文化和经济影响（研究的国内和国际相关性）；(3) 战略与研究方式（管理、研究团队发展等）；(4)“项目”绩效（原创性、质量、前景等）。前两个要素涉及研究机构的现状，目的是为改进提供反馈，后两个要素主要是指发展卓越研究的前景和机会。AÉRES 关于研究机构的评价指标见表 6-1。

表 6-1　AÉRES 关于研究机构的评价指标

得分	生产力	社会文化和经济影响	战略与研究方式	“项目”绩效
A+	国际领导力	国际吸引力	培育和促进卓越研究的优良环境	促进前沿研究的优秀项目
A	国际认可	国家级吸引力	在很大程度上有利于培育和促进卓越的研究	竞争激烈的项目，但需要更多的清晰度和研究重点
B	重要的国家影响力	区域层面吸引力	有效发展有利的研究环境需要在若干方面进行改进	在国家一级具有竞争力，但需要重大改进
C	存在显著提升空间	影响力不足	需要高度重视创造一个有竞争力的研究环境	可行性或相关性弱

资料来源：Guthrie S.，et al.，*Measuring Research：A Guide to Research Evaluation Frameworks and Tools*，Virginia：RAND Europe，2013，p. 107。

3. 第三阶段：HCÉRES 主导的科研评价

AÉRES 设立以来，尽管法国已经达到了单一机构对各类创新单位进行评价的目的，但也带来了一些新的问题，如评价过于频繁、评价过程烦琐、评价指标单一等。2008年国际金融危机后，法国高等教育、科研和制造业主要以“创新”为中心思想。法国通过了《高等教育与研究法》，第一次将高等教育与科研相结合，促进了高等教育、科研与创新系统的一体化与转型。2014年11月，法国政府签署了第2014/1365号议案，组建法国研究与高等教育评估高级委员会（HCÉRES），替代已经运行了八年的AÉRES。

在其使命定位上，除了延续AÉRES的使命，HCÉRES不仅分类评价了高等教育机构、国家科研组织及资助基金会的多元任务与活动，并在此基础上提出了四个需要进一步完善的方面：一是要精简高校和国家科研院所之间的评价流程；二是属于多个单位的交叉学科研究单位，确保每项评价独特而非重复；三是推动科技评价聚焦于科技与产业文化的融合、学术伦理的承续与弘扬；四是在政府授权的情况下，参加或主导海外高校和研究机构外部评价。相较于法国之前的一次大规模的科学评价改革，HCÉRES的创立是为了解决上一阶段的缺陷，而对其进行的改进和优化。HCÉRES改革主要围绕九个方面开展，包括HCÉRES致力于实施更为高效的评价体系，促进高质量的同行评审系统，确保HCÉRES独立评价，结合网站政策进行综合评价，实施评价过程的验证，简化评价过程，提高HCÉRES的欧洲及国际形象，充分利用科学技术观测站（OST）的技能，实施适合综合评价的内部组织结构。

（三）HCÉRES评价体系

1. HCÉRES体系概况

根据2013年7月22日关于高等教育与研究的第2013—660号法律，法国研究与高等教育评估高级委员会（HCÉRES）是一个独立的行政机构。HCÉRES负责评价法国的高等教育和研究实体（大学、研究机构等），并批准其他组织实施的评价程序。机构致力于通过提供建议和支持来改善研究和教育过程，以独立、透明和公平的价值观指导其工作，旨在认可研究人员的技能和专业知识，改善其工作条件，促进就业平等，并促进研究人员在不同地区和部门之间的流动，从而提高法国高等教育和研究的质量。HCÉRES还包括负责战略研究和分析的科学技术观测站，以及法国研究诚信办公室（OFIS）提供国家层面的研究诚信框架。① 2020年，法国议会通过了一项新的法律《2021—2030年研究规划法》。该法律规定改变HCÉRES的地位，确认了HCÉRES的评价任务并确立了其法人资格。

2. HCÉRES的组织架构

HCÉRES机构自2021年3月1日起重组，每个部门由一名主任领导，并得到一名部门负责人的支持。董事经董事会批准后由总裁任命，任期四年可连任。五个评价部门分别为：（1）高等教育机构评估司（DEE），负责评价高等教育机构、大学、学院；（2）学术课程评价司（DEF），负责评价高等教育机构的课程设置和培训政策；（3）研究评价部（DER），负责评价研究单位和研究政策；（4）研究项目评价部（DEO），负责评价国家研究机构、研究基础设施及其与大学相关的研究项目；（5）欧洲与国际部（DEI），负责国际评价与合作活动。②

其他部门包括：（1）科学技术观测站（OST），于2015年并入HCÉRES，致力于文献计量学研究和分析。（2）法国研究诚信办公室（OFIS），成立于2017年3月。OFIS负责监督《研

① 邱举良：《法国国家科研中心强调学术评价中的科学道德问题》，《科学新闻》2001年第39期。

② "HCÉRES External Review Report", https://www.enqa.eu/wp-content/uploads/HCÉRES-external-review-report.pdf.

究诚信宪章》承诺的实施情况，以及促进该领域的实践。(3) 信息技术部（DSI），负责组织和发展 HCÉRES 信息系统，以支持其评价和研究活动。(4) 总秘书处负责所有支持和资助活动，即人力资源、财务管理、评价资助（负责为包括专家在内的 HCÉRES 小组预订交通和住宿）、通信、法律事务和培训代表团。(5) HCÉRES 设有社会对话和协商机构技术委员会，由八名工作人员代表组成（四名常任成员和四名候补成员）。

3. 评价对象

HCÉRES 的评价对象主要包括三个方面：高校、研究机构和期刊。在一个五年周期内，HCÉRES 需要评价大约 310 所高校（大学、学院），5300 个项目（学士学位，硕士学位，博士学位），以及 2500 个研究机构。

(1) 高校评价

①评价目标

高校评价的目的是鼓励自我评价和外部评价，确保它们与高校的战略规划、实际成就及为实施此战略所调配的资源紧密相连。①

②评价原则

高校的评价原则包含三个组成部分。第一是领域，定义了评价的核心活动领域范围。第二是子维度，定义了高等教育和研究的一般指导方针和实践。第三是标准，定义了评价人员分析的主题，以验证被评价实体与相关的子维度所表达期望的反应水平。

③评价内容

a. 机构定位：明确机构在国家、地区及国际层面的角色地位，界定其角色与全球战略责任。此定位融合了内外部的战略

① HCÉRES 的高校评价框架，参见 https：//www.HCÉRES.fr.referentiel_evaluation_ etablissements_ etrangers_ dei_ vote-college。

审视，即内部（优势劣势）与外部环境（机遇挑战）的综合分析。

b. 机构战略：连接机构愿景与定位，转化为具体业务目标，并整合资源、知识与手段。

c. 组织构建：机构为达成使命、实施战略及成果产出而精心设计的内部架构体系。

d. 治理体系：涵盖策略规划至执行的全方位流程、规则、措施及决策机制，界定政治与行政运作边界。

e. 导向工具：机构战略实施的核心驱动力，涵盖变革管理、活动监控机制及信息系统等，特别是人力资源与财务资源的长期规划工具，确保战略方向精准执行。

f. 行动与成效：作为评价框架基石、机构活动的核心维度，为审视执行条件与主要成果奠定基础。

④评价指标

法国高校评价指标主要包括以下几个方面（如表 6-2 所示）：一是战略规划和操作；二是科学研究和创新政策；三是培训和教学。

（2）研究机构评价

①评价目标

HCÉRES 的任务明确了评价机构的主要目标：（1）确定评价对象的优势和劣势，并为判断其绩效提出建议；（2）协助机构提供建议，一方面为制定、执行政策和分配资源提供建议，另一方面向机构内部及其承包商和资助者提供建议。①

②评价原则

对研究机构和资助机构进行的评价应遵循以下原则：（1）机构的同行评审工作全权委托给专家委员会执行。（2）HCÉRES 精

① HCÉRES 的研究机构评价框架，参见 https：//www.HCÉRES.fr.referentiel_ dei_ organisme_ recherche_ etranger。

表 6-2 法国高校评价指标

领域	子维度	评价标准
战略规划和操作	机构明确自身在地区、国家及国际层面的角色定位	机构依据其独特的身份认同、核心价值观及深厚历史底蕴，明确自身定位，并深入剖析在高等教育、科研及创新领域中的独特地位与贡献
		机构树立了长远愿景，旨在依托其身份、位置及职能，稳步迈向这一目标
		为实现精准定位，机构实施了一系列分析，特别是对比研究，以识别并借鉴行业内标杆机构的成功经验
	基于此定位，机构规划跨层级的战略，设定业务目标，并持续跟踪执行	围绕长期目标，机构精心策划了战略蓝图，以机构项目为载体，全面指导高等教育、科研及创新领域等多个维度的发展
		战略进一步细化为具体业务目标及行动计划，确保战略落地实施
		机构能够清晰总结评价期内的成就，并评价这些成果与既定战略方向及业务目标的契合度
		借助与机构项目紧密相关的监控仪表板与关键指标，机构持续追踪战略执行进度与发展轨迹，确保方向不偏
	机构积极融入周边环境，将伙伴关系策略融入地方与国家学术合作战略	机构明确指出，其战略规划植根于与本地及国家层面高等教育、科研及创新生态中伙伴的紧密联系。积极构建多元合作网络，不局限于国内，还跨越国界与各领域机构，形成国际合作的广阔格局
		通过深化这些合作纽带，机构不仅为员工搭建了国内外职业发展的桥梁，增强了人才流动性，还欢迎国际教师与研究者的交流访问，以此激发培训与研究项目的创新与活力
		为进一步强化其国际视野下的战略部署，机构灵活应对，适时通过加强与本土参与者的协作，拓宽海外业务版图，确保战略实施的全面性与前瞻性
		借助其广泛的伙伴关系网络，机构不仅致力于强化员工的入职与离职流程管理，还积极推动与来访教师及研究人员的交流合作，旨在进一步激发其教育培训与科研探索的活力
		机构深化其全球战略部署，旨在拓展海外市场，必要时将采取与当地合作伙伴建立紧密联系的策略，以促进国际业务的增长与发展
		机构战略融入地区经济、社会及文化脉络，主动寻求与社会经济文化主体及公共部门合作，构建共赢伙伴关系
		机构在社会责任领域内，尤其是道德标准及可持续发展方面，展现着深远的影响力
		机构通过评价活动对社会经济及环境的综合效应，并采用多样化工具（如指标、标签、认证）来量化这些影响，确保决策的科学性

续表

领域	子维度	评价标准
战略规划和操作	机构的治理体系构建于与战略相匹配的组织架构、沟通机制及信息系统之上	机构内部清晰界定了从决策草案到执行的全过程，确保决策流程高效透明
		各司法管辖区积极倡导，促使所有利益相关者参与机构运作，共塑未来
		核心要素为机构战略方向的规划与执行提供了坚实的基础
		机构内部各层级间的职责与协作关系明确，确保工作高效顺畅
		外部沟通战略有效强化机构的品牌形象，提升了其在公众视野中的影响力
		内部沟通机制的完善，增强了凝聚力与归属感
		机构配备的综合信息系统，其架构与资源既满足管理需求，又严格遵循网络安全标准
	将全面质量策略作为基石，引领机构发展	透明且严格的质量准则已全面融入服务与组件的部署流程，覆盖教职员工及学生，确保质量标准的严格执行
		机构依托前瞻性分析，结合内部深度自省与外部专业评价，灵活运用持续改进的先进工具，不断追求卓越
		针对过往评价提出的宝贵建议，机构将积极采取后续措施，并明确规划如何将这些建议纳入考量，转化为提升服务质量与效能的具体行动方案。通过明确反馈机制，确保建议都能得到应有的重视与落实
	通过预测工具、预算规划及内部管理对话，机构确保战略实施的可持续性与成本效益	机构凭借一套稳健且可持续的商业模式，成功驱动其目标达成与任务执行
		机构对短期与中期策略的可持续性拥有明确蓝图，并详细规划了预算流程的各个阶段
		依据其既定战略与商业模式框架，机构在总体规划的指导下，对所需资源及能力进行前瞻性预测
		机构利用前瞻性的分析工具与决策支持系统，有效监控并调整其薪酬标准，保持竞争力与内部公平性
		机构与其服务领域及构成单元之间建立了结构化的沟通机制，明确了资源分配的原则与方法，确保高效运作与协同发展

续表

领域	子维度	评价标准
战略规划和操作	人力资源政策的演进，不仅反映机构战略，更提升了员工福祉与工作效率	机构制定与自身定位和发展战略相适应的人员招聘与任用政策
		机构明确人员结构，区分不同岗位类别及相应教学、科研和行政工作人员
		机构的人力资源政策融入了平等、包容原则，并致力于消除歧视现象
		实行长期规划，机构全面管理各类教职员工（教师、研究员、技术及行政人员）的能力与技能发展
		为确保公平与高效，机构为教师、研究员及技术与行政人员设计了系统的招聘、任用与晋升流程
		认可并重视每位教职员工的贡献，机构为所有教师、研究员及技术与行政人员提供专业发展指导
		为促进员工职业发展，机构制定了详尽的员工指导与培训计划
		关注员工福祉，机构积极评价工作场所生活质量，包括卫生、安全条件等
		展现社会责任，机构正制定社会行动政策，特别关注并支持处于困境中的群体
	机构将资产相关规划纳入战略框架，以促进长远发展	实施精细化管理，机构对其资产（无论建成与否）进行全面诊断与监控，确保安全、可达并符合生命周期管理要求
		高效利用资源，机构对其资产的使用情况了如指掌
		着眼未来，机构依托中期及长期资产规划，必要时与合作伙伴携手共进，推动可持续发展
		机构资产规划涵盖了结构性投资，旨在满足培训和教学所需，同时积极引入外部资金支持
		为保障其使命的顺利执行，机构在适宜的支持架构下确立了后勤与财产管理策略，并通过与合作伙伴的协同，实现资产评价的整合
		关注生态、能源及环境等相关影响因素，同时探索利用激励措施的可能性

续表

领域	子维度	评价标准
科学研究和创新政策	机构的研究导向由明确的政策框架所确立	机构依据自身定位，明确研究目标与优先事项，并据此构建活动架构
		为精准设定目标与优先事项，机构深入评价国内外各学科领域科研产出的质量与趋势
		为促进新研究主题、创新与跨学科的涌现，机构密切关注过往行动的成果与不足
		为保持并拓展专业领域的多样性，机构高度重视行动实践的成效与局限
		地区性机构审视与其他研究机构的长期关系，评价其对科学活动或临床研究的影响，特别是与卫生部门的互动
		机构积极构建与社会、经济、文化领域行为者的合作桥梁
		国际化成为研究活动的核心战略，机构通过构建跨国界合作关系来推进其研究政策
		在欧洲及全球竞标中，机构凭借实力占据优势地位，赢得众多竞争项目
		秉持科学诚信、道德准则与开放科学理念，机构在其研究领域内树立了典范
		遵循开放科学的精髓与最佳操作规范，机构不断推进科研透明度与合作
	机构拥有支持深入研究的丰富资源和政策基础	机构为研究工作提供充足预算，并具备评价活动成效与结果影响的能力
		通过分析招聘政策的成效与挑战，机构精准定位，吸引国内外战略所需人才
		转化多元资金为研究成果，机构以客观标准衡量并展示这些成果的价值
		机构面向研究项目构建了一套完善的监测、激励与支持体系
		机构积极助力教师与研究人员，为他们开展科研活动提供全方位支持
		对于追求博士学位或博士后研究的教师，机构给予坚定的支持与鼓励

续表

领域	子维度	评价标准
科学研究和创新政策	机构在推动创新与科学社会化的进程中，明确界定其结构性方向	机构明确了创新与社会融入的愿景、重点与行动计划，引领其活动有序开展
		机构从多角度评价其创新活动与社会融入成果，彰显评价期内的显著贡献与成就
		机构携手地区内外合作伙伴，共同推动创新与社会科学融合
		机构审视了合作协议下创新与社会科学融合的成果，评价这些成果的社会经济效应
		机构在推动创新与社会科学融合的过程中，秉持可持续发展策略，坚守科学道德与诚信的基石
		针对科学融入社会的治理，机构确立了一套明确的框架，以确保行动方向清晰
		机构实施专项知识拓展策略，不仅回应地域需求，助力公共政策，更严守科学道德与诚信底线
		机构致力于开发并实施参与式科学项目，特别强调知识共享的重要性
		推行文化与科学调解政策，机构携手本土利益相关者，向目标群体传播知识，此政策还包含调解技能培训环节
		国家、地区及国际层面的资产保护，是机构活动的重要组成部分
		针对科技资产保护议题，机构积极行动，不仅采取必要措施，还在团队内部开展提升活动
	为支撑创新及科学社会化的努力，机构实施了全面的资源支持政策	机构成功激励员工投身创新与社会科学融合实践
		借助其支持服务体系，机构为有益于社会或社区的专门知识活动提供助力，同时促进文化与科学活动的繁荣
		机构积极开展国家、地区及国际项目，实施特定政策，同时表彰这些项目在创新及社会科学融合方面的卓越成就
		在科学领域制定明确的政策框架，并在专利、软件、专有技术、授权及技术转让等方面有效执行知识产权管理策略
		为促进合作研究，机构携手企业，通过合作项目、初创企业孵化与科学设备研发，执行全面的伙伴关系研究策略

续表

领域	子维度	评价标准
培训和教学	机构的培训策略与所提供的培训质量均紧密围绕其定位与战略规划展开	培训课程依据机构特色，精准设定目标、方向与主题优先级，确保培训内容既专业又富有针对性
		培训体系构建注重整体连贯性、周期内互补性及周期间的衔接，以提供系统而高效的培训体验
		机构提供的培训纳入地方及国家学术伙伴网络，拓宽学习视野
		借助政策指导与实施措施，机构专注于解决多学科与跨学科挑战，展现其综合研究实力
		机构确保所有培训均符合可持续发展原则，培养未来社会的负责任人才
		国际化培训方面，机构依托国际合作伙伴，量身定制国际培训项目，助力学员拓展全球视野
		借助国际伙伴关系与资助计划，学院积极促进学生跨国交流，实现学术与文化的双向流动
		机构精心设计了全面培训框架，为科研新星的成长奠定坚实基础
		当条件适宜时，机构会携手可能的国际伙伴，共同参与到与其教育和科研战略紧密相连的博士培养计划中
		为确保博士生的学业成就与专业融合，机构精心规划与协调培训、辅导及指导流程
		通过鼓励教师和研究人员的教学参与，机构不仅强化其培训研究，还激发研究人员的积极性
		机构致力于提升研究部门内博士生的支持条件，确保其质量上乘
		为博士生提供关于科学诚信与伦理的专项培训
		机构涵盖资源获取及与文献服务相关的培训，促进内部合作
		图书馆的物理与数字空间均以满足公众需求为目标设计，并通过合作伙伴关系持续优化访问体验
		机构的培训专业化政策紧密对接地区社会经济需求，吸引社会经济力量参与其教育与建设活动
		为促进专业融合与创业精神，机构制定了一项贯穿学习全程的提高
		机构依据自身定位明确继续教育方向，并将其精准转化为具体培训项目

续表

领域	子维度	评价标准
培训和教学	机构精心构建了制度体系，以确保教育服务的高质量输出	培训机构构建了一个体系，旨在明确培训项目架构，确保教学活动（包括学习目标设定、教学方法应用及学生评价方式）的连贯性。这一体系融合了方案导向与能力导向的方法，并持续追踪其实施进展
		学校将视情况增强学生在课程内外技能与经验的积累与提升
		为促进学生全面发展，机构正积极完善设施，推动教学实践的创新与多元化
		教学方法丰富多样，涵盖部分或全在线学习模式，并配套有先进的数字学习平台与工具
		机构依据课程目标与教学法需求，精心设计多样化的教学空间，以满足不同学习需求
		机构负责规划外语培训、认证流程及其与课程的融合，推动国际培训课程的开放与适应性调整
		机构致力于教学设备的研发，以优化学生体验，为其学习提供坚实支撑
		为促进继续教育普及，机构通过优化接待、监督及培训流程，确保公众能便捷获取认可的培训资源
		机构开发了针对继续教育公众的定制化培训工程，旨在提供更加贴合其需求的学习方案
	机构定期评价培训项目的吸引力、成效与实用性，助力学生从入学至就业的成功	机构的信息供应与培训交流平台显著增强了培训的深度与广度，同时确保了多元化学员群体接受高质量培训的机会
		机构通过监控各类受众的申请与注册动态，精准评价其培训计划的吸引力指数
		在培训成效方面，机构深入研究辅导、支持服务及课程规划
		基于培训宗旨与劳动市场现状，机构深入分析职业融入质量，必要时还探讨继续教育方向
	通过与培训政策紧密衔接的人力资源配置及持续优化策略，机构监控并保障培训项目的持续进步与可持续发展	人力资源政策紧密对接培训需求，包括动态中的需求变化，通过招聘、宣传及教学质量标准，提升培训的整体质量
		机构的教师与研究人员支持策略，涵盖职业成长与教学项目资助，全方位促进教学发展
		为确保培训持续优化，机构构建了内部评价体系与流程，并提供指导工具，助力培训质量不断攀升
		与教学部门紧密合作，机构组织学生对培训与教学进行评价，确保评价成果有效融入培训改进中
		机构运用特定指标与工具，精准测量培训成本，确保培训供给的可持续性与高效管理
		培训指导领域职责明确，确保了培训工作的连贯性、高效性与长期可持续发展

续表

领域	子维度	评价标准
培训和教学	机构致力于学生及校园生活的全面发展，鼓励学生参与治理，并全力促进学生福祉	学生生活的全面发展策略，涵盖学习生活条件优化、社会援助加强及校园娱乐丰富等方面
		学生发展政策的要点在于确保学生社团在校方支持下积极参与，共同促进发展
		推出高标准接待政策，显著增强了学校的吸引力与影响力
		学校鼓励学生深度参与治理与民主生活，彰显学生声音
		学校对学生的使命感持认可、鼓励与高度重视的态度
		在学校层面强调平等、包容，致力于消除歧视，并坚决反对任何形式的性别及基于性别的暴力
		机构不仅内部高效运作，还与合作伙伴紧密合作，共同构建并优化对学生与员工的全方位服务体系
		财政、物资及人力资源的分配策略，彰显了学校致力于持续提升学生生活质量与校园环境的坚定承诺

资料来源：根据 HCÉRES 网站提供的数据资料制作。

心挑选专家团队，确保严格遵循研究评价章程中确立的公正、专业、均衡、无利益纠葛、自主及诚信等核心原则。（3）评价流程强调团队协作，专家委员会主席作为监督者，确保评价的公正与全面。（4）评价成果以报告形式在 HCÉRES 官方平台公示，报告由专家委员会主席亲笔签署，并由其审核确认权威性。（5）受评机构在评价过程及评价结束后，均享有表达意见与反馈的权利。（6）整个评价活动在充分尊重机构自治权及其管理层与董事会职责框架内开展，旨在促进机构的健康发展与持续改进。

③评价内容

评价内容涵盖五大核心领域，界定了评价框架的广度。前四个子维度明确了预期成就，衡量了实现程度，共同构筑了评价领域的应用边界。每个子维度均配有一套评价标准，指导评价人员评价各项基准的达成情况。这些标准非唯一、非穷尽且非层级化，是评价中的主要分析工具。前四个子维度具体内容包括：

a. 定位与战略：定位体现机构在国家、区域及国际舞台上的位置，及其所拥护的全球战略愿景。战略体现机构目标及其对定位与行动的核心理解。

b. 治理与架构：治理涉及支撑战略制定与执行的程序、规则及决策机制，横跨战略与运营层面，涵盖机构全活动。架构指机构为达成使命与战略而构建的内部结构布局。

c. 战略执行：聚焦于若干关键战略议题，如学术网络合作、公开招标实施、高教创新推动、区域/国际合作深化及人力资源政策等，考察执行策略的指导方针、行动及其成效。

d. 活动和结果：在审视机构绩效时，聚焦于其执行多样化活动的先决条件及独立或协同达成的核心成就。这涵盖了成果的动态评价过程，并将之与推动机构战略落地的举措紧密相连。

具体而言，机构的评价是对其既定战略、执行措施及成效的回顾分析，涵盖了一个预先界定的评价周期。评价周期通常为五年，由 HCÉRES 与机构共同议定，旨在契合机构发展愿景及上次评价后的时间脉络。

④评价指标

法国科研机构评价指标主要包括以下五个方面（如表 6-3 所示）：一是定位与战略；二是治理与架构；三是战略执行；四是活动和结果；五是未来几年的战略方向。

（3）期刊评价

HCÉRES 除开展高校和机构评价外，也开展了一些期刊评价工作。学科专家委员会负责编制本学科的期刊目录，他们在学科内部有较大自主权，可以决定本学科期刊选择方法和分级标准等。各学科目录之间相互独立。大部分学科基于已有的期刊目录或数据库，制定筛选分级规则，经过专家委员会的评审，即可形成本学科期刊目录。

以经济管理学科为例，经济学和管理学代表组成的联合委员会负责建立和更新这两个学科的联合期刊目录。委员会制定了期刊目录的编制原则，规定通过合并国内最有影响力的两个期刊目录，即 FNEGE 的管理科学目录和国家科学研究委员会（CoNRS）的经济学与管理学目录，最终形成经济管理学科期刊目录。为配合 HCÉRES 评价活动，委员会每年更新期刊目录。更新程序如下：首先由经济和管理科学顾问根据两个期刊目录的最新版本和既定规则编制目录草案，并上会讨论。少数目录外期刊由委员会逐刊审查，同时对目录中的期刊随机抽取 1/3 进行审查。2021 年的委员会包括 3 位科学顾问和 9 位专家，由相关领域的大学、评价机构及其他各方代表组成。2021 年 HCÉRES 经济学与管理学期刊目录收录 937 种期刊，分为 A、B、C 三个级别，分别占目录所收录期刊总数的 38%、36%和 26%。

与经济管理学科不同，教育学期刊目录则分为两类，一类是教育学研究领域的期刊，另一类是被称为“边缘”（interface）

表 6-3 **法国科研机构评价指标**

领域	子维度	评价标准
定位与战略	组织精准定位自身在高等教育、科研及创新领域中的位置	机构通过追溯其历史、坚守的价值观及遵循的法规，清晰阐述了其肩负的使命，以及向公众、私人资助者和社会所做出的坚定承诺
		机构明确了在高等教育、科研与创新领域的角色定位，以及在体制与经济环境中的位置，同时界定了在区域及国际层面的地位、活动类型与行动策略，并预设了定位的未来变迁路径
		借助国际比较分析，机构精准定位自身发展方向，确保方向明确
		机构立场鲜明且沟通顺畅，与公共政策及资助者之间建立了清晰的互动桥梁
		机构具备分析自身定位变化的能力，保持灵活应变
	机构拥有一套清晰、连贯的战略构建框架，明确任务与定位	战略设计既清晰又正式，紧密契合组织定位及其发展愿景，明确了指导原则与目标
		战略聚焦于科学政策的优先方向，以科学洞察为基石，精准识别自身优势与不足
		战略中融入了增强组织对国家经济、社会及文化贡献的指南，旨在推动创新、深化科学知识，辅助公共政策制定，并拓宽科学的社会影响力
		战略包含了扶持新兴研究领域、鼓励风险探索、促进跨学科合作与青年科学家成长的方针与目标
		战略融入了积极举措，旨在推动与本机构合作的科研机构的成长与影响力拓展
		战略涵盖了机构参与欧洲科研领域的方向设定与目标追求，并强调国际合作的深化
		战略中明确了科研诚信、伦理道德、职业操守及可持续发展的指导框架与目标

续表

领域	子维度	评价标准
治理与架构	机构的治理架构基于与使命相契合的决策流程与渠道，确保战略实施的无缝对接	各机构及行为者的职责范围与功能界定清晰，核心合作伙伴在治理结构中占据重要地位
		决策流程透明高效，确保机构内外及合作伙伴间行动的有效执行
		治理实践鼓励多元声音，确保各类员工在决策过程中的充分表达与参与
		机构致力于实现性别均衡，从基层到高层均展现积极进展或正采取有效措施
		战略执行中的变革管理，依托于明确且统一的领导流程与责任机制
		机构对过往评价建议的响应行动清晰可查，体现持续改进的承诺
	机构不仅监控活动进展，还执行既定战略，精心制定沟通策略	借助高效追踪工具与可靠评价指标，机构活动及其成效得以全面监控与衡量
		风险识别、评价与管理机制健全，有效保障机构活动安全稳健
		机构坚持质量为先，管理层推动的持续改进政策深入人心，成为组织文化的一部分
		机构紧密监控战略执行的过程与成效，适时采取调整措施以确保方向无误
		外部沟通策略深化了对组织愿景、行动及战略的认知，汇聚各方合作伙伴
		内部沟通机制巩固了员工对战略的忠诚度，促进信息流通和合作伙伴间的紧密合作
	机构的架构清晰界定，确保活动执行与战略落地的顺畅衔接	各级组织（地区、国家及国际）的活动与机构战略紧密契合，展现高度适应性
		业务架构统一且策略导向明确
		机构发展持续强化战略落地的力量

续表

领域	子维度	评价标准
战略执行	在高等教育、科研与创新领域的广阔舞台上，机构扮演着明确角色，并采取积极行动以彰显其影响力	机构作为枢纽，为高等教育、科研与创新体系的所有成员提供研创项目
		与高等教育、科研与创新领域的国内外伙伴携手，共同推进重大研创项目
		机构执行管理核心研创工具的政策，惠及高等教育、科研与创新领域的广泛参与者，乃至国内外科学界的参与者
		机构在推行由高等教育、科研与创新领域资助者推动的公共政策中，扮演着关键角色
		机构积极与周边科研及高等教育机构对话，探索协同效应与合作机遇
		为满足客户需求，机构与行业前沿的高等教育机构携手合作，共创协同效应
		在高等教育、科研与创新体系中，机构职责清晰，合作富有建设性，展现出强大的联合行动能力
	推行灵活多变的人力资源策略，紧密契合机构战略需求，同时深化其作为理想工作场所的吸引力	作为战略要务，机构积极实施招聘与引才策略，广泛利用各类招聘渠道，吸引多元背景的杰出人才
		机构推行灵活且具有战略导向的技能提升计划，鼓励员工内外流动，促进个人成长
		机构重视每位员工的贡献，确保公平评价与员工的职业发展机会，助力实现组织使命
		秉持性别平等原则，机构在所有业务及职业层级推行平衡政策，并积极应对歧视挑战
	机构致力于提升在欧洲研究区的活跃贡献，并扩大其在全球科研与创新领域的国际影响力	为提升团队在欧洲研创项目的参与度，机构正执行一系列行动计划
		机构致力于增强高等教育、科研与创新体系在欧洲科学战略机构中的参与度
		机构采取必要措施关注欧洲科技资产保护，并在团队内部强化相关意识
		机构通过构建与欧洲利益相关者的研创伙伴关系，在欧洲特定领域发挥着引领作用
		机构在执行欧洲组织制定的公共政策方面发挥作用，为其国际发展作出贡献
		机构正积极推行一揽子计划，旨在加深团队参与国际研究与创新项目的程度
		机构在推行国际公共政策上扮演着关键角色，确保政策在本地的有效执行
		跨越欧洲项目界限，机构正积极构建与国际伙伴在研发领域的合作桥梁

续表

领域	子维度	评价标准
战略执行	秉持科学诚信、伦理道德、职业操守与可持续发展的原则，机构推行强有力的政策框架，以巩固社会信任基石	在科学诚信领域，机构采取了包括提升诚信意识的全面政策
		面向科研与创新活动中的伦理议题，机构不仅贡献智慧，还在团队内部实施教育计划
		机构致力于确保所有职业及活动领域的内部道德措施达到高标准
		在可持续发展道路上，机构坚定执行战略，尤其注重减少活动对环境的影响
		为保护研究人员的创新成果，机构建立了有效的保护机制
	机构对资源与能力的发展持有清晰的前瞻性规划	机构拥有与战略相契合的视野，灵活应对需求与资源的周期性变化
		前瞻性的人力资源管理策略是机构根据战略制定的重要一环
		机构在不同活动领域的商业模式既明确又可持续，支撑其稳健发展
		面向未来，机构对资源多样化政策进行深入分析，确保资源稳定供应
活动和结果	确保研究活动持续焕发活力，同时遵循科学政策指南，引领前行方向	聚焦于国际视野，机构高度重视各研究领域科学产出的质量，并明确主要贡献
		结合过去5—10年研究活动的演变，组织描绘了一幅愿景蓝图
		通过分析科学政策执行的成功案例与局限，机构强化了研究活动的支持体系，同时推动了新兴研究领域的发展，并助力跨学科合作、青年科学家成长及高风险项目的探索
		与学术伙伴携手，机构推行了博士培养支持政策，促进博士专业交叉融合
		机构分析大型科学仪器管理政策的实施效果
		机构秉持开放科学理念，不仅实施相关政策，还严密监控其成效，特别是通过引入高效的数据管理与开放工具来推动实践
		遵循开放科学政策，机构积极开展活动促进知识共享与交流

续表

领域	子维度	评价标准
活动和结果	聚焦创新政策导向，机构展现其卓越成就	在团队内部，机构培育了鼓励创新与勇于尝试的文化氛围
		机构对创新活动成果进行了全面评价，既肯定了成就与贡献，又从失败中汲取了宝贵经验
		社会经济影响被视为机构活动的重要考量因素
		深入分析政策框架下各项行动的成功与不足，包括与企业合作的多种形式如研究合同、讲座、联合实验室等，以及长期合作框架下的研究、专长共享、产业互动与人才流动等，以持续优化合作策略
		评价效能及其局限，审视政策框架下的支持活动，涵盖技术转移、知识传授、创业扶持、知识产权管理、标准化及研究团队培训等，直至项目成熟移交
		机构对与公私营部门合作创新的质量进行深度剖析
	通过开展科学专业知识活动，为各级政府及国际公共机构提供坚实的公共政策支撑	通过定性与定量评价，机构科学助力公共政策的成效显著，并明确其影响力边界
		深入分析成功与局限并存的活动支持策略，强化人员培训、道德标准及科学诚信认知，提升整体活动认知度
		组织汇聚学术精英，为公共政策提供专业智慧支持
		整合集体与机构专长，机构采用多元化知识应用策略
		与公共政策执行机构紧密合作，机构积极参与，共筑公共福祉
	项目申请者的档案评价流程严格遵循高质量标准	申请人科学成果有坚实的理论和方法基础
		遵循《旧金山宣言》原则，科学成果评价聚焦国际合作原创研究，强调高质量出版
		项目执行力与合规性成为评价申请人能力的重要指标，严格遵循项目指南
	项目评价方法恪守科学诚信、伦理道德、开放科学及科技资产保护原则	评价标准严守科学诚信与伦理底线，确保研究活动符合既定规则与价值导向
		在研究结果的评价框架内，机构着重强调对伦理道德的尊重
		遵循开放科学理念，机构制定了评价标准
		机构保护研究人员的发明免受外界侵扰

续表

领域	子维度	评价标准
活动和结果	评价团队独立运作，成员均具备业界认可的科学素养与专业能力	评选委员会由中立且具备公认专业能力的科学家构成，确保机构评价的公正性
		机构力挺在国际期刊与书籍中成果显著的研究人员及教育人员，强化委员会的支撑作用
	机构实施科学融入社会战略	对外传播科学技术文化的活动，机构从多维度进行评价，关注成效与受众广度
		评价多元受众行动的核心贡献与社会影响力
		参与式科学项目在机构内得到积极开发与实施
		通过培训助力科学家以专家身份有效沟通，促进科学诚信得到非专业受众的理解
	机构依托高效管理流程与强大的支持体系，确保稳健前行	为提升活动认知，机构深入分析行动成效与局限
		预算管理及仲裁流程与机构战略紧密衔接，透明且高效
		机构的信息系统覆盖全面，满足内外需求，同时确保信息安全
		支持功能清晰、相关且高效运作，同时内部用户满意度成为定期审视的重点
		研究支持部门在组织中展现出高效与灵活性，完美契合需求
		战略的部署既有效又与组织动态紧密相连
未来几年的战略方向	结合自评结果，机构展望未来几年战略方向，并描绘核心发展蓝图	为确保战略项目与评价工作的顺利进行，机构采用透明流程，积极吸纳员工、机构及合作伙伴的参与
		回顾活动轨迹，深入剖析优劣势及未来几年的核心挑战
		明确数年内的战略蓝图与目标，直至下次评价，尤其聚焦于核心议题

资料来源：根据 HCÉRES 网站提供的数据资料制作。

期刊的研究领域和专业实践领域之间的相关期刊，后者在教育和培训方面具有重要作用。教育学科期刊来源于 ERIH 期刊列表的教育学与教育学研究部分，以及全国大学委员会（CNU）第70 分委员会认可的期刊名单。委员会根据期刊提交的申请表和样刊审查新的认证申请。新增加期刊必须符合外部同行评审、同一研究单位的作者少于 30%等学术期刊的基本要求。

心理学的“期刊目录”与以上两个学科又有不同，它实际上只是多个相关数据库收录的学科期刊的集合，用于学术评价时还参考 SCImago 的分区情况。对于数据库不收录的期刊，可提出申请，由专家委员会审核决定是否将该期刊纳入评价范围。

在国家学术评价活动中，期刊目录不直接用作打分依据，而是作为辅助专家判断的参考信息。例如，期刊目录可以在评价期刊论文时作为质量参考，评价研究活动（如担任期刊编委）时协助判断和比较期刊声誉，评价机构时作为机构研究活动的可观察事实加以考虑。HCÉRES 在各学科的《研究产品和研究活动指南》中给出了期刊目录的使用方式建议。

4. 评价周期

法国高等教育机构和研究机构的评价周期为五年。根据符合政府合同政策要求的时间表，其将高等教育机构划分为五个地理区域，称为 A、B、C、D 和 E，每年开展一个区域的评审。HCÉRES 于 2018 年和 2022 年进行了两轮评价，由于篇幅限制，本报告列出的是 2022 年最新一轮评价的指标。法国对实验性公共机构的评价、对国家研究组织的评价以及在国际层面进行的评价都超过五年。

5. 评价流程

HCÉRES 采用综合评价开展其评价流程（见图 6-1）。评价流程包括以下步骤：（1）评价活动的准备。包括评价框架的设

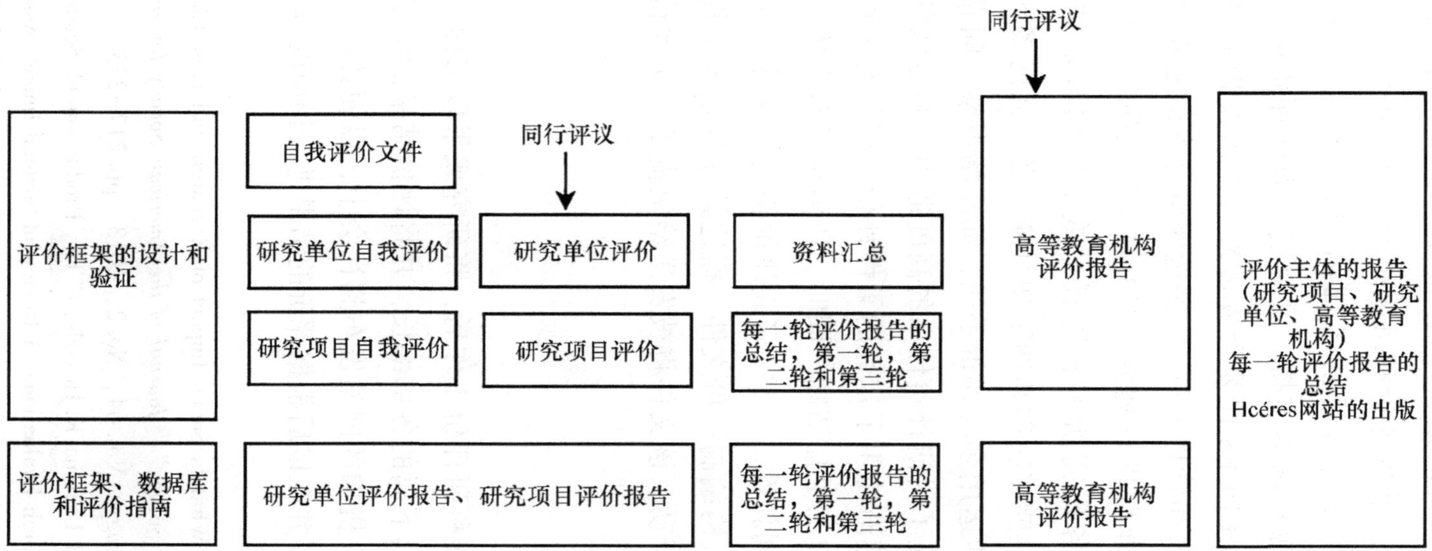

图 6-1　HCÉRES 的综合评价过程

资料来源："HCÉRES External Review Report"，https：//www. enqa. eu/review-database/external-review-of-HCÉRES/。

计和验证。（2）启动评价活动和规划。研究单位或研究项目准备自我评价文件。（3）准备评价和组成小组。负责评价高等教育机构、研究单位和研究项目的各部门密切合作，并得到HCÉRES科学和技术观察站的支持。该观察站为被评价的实体提供文献计量指标。HCÉRES评委会成员来自法国及世界各大高校、科研院所的科研和管理人员。① 挑选评审专家的基本方式为：以各专业、各专业群进行划分，2/3的委员从研究员中选出，1/3的委员则由各研究所所长聘任，或从国内外聘请。②（4）与机构会面，使其能够明确其期望和具体问题。面向多样化的科研评价主体，灵活运用多种评价手段，如现场考察、问卷调查及自我评价等，彰显了科研评价体系的高度适用性和方法的丰富多样性。虽然已经逐渐使用了定性的柔性评价，但是对于评价过程和团队单元的确定却更加清晰。同时，还强调了对实体机构进行评价的情境性和创新性。（5）完成评价报告。在评价报告中，HCÉRES要求各机构编制一份文件，概述其评价报告中提出的建议和采取的主要行动。该文件将被发送给负责下一次评价的专家小组。

6. 评价结果运用

评价机构每次开展科研评价工作后，将研究成果以书面形式送到决策管理部门和其下属的各部部长，并将评价结果的电子版通过评价机构和被评价机构的网站发布到社会上，以便让广大群众了解科研评价工作，并在以后根据评价的结果进行相应的调整。

---

① Bornmann L.，“What Is Social Impact of Research and How Can It Be Assessed? A Literature Survey”，*Journal of the American Society for Information Science and Technology*，Vol. 64，No. 2，2013，pp. 217–233.

② Jorrit P. Smit and Laurens K. Hessels，“The Production of Scientific and Societal Value in Research Evaluation：A Review of Societal Impact Assessment Methods”，*Research Evaluation*，Vol. 30，No. 3，2021，pp. 323–335.

法国推行“以绩效为导向”的绩效预算方针，通过“任务—方案—行动”架构，逐级实施。[①] 法国与国家、高校签署了定期合作协议后（一般 4—5 年），HCÉRES 的评价结果正式与下一年的资助金额相挂钩。HCÉRES 的主要资金来源是政府拨款。在财政法案草案的年度讨论中，法国议会辩论并投票表决了该预算。HCÉRES 在 2020 年获得了约 1900 万欧元的业务预算。HCÉRES 拥有自己的资源，这些资源来自其国际评价活动，并由外部委员会为 OST 编制分析指标。HCÉRES 2017—2020 年预算如表 6-4 所示。

表 6-4　HCÉRES 2017—2020 年预算　（单位：欧元）

	2017 年	2018 年	2019 年	2020 年
工资成本	8946005	8870409	10302707	9860191
经营费用	8825497	9517108	9644603	9259618
开支费用	17771552	18387517	19947310	19119809
自有资源	0	318.788	720.260	459.361

资料来源：“HCÉRES External Review Report”，https://www.enqa.eu/review-database/external-review-of-HCÉRES/。

根据《法国预算组织法》，国家预算分为任务、方案和行动，以监测主要公共政策的执行情况。每个方案都有其战略、目标和业绩指标，业绩指标以数字形式衡量目标的实现情况。自 2005 年以来，法国科技部编制了部分预算文件指标（年度绩效项目 PAP 和年度绩效报告 RAP）。它们列在基于 Web of Science 开发的 OST 数据库中（国际出版物参考数据库）；通过参与欧盟研发框架计划（FP）项目来参与欧洲研究区的建设。这些指标涉及：高等教育和大学研究；多学科科学和技术研究；

① 王晓菲：《法国发布科研税收抵免系列评估报告》，《科技中国》2019 年第 6 期。

可持续能源、发展和流动领域的研究；地理和气象专门知识和信息的研究；空间研究（空间任务和法国空间研究中心）。根据出版物的不同，计算的指标可能略有不同。

（四）法国国家科研评价的特点

1. 不断完善内外结合评价体系

法国科研评价的一个显著特征是不断完善内外结合评价体系。法国的高等教育评价既重视外在评价，又重视内在评价。基于大学自治原则，法国高校或科研组织自身承担着教育质量管理的首要责任，内部评价体系是其构建的重要依据。① 法国高等研究院在 2021 年 11 月发布了 2022—2023 年的评价改革指南：为被评者配备更加科学有效的指标、管理手段、评价系统和训练课程，从而使评价过程更加合理和有效。②

在 HCÉRES 的引领与监督框架内，各高等院校依据区域特定的评价标准与文件，自主开展科研评价工作。③ 遵循独立、透明、公正和平等的主要原则，纳入道德标准、确保平等和向国际专家开放来增强专家招聘的严谨性，提升专家招聘过程的透明度和质量、及时更新专家库，促进建立高质量的同行评审系统。建立诚信的道德标准和符合同行评议制度的国际伦理规则，是评价机构成功的关键。鉴于专家组的评价是依据科学研究机构自身的评价，因此，为了使这些优秀的大学和研究机构能够

① 张辉菲、陈敏：《英美德法奥国家的科研评估机制对我国的启示》，《科技与创新》2018 年第 14 期。

② 张琳、韩钰馨：《破除“唯论文”后的科研评价改革探索——国外高校科研评价的实践与启示》，《世界社会科学》2023 年第 3 期。

③ Département d'évaluation des organismes, “Référentiel D'évaluation Des Organismes De Recherche”, https://www.hcéres.fr/sites/default/files/media/downloads/referential-devaluation-des-organismes-de-recherche_ 1.Pdf.

成功地通过外部评审，使之能够继续存在或者成为“IDEX 计划”的永久成员，并得到更多的资助，这些机构都致力于提高自身的科学研究水平，并保证研究成果的质量。

法国大学科研评价主要采用内外相结合的方法，充分体现了大学的自主性。作为被评价目标，大学可以更加深刻地认识到自己的科研情况、优势和不足之处，通过自我评价不仅深刻揭示了被评价院校的内在特质与成就，还为外部专家同行评审提供了坚实的信息基础与有力支撑，促进了评价的全面性与准确性。① 在评价体系中引入自评也是今后一段时期的发展趋势。

2. **积极探索完善分类评价**

HCÉRES 是一个独立的行政机构，负责定期评价法国的高校和研究机构。该委员会每五年对这些机构进行一次评审，旨在支持它们的发展并助力其实现战略目标。为了进一步提升法国高等教育及研究的质量，HCÉRES 正在致力于实施更为高效的评价体系。HCÉRES 与相关的教育和研究机构之间建立起一套共同的评价机制，能够缩减各类机构、项目和研究单位之间的差异，并根据不同情况调整评价标准。

（1）促进分类评价的独特性和创新性发展

HCÉRES 对专家进行严格筛选，建立一个明确的分类专家评审小组，并以此为指导，以质性评价为导向，以交互式的方式进行评价。② 通过对评价主体的使命进行深入思考，并结合其对科研和教学的支撑作用，再经过反复地探讨、阐释和分析，促进研究形成一种具有原创性的新知识、新范式和新方法。促进分类评价的独特性和创新性发展，有助于检验高等教育评价、

① 李燕宁：《法国的人文社会科学研究》，《经济与社会发展》2005 年第 11 期。

② 徐芳等：《科研评价改革与发展 40 年——以基金委同行评议和中科院研究所综合评价为例》，《科学学与科学技术管理》2018 年第 12 期。

研究机构评价、研究单位评价、博士学位评价等原创性和质量。

（2）推动分类评价专业化发展的良性循环

科研评价的重要意义是以评促改。法国明确地界定了不同评价对象的类别和机构，并且在科研评价过程中具备可操作性。根据评价标准与被评价机构就科研、管理、未来发展等方面进行全方位、深入的交流，并根据不同的话题，开展研讨、访谈交流、信息公开前的交互反馈，评价机构发布一份全面的评价报告。目的是通过以评促改，让科研机构明确自己的发展方向和道路。

（3）形成分类评价指标系统

以标准化的质量标准和灵活的评价方式为基础，促进科研院所站在世界前沿，做出原创性的研究成果。而每一项的特定指标，可以提高特定评价的可操作性，使评价者能够以循证为基础，做出科学、合理的评判。在新的评价标准指导下，有利于促进高层次、高水平的研究，构建更加精细、更深层次的评价系统。法国在科研评价发展演进中，虽然注重定量评价指标的演变，但也存在因定量评价而发生不均衡发展甚至引起冲突的现象。因此，法国采取适度分层分类的方式，对原来的评价标准进行了修正。

3. 建立全过程、全周期、多元化的科研评价指标

在全过程方面，法国关注科研机构的科研成果、内部管理和五年的科研计划等方面，确立多种评价指标体系。法国将重点放在对科研本身的评价上，通过对其进行全面的评价，进一步优化高校科研计划、科研人员经费、任用和晋升等方面所采用的以评审为依据的评价标准①，同时通过在高等教育、质量保

① 王顶明、黄葱：《新时代高校科研评价改革的思考》，《高校教育管理》2021年第2期。

证和评价方面与其他国家开展合作，加强其在欧洲和国际舞台上发挥重要作用。在全周期方面，法国科研评价实行长周期评价。把法国分成五个主要地区，每一年仅对某一地区的大学进行评价。五个地区各自制定了评价准则，每一轮评价以五年为一个周期。在多元化方面，多元信息采集对评价结果的公正性产生深远影响。除要求提交详尽书面材料外，更融合实地考察、深度访谈、问卷调查等手段，广泛吸纳被评单位内部跨岗位、跨层级的多元声音，旨在构建一个全面、公正、客观的评价体系。此举不仅丰富了评价维度，也确保了评价结果的准确性与公信力。①

① 张惠、刘宝存：《法国创建世界一流大学的政策及其特征》，《高等教育研究》2015 年第 4 期。

七　荷兰战略评价协议

（一）荷兰科研体制概况

荷兰位于欧洲西北部，面积41528平方千米，人口1798万人（荷兰统计局，2024年7月）。① 17世纪荷兰曾为海上殖民强国，经济、文化、艺术、科技等各方面均非常发达，被誉为荷兰的“黄金时代”。18世纪后，荷兰殖民体系逐渐瓦解，国势渐衰，但依然是发达资本主义国家。荷兰电子、化工、水利、造船以及食品加工等领域技术先进，金融服务和保险业发达。2023年，荷兰国内生产总值为1.03万亿欧元。荷兰的高等教育水平位居世界前列，现有13所公立研究型大学，其中9所综合性大学、4所理工性大学。著名高等院校有莱顿大学、乌得勒支大学、阿姆斯特丹大学等。2023年，11所研究型大学跻身《泰晤士高等教育》世界著名大学前200名。②

荷兰政府的科研主管部门主要是荷兰教育部、经济部，这些政府部门主要负责科研活动的政策制定和实施。③ 具体资助机

---

① 《荷兰国家概况》，中华人民共和国外交部网站，http：//cs.mfa.gov.cn/zggmcg/ljmdd/oz_ 652287/hl_ 653467/。

② 《荷兰国家概况》，中华人民共和国外交部网站，http：//cs.mfa.gov.cn/zggmcg/ljmdd/oz_ 652287/hl_ 653467/。

③ 卜宪群等：《荷兰、英国科研管理组织的基本模式与特点——中国社会科学院赴荷兰、英国科研管理考察报告》，《社会科学管理与评论》2010年第2期。

构主要包括荷兰研究理事会（The Dutch Research Council，荷语简称NWO）和荷兰皇家艺术与科学院（The Royal Netherlands Academy of Arts and Sciences，荷语简称KNAW）等。同时，NWO和KNAW下属的科研院所和大学是荷兰主要的政府资助科研机构。

NWO成立于1988年，隶属于荷兰教育、文化和科学部，是荷兰最重要的科学资助机构之一，负责荷兰研究质量和科学创新。NWO的职能主要是通过资助科研活动的方式提高科研水平，促进科学研究的创新，鼓励并推动科研领域的新发展；帮助科研成果的传播，使全社会受益。① NWO每年投资近10亿欧元用于资助好奇心驱动的研究、与社会挑战和研究基础设施相关的研究。NWO致力于推动世界一流科学研究，并要求科学研究具有科学和社会影响力。NWO资金资助范围几乎涵盖所有研究领域。NWO包括资金资助组织和若干研究所。NWO资金资助组织涵盖三个大的学部，分别是科学、社会科学与人文、应用与工程科学学部。同时，NWO还有十个研究所。NWO的资金主要来自荷兰教育、文化和科学部，大部分资金用于资助荷兰大学的科研项目和科研人员，以及用于NWO所属科研院所的研究和投资。

KNAW成立于1808年，旨在促进各类科学和学术的发展，具体职责包括：学术论坛和知识交流的平台；管理和制定国家研究机构的政策；发布咨询报告和前瞻性研究；在科学和学术方面与外国和国际组织合作；颁发奖项，开展一些资助项目。KNAW负责十个国家研究机构和两个提供研究基础设施的研究所。这些研究所活跃于人文、社会科学和生命科学领域。KNAW有很多世界著名的研究所，它们在荷兰和国际研究中发挥着重要作用。②

① 关于NWO的介绍，参见https：//www. nwo. nl/en/about-nwo。

② 关于KNAW的介绍，参见https：//www. knaw. nl/en/。

荷兰研究型大学也是荷兰国内重要的科研机构。14 所大学①组成了一个机构联盟——荷兰大学协会（the Association of Universities in the Netherlands，VSNU）②，共同向外界展示大学如何履行其社会职能，制定与学术教育、研究和价值相关的共同目标。

（二）荷兰科研评价发展历程

1. 荷兰科研评价的起源

20 世纪 70 年代开始，荷兰逐渐发展起丰富的科研评价文化。20 世纪 60 年代之前，荷兰并没有专门的科学政策。但是当时与其他国家一样，科学劳动力的空前增长导致荷兰出现了国家科研优先资助的问题，而科学政策普遍被认为能为分配机制提供合理的基础。因此，荷兰于 1966 年成立科学政策咨询委员会（the Advisory Council for Science Policy，RAWB），以协调和促进新的政策领域。随后受经济合作与发展组织（OECD）出版的《总报告：技术差距》和美国国家科学基金会出版的《科学指标》报告的影响，荷兰的科学政策开始关注定量的科学技术指标。1973 年，荷兰任命了第一位科学政策部部长（Minister for Science Policy，MW）。MW 负责协调国家科学政策，出版了科学政策备忘录，以促进研究的质量和有效性，以及研究的社会经济相关性。1974—1989 年，MW 协调开展了一系列对荷兰大学学科的学术评价。这些评价旨在作为调查战略研究领域和制定国家研究优先事项的规划工具，其中一些评价已经开始使用出版物和引文数据。因此，到 20 世纪 70 年代末，荷兰建立起国

① 关于荷兰大学协会的介绍，参见 https：//www.universiteiten-vannederland.nl/en/who-we-are。

② 2021 年，荷兰大学协会更名为 Universiteiten van Nederland（Universities of the Netherlands），简称 UNL。

家科学政策，同时出现了对定量研究评价的需求。在国家层面，定量指标测试和发展出现于 20 世纪 80 年代初期，尤其是在 RAWB 和科学政策总局（Directorate General for Science Policy，DGW)。随后，RAWB 利用定量指标或定量指标与专家定性相结合的方式对特定学科领域进行分析或评价。DGW 也成立了内部指标工作组并发布了指标报告。到 20 世纪 90 年代初，荷兰政府为建立科学和技术的定量评价付出了相当大的努力，旨在为国家科学政策提供有用信息。①

2. 针对机构的科研评价体系

20 世纪 80—90 年代，荷兰针对机构的科研评价体系主要由荷兰研究理事会（NWO)、荷兰皇家艺术与科学院（KNAW）和荷兰大学协会（VSNU）三个组织建立。NWO 建立的同行评议与文献计量分析相结合的评价体系具有以下特点：评价标准包括机构战略、科学质量、研发、人力资源管理和经费管理、研究项目的质量和一致性、基础设施、机构地位、第三方融资的规模和质量、先前建议的后续跟进等；评价形式包括自我评价和外部评价，其中自我评价包含机构过去的表现和未来的研究潜力；评价流程包括实地考察；评价周期是五年。KNAW 的评价体系与 NWO 类似，但又有自身特点：更多地关注科学质量而不是与社会相关的标准；采用四分制评分量表；向院长发送评价报告摘要。②

① Petersohn S.，Heinze T.，"Professionalization of Bibliometric Research Assessment，Insights from the History of the Leiden Centre for Science and Technology Studies（CWTS）"，*Science and Public Policy*，Vol. 45，No. 4，2018，pp. 565-578.

② Jan van Steen and Marcel Eijffinger，"Evaluation Practices of Scientific Research in the Netherlands"，*Research Evalutation*，Vol. 7，No. 2，1998，pp. 113-122.

与此同时，荷兰大学主动发起并监督自己的教学活动质量。1992 年，荷兰教育、文化和科学部与 13 所大学达成协议，决定由 VSNU 建立一个国家层面的外部研究评价系统以补充大学内部的质量控制。这个评价系统部分基于教育项目评价，主要目标是帮助大学的研究管理，并支持大学内各级直至执行委员会的决策。VSNU 评价协议有以下特点：评价所有的学术研究；同行评议是标准程序，可辅以文献计量分析；评价标准是科学质量、科学生产力、相关性和长期生存能力；每项评价标准都给予五分制的评价；评价流程包括实地考察；评价报告公开发布。虽然 VSNU 为大学医院之外的所有高等教育机构规定了标准程序，但是 VSNU 内部的学术委员会可以详细规定自我评价包含的数据和信息。VSNU 评价协议中，文献计量数据可作为同行评议的有效补充，尤其是在自然科学领域。VSNU 分别于 1993 年、1994 年和 1998 年开展了三次研究质量评价。

上述三家组织的评价体系虽然并不一致且各自运行，但又有相同之处，都为后面建立统一的国家层面的科研机构评价体系打下了坚实的基础。

3. 国家层面科研机构评价体系的建立

VSNU 评价协议虽然是国家层面针对研究型大学的科研评价体系，但它并没有得到荷兰科学政策界的一致支持，这里既有来自人文社会科学领域代表的批评，也有来自 KNAW 科学家的批评。因此，在 21 世纪初，荷兰成立了由 KNAW、NWO 和 VSNU 代表组成的联合工作组“科研质量控制组”（The Quality Control of Scientific Research Group，KWO），共同负责所有科研单位的评价工作，确保有一个定期更新的评价协议，每次评价协议持续六年，确保所有的科学研究在六年内评价一次。为此，KWO 制定了新的评价程序“标准评价协议”（Standard Evaluation Protocol，SEP）。VSNU 的 14 所大型研究型大学、NWO 和 KNAW 的研究机构都使用 SEP。SEP 放弃了学科的国家比较，在保持通用的评价程序框架下，给予机构更多自由来选择其想要进行研究质量评价的格式。SEP 详细规定了荷兰研究型大学和科研机构开展科研评价的目标、维度、方法和流程，要求接受国家科研资助的高校和科研机构定期开展内部评价和外部评价。自此，荷兰建立起国家层面的科研机构评价制度。SEP 评价结果对荷兰国家层面的科研投入和战略选择、高校和科研院所的学科发展，以及科技创新活动等产生重要影响。

SEP 自 2003 年正式实施，每六年为一个评价周期，第一版评价周期是 2003—2009 年，此后又经历了 2009—2015 年和 2015—2021 年两次评价周期，目前处于第四个评价周期（2021—2027 年）。SEP 每经历一个评价周期后，都会对评价标准等方面进行修订，颁布新版本。在 2020 年发布的最新版本中，SEP 名称也由原来的“标准评价协议”（Standard Evaluation Protocol）改为“战略评价协议”（Strategy Evaluation Protocol），进一步强调科研机构的目标和战略是评价的重点。

（三）荷兰战略评价协议（SEP 2021—2027）

荷兰于 2020 年 3 月批准了新的评价协议，SEP 代表战略评价协议，更加强调研究评价是基于科研单位的目标和战略背景，不只是关注研究本身，还要关注与研究相关的各种战略。SEP 2021—2027 方案由 VSNU、NWO 和 KNAW 制定并通过。三个组织承诺在 2021—2027 年根据 SEP 对其组织内的所有研究进行评价。本部分内容主要基于 SEP 2021—2027 的政策文件①进行编译。

① “Strategy Evaluation Protocol 2021 - 2027”, https://www.universiteitenvannederland.nl/files/documenten/Domeinen/Onderzoek/SEP_2021 - 2027.pdf.

1. 评价对象和目标

荷兰规定每六年为一个学术研究评价周期。SEP 的评价对象是 VSNU、NWO 和 KNAW 三个组织中公共经费资助的科研单位（research units）。科研单位可以是科研机构的组织层面（如研究院所、高校院系），也可以是科研团队或项目层面（如部门或研究小组）。SEP 评价科研单位的目标和战略。SEP 评价旨在监测研究单位发展和提升研究质量，评价的主要目标是维持和提升研究的质量和社会相关性，并在保证研究质量情况下促进关于研究质量、社会相关性和生存能力的持续对话。SEP 对研究质量和社会相关性的评价有助于机构履行对政府和社会的责任。SEP 评价目的在于分析科研机构的优劣势，诊断问题，提出发展研究建议，最终达到提升科研质量的目的，评价结果并不对科研经费分配体系产生直接影响。①

2. 评价标准

SEP 2021—2027 的评价标准包括主要评价标准和具体要素两大类。主要评价标准包括研究质量、社会相关性和生存能力。除了三大主要标准，还包括与主要评价标准紧密相关的具体要素。

（1）主要评价标准

①研究质量

评价委员会根据科研单位自身的目标和战略，从本国、本地区或国际层面（视情况而定）评价科研单位过去六年所开展研究的质量。评价核心是科研单位对科学知识体系的贡献，研究的质量和研究的科学相关性，以及在相应学科领域中的学术声誉和领导地位。评价委员会的评价以科研单位提供的叙述性

① 张琳、韩钰馨：《破除“唯论文”后的科研评价改革探索——国外高校科研评价的实践与启示》，《世界社会科学》2023 年第 3 期。

论证为基础，以科研单位在国家或国际研究领域所取得的科学成就的证据为支持，根据叙述中所提出的具体内容而定。SEP评价方案明确遵循《旧金山宣言》中的评价指导原则。

②社会相关性

社会相关性是指科学研究在经济、社会、文化、教育或其他任何可能相关方面的社会影响力、公众参与度和实际应用情况。社会影响往往需要经过较长的一段时间后才能显现，因此，过去六年中显现的社会影响很可能是由科研单位多年前开展的研究产生的。评价委员会根据科研单位自身的目标和战略，通过评价研究单位取得的成就来评价其社会相关性。评价委员会也会在适当情况下考虑教学与研究的关系。评价委员会将根据科研单位对关键科研成果及其影响的叙述性论证，以及科研单位在社会影响力和参与度方面作出的贡献进行评价。

③生存能力（viability）

生存能力是指科研单位未来六年的目标在多大程度上具有科学和社会意义。

此外，评价委员会还要评价科研单位的目标和战略，以及单位领导层的远见和全面管理措施是否适合实现这些目标。最后，评价相关计划和资源是否足以支撑战略的实施。此外，评价委员会还会评价科研单位在相关学科领域的预期发展和社会发展方面的能力，以及科研单位的更广泛的体制背景。

（2）具体要素

研究质量、社会相关性和生存能力三大评价标准是科研单位评价的核心，这三个标准还包括取决于科研单位目标和战略的一些具体要素。其中至少包含与主要评价标准相一致的四项具体要素：开放科学、博士生政策与培养、学术文化和人力资源政策。评价委员会评价时也要考虑上述具体要素。上述具体要素涉及科研单位如何组织并实际开展相关研究，领导和人员方面的构成，以及科研单位如何开展日常运作。虽然程度可能有所不同，但四项要素是三个主要评价标准的组成部分。例如，通过开放获取出版，公开研究数据和代码，以及公众参与等不同实践形式。开放科学是实现研究质量和社会相关性的重要组成部分。一般而言，开放科学对科研单位的生存能力至关重要。上述四大具体要素与主要评价标准紧密相关，不能分开处理。

评价委员会需要评价科研单位在具体要素方面的日常实践工作是如何促进或阻碍了其战略目标的实现。科研单位可以在自评报告中将具体要素与评价标准关联起来。例如，一个单位在过去六年中致力于创造一个开放和包容的研究环境：每周组织午餐讲座；在研究的早期阶段介绍研究设计；鼓励演讲者在同事提问、表扬和提供建设性反馈时分享自己的困境。这种开放包容性的环境有助于改进研究方法，促进单位研究质量的提升。

①开放科学

如果可能和相关，评价委员会将考虑科研单位在制定和执行目标和战略时让利益相关者参与的程度，同时评估科研单位在其战略和政策框架下向其他研究人员和社会利益相关者开放其工作的程度。此外，委员会还会考虑科研单位是否在可能的情况下重复使用数据，如何根据 FAIR 原则存储研究数据，如何提供研究数据、方法和材料，以及何时通过开放获取其出版物。即便科研单位过去尚未考虑开放科学，评价委员会也会评价科研单位未来的开放科学考虑和计划。

②博士生政策与培养

在荷兰，多数情况下博士生被大学聘为（临时）科研人员，任务是开展科学研究，因此博士评价通常侧重于科学研究。评价委员会根据科研单位的目标、战略和政策对博士生进行考察、监督和指导，包括在相关机构研究生院和（国家）研究学院的博士生。此外，委员会也会考察质量保证体系是否正常运行。因为评价是基于科研单位的目标和战略，因此科研单位自身设定的目标也很重要。考虑到不同科研机构中大量博士生的特殊地位，对博士生的培训、指导必须加以重视。

科研单位需要在自我评价报告中反思博士课程的体制背景、博士课程的内容和结构、博士研究生的选拔和录用程序，以及博士生和博士培训在本单位研究中的地位。此外，科研单位还需要反思博士生指导、培训和监督计划的有效性、博士生就业指导等。

③学术文化

学术文化是指科研单位开放、(社会) 安全和包容的科研环境，以及科研诚信和道德方面的政策及行动。

开放、(社会) 安全和包容性。评价委员会考察科研单位研究环境的开放性、社会安全性和包容性。科研单位在其自评报告中应从以下三个方面反思其学术文化：一是鼓励工作场所中观点和身份的多样性；二是在开放性、安全性和包容性方面采取的措施；三是科研单位及领导如何促进学术文化交流等。

科研诚信。评价委员会考察科研单位科研诚信方面的政策，以及在促进《荷兰科研诚信行为准则》里相关规定和要求方面的行动。科研单位要在自评报告中反思数据的准确性、可靠性，以及在单位内部独立和批判地探究科学的程度。此外，科研单位还要反思科研诚信和道德的重视程度，流行的科研文化和互动模式，已经出现的困境，以及如何处理这些困境。

④人力资源政策

人力资源政策主要考量科研单位人力资源多样性和人才管理方面的政策和行动，具体包括多样性和人才管理两方面。

多样性。评价委员会考察人力资源多样性（包括性别、年龄、民族、文化背景和学科）的程度，同时还会评价科研单位未来在人力资源多样性方面的行动和计划。科研单位在自评报告中阐述其在人力资源目标、战略和政策方面的多样性。此外，科研单位还应反思如何保证促进多样性的人力资源实践，如包容性的选择和评估程序。

人才管理。评价委员会根据科研单位的目标和战略考察其人才遴选和发展方面的政策，具体包括科研单位的招聘政策、培训和发展机会，以及为研究人员和科研辅助人员在不同职业生涯阶段提供的职业前景指导。科研单位在自评报告中反思其选择、培训、晋升和留用政策，以及提供不同职业道路机会的方式。自评报告中还包括科研单位如何确保研究人员得到适当的评价、奖励和激励。

3. 评价流程

大学执行理事会、NWO 和 KNAW 理事会（以下简称“机构理事会”）负责所属科研单位的整体评价工作，主要职责包括：将评价纳入所辖机构的质量保证周期，确保每六年对其所有科研单位进行一次评价；确定评价单位；制定评价的职权范围；任命评价委员会并确保后续行动。

SEP 协议下的评价可分为三个阶段，分别是评价准备、机构自我评价和评价委员会的外部评价。SEP 的参与方包括机构理事会、评价委员会和科研单位，这些机构都会参与到评价的全过程，不过在各阶段各有侧重。

（1）评价准备

评价的前期准备工作主要涉及机构理事会。机构理事会负责制定所属科研单位的整体评价计划，确保每个科研单位在评价周期内都能被评一次，并对某次具体评价计划制定详细的日程安排。

①确定评价单位

机构理事会确定待评科研单位。科研单位可以是研究组、研究机构、学院下的研究团体等，也可以是单一学科团队或多学科团队。待评科研单位需满足以下条件：科研单位在机构内外被视为一个独立的实体，有自己明确的目标和战略；有一定体量，如长期工作的学术人员中至少有10名从事研究的全职员工（包括拥有终身职位的员工，但不包括博士生和博士后）；科研单位至少成立三年。机构理事会决定科研单位是否满足上述条件。

②讨论科研单位目标和战略

科研单位的目标和战略是SEP评价的重点。机构理事会在正式评价前会在一系列战略规划讨论中讨论科研单位自行制定的目标和战略是否合适，科研单位也会在这些讨论中分享其理想和愿望，以及实现的路径和策略。科研单位要在评价过程中的自评报告中列出其目标和任务，以及实现这些目标的行动计划。目标战略详细说明了科研单位想要实现的目标以及如何实现，既包括对科学知识体系方面的贡献，也包括对社会的贡献。因此，科研单位的目标和战略与该单位的学科概况、机构背景、综合水平和之前评价委员会的建议有关。

科研单位的目标和战略示例如下：

a. 目标是成为一个跨学科领域的国家和（或）国际中心，以便为该领域的进一步发展提供必需；

b. 旨在其研究主题中综合不同的科学方法，以便提供最深入的研究，例如，将理论和描述性观点结合在一起；

c. 目标是在其特定的子领域进行世界领先和前沿的研究；

d. 旨在专门研究特定技术或方法，以最大限度地影响其科学或技术目标；

e. 旨在将基础研究与应用研究相结合，以使特定专业或行业受益；

f. 希望其研究有助于学术讨论和社会讨论；

g. 希望其研究能为政策制定提供信息。

科研单位制定了科学和社会目标后，需要描述实现这些目标的战略计划。战略计划可包含但不限于以下要素：

a. 单位在研究人员/研究组/研究会议方面是如何构成的；

b. 研究成果发表渠道的选择；

c. 为产生社会影响而进行的传播渠道的选择；

d. 鼓励其他成员申请的基金类型；

e. 视为其科学和/或社会伙伴的对象；

f. 如何与这些伙伴互动；

g. 如何将开放科学融入其评价周期；

h. 如何组织博士政策和培训；

i. 培养的学术文化类型；

j. 指导、选择人才并创建人才多样化科研单位的人力资源政策。

除了描述科研单位的战略目标和计划，理想情况下其战略还涉及该单位确立和执行其目标和计划的过程，包括如下方面：

a. 谁参与了战略的制定（例如，单位的哪些成员和/或哪些社会利益相关者）；

b. 如何检测其战略计划的执行情况；

c. 实施过程中是否调整了战略目标或计划及其原因。

③制定评价的职权范围

机构理事会针对评价制定职权范围，包括以下几个方面：根据SEP协议，科研单位的目标和战略是评价过程中的主要职权范围，科研单位可以自由选择与这些目标和战略最相关的指标；最终评价报告的公开性说明；被评科研单位的具体信息和评价委员会必须考虑的一些因素；在涉及某个学科全国性评估的情况时，在国家层面对整个学科发展提出战略性建议；评价的三个主要标准和四个具体要素；科研单位的其他相关问题，如其目标和战略的充分性或适当性等，或理事会认为与科研单位过去和预期未来表现有关的其他方面。

④任命公正的评价委员会

机构理事会负责任命一个公正的专家评价委员会。为确保评价委员会与科研单位的研究和社会影响相匹配，评价委员会可以由科研单位提名，机构理事会批准任命。评价委员会能够在考虑荷兰科研环境和科研单位开放科学政策、博士生政策与培养、学术文化和人力资源政策下评价科研单位在当前国际背景下的研究质量、社会相关性和生存能力。评价委员会应在性别、文化、国家和学科背景等方面适度多样化，并尽可能有一些国际委员，以保证其能基于三个主要评价标准和四个具体要素对科研单位做出专业的评价。评价委员会中至少包含一名博士生和一名处于早期或中期职业生涯的研究人员。委员会也可包含一名非学术专家。委员会设主席一名，同时还应由一名独立于机构理事会和科研单位之外的秘书提供协助支持。秘书应熟悉荷兰科学研究环境下科研评价过程的细节，并协助评价委员会解释和应用战略评价协议来推进相关科研评价工作。但该秘书在组织架构上并不隶属于评价委员会。评价委员会应满足以下条件：

a. 熟悉相关研究领域的最新发展趋势，并且能够在当前的国际背景下评价相关研究；

b. 能够评价科研单位研究的适用性及其社会相关性；

c. 覆盖所有研究领域；

d. 对相关研究领域有战略意识；

e. 能够评价科研单位的管理；

f. 了解荷兰的研究体系，包括资助体制和博士项目，若不了解，则需要评价委员会秘书或机构理事会提供荷兰相关体系的具体介绍；

g. 能够评价开放科学、博士生政策与培养、学术文化和人力资源政策；

h. 公正公平进行评价，声明与被评机构没有直接关系或联系；

i. 评价委员间分工透明；

j. 至少包含一名博士生和一名早期或中期职业研究人员，

同时建议包含一名非学术专家；

k. 包含一名独立且有资质的秘书，该秘书与科研单位所属机构无关，并且熟悉荷兰科研环境下评价过程的细节；

l. 在性别、文化、国家和学科背景等方面适度多样化。

在正式任命评价委员会成员前，机构理事会需要将委员会的构成提交给科研单位得到科研单位的认可。

此外，SEP 2021—2027 不排除评价委员会的专家与待评机构存在利益关系，并将个人利益分为私人利益、职业利益、从属地位和商业利益四类①（见表 7-1）。为确保评价过程独立透明，评价委员会应始终贯彻落实公正性和保密性要求，并提供三套声明模板，供委员会成员参考。

表 7-1　　SEP 2021—2027 对评价委员会成员个人利益的分类

利益类型	具体描述
私人利益	家庭关系（三代以内血亲关系）
	友谊
	个人矛盾
职业利益	指导或曾指导博士或其他工作
	合作进行研究项目和/或发表论文和/或应用程序，或在过去三年内合作过，或未来计划将要合作
	在同一部门或同类组织的同事，或在可预见的未来成为同事
	存在职业冲突
从属地位	与任何职员、管理人员或理事会成员有上下级关系或未来将有这种上下级关系
商业利益	从待评科研单位谋取任何物质利益

资料来源："Strategy Evaluation Protocol 2021-2027"，https：//www.universiteiten-vannederland.nl/files/documenten/Domeinen/Onderzoek/SEP_ 2021-2027.pdf。

① 张宇、金纬：《如何破解科研机构评估难题——荷兰科研机构战略评估协议的启示》，《竞争情报》2022 年第 1 期。

声明模板 1（对大学）

签署人姓名：

……………………………………………

单位：

……………………………………………

参与评价（待评机构名称）：

声明如下：

- 我已阅读并理解上述有关公正和保密的原则。
- 我声明，我不会为了个人或他人利益而使用评价过程中提供给我的任何信息。
- 我声明，我完全理解评价过程的保密性，不会在评价过程中或评价后向其他人透露或讨论与评价相关的材料、个人意见或与他人召开的评价会议。
- 我声明，据我所知，我与待评单位不存在可能导致评价偏见的隶属关系或联系。
- 我声明跟待评单位没有利益冲突（如果在我任期内出现利益冲突，我必须声明并告知负责评价的机构理事会的联系人）。

时间：××年××月××日

地点：×××①

⑤制定评价行动计划表

机构理事会负责其所辖机构内评价的总体日程安排，决定何时对哪些科研单位进行评价。机构理事会需要制定一个时间表，将其公之于众，并提前通知各科研单位。科研单位和评价委员会行动计划如表 7-2 所示。

---

① "Strategy Evaluation Protocol 2021 - 2027", https://www.universiteitenvannederland.nl/files/documenten/Domeinen/Onderzoek/SEP_2021-2027.pdf.

表 7-2　　　　科研单位和评价委员会行动计划

时间	行动	执行人
评价开始前几年内	科研单位内部以及科研单位与理事会之间定期讨论目标和战略	科研单位、理事会
实地考察开始前 1—2 年内	确定评价的综合水平，确定开展特定学科的全国性评价或机构范围的内部评价	理事会
实地考察开始前 1 年内	理事会确定评审范围	理事会
实地考察开始前 10—12 个月内	确定评价委员会成员和秘书	理事会
实地考察开始前 10—12 个月内进行非正式检查；实地考察开始前 4—8 周内正式签署声明	评价委员会和秘书签署公正性声明	评价委员会
决定评价委员会的成员后立即执行，最晚于实地考察开始前 4 周内执行	理事会任命评价委员会和秘书	理事会
实地考察开始前 6—12 个月内	如果是全国性评价，则针对特定学科就评价规划/自我评价报告的格式达成协议	科研单位
实地考察开始前 2—10 个月内	撰写自我评价报告	科研单位
实地考察开始前 4—8 周内	理事会向评价委员会提交自我评价报告	理事会
实地考察开始前 1 个月以上	将实地考察的后勤安排发送至评价委员会	理事会
	实地考察	
实地考察结束后 8 周内	向科研单位提交评价报告初稿	评价委员会
实地考察结束后 10 周内	向评价委员会提交科研单位对有关事实性错误的反馈意见	科研单位
实地考察结束后 12 周内	如有必要，向理事会提交针对评价报告的书面回复	科研单位
实地考察结束后 20 周内	向理事会提交评价报告终稿	评价委员会
实地考察结束后 20—22 周内	理事会在立场声明中确定其立场	理事会
实地考察结束后 6 个月内	在网站上公开发布评价报告和理事会的立场声明	理事会
每年	在质量保证周期内讨论评价结果和可能采取的行动	理事会

资料来源：“Strategy Evaluation Protocol 2021-2027”，https：//www.universiteiten-vannederland. nl/files/documenten/Domeinen/Onderzoek/SEP_ 2021-2027. pdf。

（2）自我评价

SEP 要求科研单位首先开展自我评价，撰写不超过 20 页的自我评价报告（不包括附录和一个或多个案例研究），并辅以附录和摘要。自我评价以连贯的叙事论证的形式，以科研单位的目标和战略及其结果为基础，由可靠的数据支持。自我评价的附录中列出人员情况、财务数字和案例研究。科研单位根据评价标准选择研究成果、研究成果使用和认可方面的相关指标，并论证其所用指标与其目标和战略之间的关联性。科研单位的研究质量、社会相关性和生存能力是自我评价的中心要素。自评报告包括以下内容。

①引言。简要介绍科研单位的组织结构，科研单位的主要特点及过去六年的相关发展和变化。

②过去六年的任务和战略目标。科研单位过去六年在研究质量、社会相关性、生存能力三个方面的任务和主要战略目标，既包括对科学知识本身的贡献，也包括对社会贡献方面的任务和战略目标。科研单位的战略目标取决于单位情况，如学科、体制背景、综合水平或前一次评价委员会的建议。战略目标中还应涉及影响单位战略目标的相关背景信息和事态发展。此外，战略目标还应包括四个具体要素中的一个或多个。

③战略过程。科研单位描述其为实现战略目标所采取的行动，包括战略选择、行动、预期合作伙伴或受众等。战略计划可以包含四个具体要素中的一个或多个。

④过去六年研究质量和社会相关性领域取得的成绩。科研单位以叙述性论证描述其在过去六年取得的成绩，并尽可能以事实证据加以支持。在国家或国际研究背景下，科研单位在叙事论证中根据单位目标和战略以及某些学科惯例选择合适的指标，必要情况下可使用定量指标，以支撑科研单位在研究质量和社会相关性方面取得的成就，以便评价委员会了解与科研单位战略相关的成就和成果。成果与研究质量和社会相关性有关，

且包含对教学与研究关系的反思，同时还应包括具体要素方面的成就。叙述性论证中的事实证据可以根据研究质量和社会相关性领域的三个评价维度进行分类。另外，叙事论证中还可通过一个或多个案例研究进一步说明。研究质量和社会相关性领域的质量依据类型见表 7-3。

表 7-3　研究质量和社会相关性领域的质量依据类型

		质量范畴	
		研究质量	社会相关性
评价维度	可举证的研究成果	面向同行的研究成果 •（开放获取）期刊论文和综述 •（开放获取）图书和展览目录 •（开放获取）图书章节 •卷和专辑的编辑 •数字基础设施和数据库 •会议海报和会议论文集 •设计 •数据集和软件	面向社会目标群体的研究成果 •面向专业人士的图书指南和目录 •专利和许可 •面向专业观众的电影、纪录片和展览 •面向专业访客的网站 •面向普通读者的出版物中的图书章节 •面向普通用户的软件、数字媒体和游戏 •为普通观众举办讲座和会议 •面向普通读者的博客和论坛
	可举证的研究成果的被使用情况	同行对研究成果的使用情况 •评论 •数据集、软件和设备的使用 •论文、图书和其他成果的被引情况	社会目标群体对研究成果的使用情况 •与社会团体合作的项目 •合同研究（contract research） •教育中的使用情况 •专业和公共领域的参考资料
	可举证的研究成果的被认可情况	同行认可度 •个人获得的研究经费 •主要合作研究项目获得的基金资助 •颁发给个人或合作研究项目的奖项 •著名科学理事会或委员会成员认可	社会目标群体的认可度 •来自社会的资金和物质支持 •民间组织会员资格 •在民间社会组织中担任副职 •公共奖项

资料来源："Strategy Evaluation Protocol 2021-2027"，https：//www.universiteitenvannederland. nl/files/documenten/Domeinen/Onderzoek/SEP_ 2021-2027. pdf。

⑤未来六年的战略。科研单位思考未来的发展战略。科研单位利用 SWOT 分析自身的优势和劣势，同时分析外部环境中的机会和威胁。优势和劣势与科研单位自身的性质和特点有关，机遇和威胁与科学、社会等外部发展环境相关。SWOT 分析是科研单位制定未来六年战略计划的基础，通过 SWOT 分析既可以反思自身的成绩与不足，也可以分析自身在外部环境中的定位，并与国内和国际的同行进行比较。未来六年的战略必须包含四个具体要素方面的内容。

⑥摘要。自我评价文件附有一页摘要。摘要将与案例研究、评价委员会的评价报告和理事会的立场文件一起公开。

⑦附录。附录包含科研单位的基本信息，如员工人数、资金和博士生，还包含自选指标的证据以及若干案例研究。

（3）外部评价

评价委员会对科研单位的评价主要包括阅读自评报告，实地考察，并撰写评价报告。理事会将在实地考察前 1 个月给评价委员会发送线上实地考察时间表（见表 7-4），以及科研单位的自评报告。

①实地考察

科研单位与评价委员会主席和秘书协商后确定实地考察日程，科研单位和理事会决定经济或后勤保障。实地考察通常持续一到两天，在科研单位进行，以便了解高校和科研院所的运行情况。实地考察包含以下要素。

a. 内部启动会议。评价委员会召开内部启动会议正式启动实地考察。内部启动会议有三个目的：评价委员会了解 SEP 协议、评价程序和荷兰的科学研究背景；评价委员会成员和秘书讨论评价程序、职权范围和撰写评价报告的程序；评价委员会成员根据实地考察前收到的材料（自评报告和其他文件）讨论初步的发现。

b. 访谈。实地考察期间，评价委员会可与科研单位的代表及其他相关人员进行访谈，以便核实、补充自我评价报告中提供的信息，访谈对象包括科研单位的管理层、科研团队带头人、教职员工和博士生、董事会成员、科学和社会咨询委员会或其他利益相关方代表，必要情况下也可包括机构理事会或其他方面的代表，以及社会利益相关方和合作伙伴，以便评价委员会能够对科研单位作出相对客观公平的评价。

表 7-4 线上实地考察时间表

开始时间	结束时间	会议内容
09：00	09：45	预备委员会会议
09：45	10：30	与管理层访谈
10：30	10：40	短暂休息/讨论
10：40	11：10	与研究生院访谈
11：10	11：40	与 ABS-RI（商学院）博士生访谈
11：40	11：50	讨论
11：50	12：00	休息
12：00	12：40	与 ABS-RI（商学院）研究人员访谈
12：40	13：10	与利益相关者访谈
13：10	13：55	讨论
13：20	13：55	午餐
13：55	14：25	与 ASE-RI（经济学院）博士生访谈
14：25	14：35	讨论
14：35	14：45	休息
14：45	15：25	与 ASE-RI（经济学院）研究人员访谈
15：25	16：25	讨论与评价
16：30	—	结束当天活动

资料来源："Economics and Business Research Review 2015-2020：Research Review According to the Strategy Evaluation Protocol 2021-2027"，https：//www. rug. nl/about-ug/organization/quality-assurance/research/pdf/2022-02-25-final-report-economics-and-business-sep-evaluation-2021. pdf。

c. 临时内部会议。为了保证评价质量，重要的是给评价委员会足够的时间来讨论。

d. 内部结束会议。实地考察结束前，评价委员会将再次召开内部会议。在这次会议上，评价委员会成员交换观点，讨论调查结果，并就三个主要评价标准和四个具体要素对科研单位作出临时判断。

e. 参观（可选项）。评价委员会在必要时可在实地考察期间参观科研单位场所。

f. 提交临时调查结果。实地考察结束时，评价委员会主席可以向科研单位简要介绍调查结果。此时的调查结果仅仅是初步的评价印象，并不是最终的调查结果，科研单位还不能将此临时结果对外公开。

②确定评价结果，提交评价报告

评价委员会在阅读自评报告和实地考察的基础上，对科研单位的目标和战略、研究质量、社会相关性、未来战略可行性、四个具体要素等方面进行定性评价，并对未来发展提出建议，形成书面评价报告。实地考察结束 8 周内，评价委员会撰写完成评价报告初稿，并提交给科研单位。科研单位审查是否存在事实错误，并在两周内进行反馈和申辩。如果确实存在事实错误，评价委员会需要修改评价报告。随后两周内如有必要，科研单位可向理事会提交针对评价报告的书面回复。实地考察结束 20 周内，评价委员会向机构理事会提交最终版评价报告。机构理事会在实地考察结束后的 20—22 周内表明其对于评价报告和评价结果的态度与立场。

SEP 中对评价报告的文字撰写也有一定的要求。评价报告必须以明确清晰的语言和坚定的态度反思科研单位的优势和不足，就哪些方面如何改进提出建议。评价报告必须包含精辟且富有洞察力的文本及清晰明确的论点。机构理事会和一般观众能够从评价结论中了解到科研单位在国际或国内科研背景下的科研表现情况。评价报告格式如下：

总论部分。介绍评价程序、评价委员会成员和评价单位。

科研单位的评价（约5页）。内容包括以下两个方面：科研单位目标和战略的简要描述；研究质量、社会相关性和生存能力三个方面的定性评价和建议。评价应基于科研单位过去六年和未来六年的目标和战略。关于目标和战略的论证与支持自我评价的可靠数据类型之间应该有直接关系。科研单位可以视情况使用研究活动、进展和影响方面的定量指标。评价还应该包括对未来，尤其是未来六年的具体建议。除了三个主要标准，评价委员会应该考虑四个具体要素方面的评价。

总结（1页）：结论和建议的总结。

必须包含的附录：实地考察方案；科研单位人员构成和经费方面的定量数据。

③公开评价结果，持续跟进

机构理事会在实地考察结束后的20—22周内表明其对于评价报告和评价结果的态度与立场，在实地考察结束后6个月内在官方网站上发布最终评价结果，包括自评报告摘要（含案例研究）、评价委员会的评价报告和理事会的立场文件，作为监测质量保证周期的一部分。机构理事会和科研单位至少每年讨论评价报告和立场文件的后续行动，特殊情况下还要进行中期审查。

机构理事会也将定期监测科研单位基于评价委员会的建议采取了哪些后续的改进行动。科研单位可以自行决定改进措施，SEP不对后续行动进行规定，但是希望科研单位将改进措施和计划纳入其常规的学术发展计划，以获得机构可持续发展的动力。①

（四）荷兰战略评价协议（SEP）的特点

荷兰SEP已实施20余年，每六年为一个评价周期，目前已

① 王楠、罗珺文、王红燕：《荷兰科研评估的模式与特点——以〈标准化评估指南（2015—2021）〉为分析对象》，《高教探索》2018年第10期。

运行到第四个评价周期，每轮评价结束后都会对评价指标、评价过程等进行修改，如在前两版的评价协议中强调对科研生产力的评价，而在后两版的评价标准中已删掉生产力指标，同时加强科学研究社会相关性的评价，评价结果也由原来的定量打分逐步修改成定性描述。SEP 评价标准与时俱进，根据社会发展及时调整，如最新版里增加对开放科学、学术诚信等方面的评价。SEP 历年各版主要变化见表 7-5。荷兰基于 SEP 的科研机构评价日趋成熟，逐渐形成了综合评价机构的研究质量和社会贡献、兼顾回顾性评价和前瞻性分析、顺应开放科学发展趋势、适时调整评价标准、重视机构科研环境与学术文化建设、强调评价流程的标准化和评价内容的个性化等特点。

表 7-5　　**SEP 历年各版主要变化**

	SEP 2003—2009	SEP 2009—2015	SEP 2015—2021	SEP 2021—2027
评价标准	研究质量（国际认可和创新潜力）	研究质量 • 研究质量和科学相关性 • 领导力 • 学术声誉 • 资源 • 博士生培养	研究质量	研究质量
	生产力（科学产出）	生产力 • 生产力战略 • 生产率（科学出版物和博士论文；专业出版物；面向更广泛受众的产出等）	—	—
	相关性（科学和社会经济影响力）	社会相关性	社会相关性	社会相关性
	活力和可行性（Vitality and feasibility）（灵活性、管理和领导力）	活力和可行性 • 战略 • SWOT 分析 • 稳健性和稳定性	生存能力（Viability）	生存能力（Viability）

续表

	SEP 2003—2009	SEP 2009—2015	SEP 2015—2021	SEP 2021—2027
具体要素	—	—	—	开放科学 • 利益相关者参与 • FAIR 数据
	—	—	博士生项目	博士生政策与培养
	—	—	学术诚信 • 研究数据管理	学术文化 • 开放性 • 社会安全 • 包容性 • 学术诚信
	—	—	多样性	人力资源管理 • 多样性 • 人才管理
评价委员会构成	—	—	非学术专家	非学术专家 博士生 早期或中期职业阶段的科学家 多样化（性别、文化背景、国家和研究领域）
评价	定量+定性 五分制 5 分：卓越 4 分：很好 3 分：好 2 分：满意 1 分：不满意	定量+定性 五分制 5 分：卓越 4 分：很好 3 分：好 2 分：满意 1 分：不满意	三个核心标准，用定性+定量两种方式 具体要素只用定性方式 定量的四个层级： 世界领先/卓越 很好 好 不满意	定性
自评报告长度	—	20—30 页	15 页（不含附录）	20 页（不含附录）

续表

	SEP 2003—2009	SEP 2009—2015	SEP 2015—2021	SEP 2021—2027
公开	—	—	评价报告 执行反馈	包含案例研究的自评报告 摘要 评价报告 执行反馈

资料来源：笔者自制。

1. 综合学术质量和社会贡献

由表 7-5 可看出，研究质量和社会相关性一直以来都是 SEP 评价的两个核心指标，而生产力指标不再是一级指标，由此可以看出 SEP 评价更加注重研究的学术质量和社会贡献，而不再追求研究产出的数量。研究质量指标主要考察研究的质量和科学意义，以及在相关学科领域的学术声誉和领导地位，反映了科研单位对科学知识体系本身的贡献。社会相关性则是考察学术贡献之外的社会贡献，主要从经济、社会、文化、教育或其他相关角度评价科研单位开展研究的社会影响力、公众参与度和实际应用情况。

由于知识生产模式、知识形态、知识与社会关系的深刻变革，在知识和经济双重转型的背景下，外部政府、经济（市场）、公众和舆论等社会力量对科学的介入日益深入，要求科学研究不但要认识物质和世界的“存在、结构、性质”等科学属性，还要重视这些科学属性的“社会价值、性能、意义”等社会属性。[①] 研究质量和社会影响力成为评价

① 刘小强、钟雪倩：《从科研的社会影响评价到服务导向的一流学科建设——发达国家地区科研评价改革趋势对我国一流学科建设的启示》，《清华大学教育研究》2020 年第 5 期。

的主维度。① 越来越多的国家在科研评价中除了关注研究成果的学术贡献，也更加关注研究成果的非学术影响或社会影响②，荷兰的科研评价也尤为强调科研成果对社会产生的影响，并把这种影响发生的过程称为“价值创造”，认为价值创造是通过知识创造更大社会价值的过程，包括利用知识推动社会、经济发展，以及将知识转化为具体的产品、服务和商业活动。③ SEP 中的社会相关性指标主要考察以下三个方面：（1）面向社会非学术特定群体、服务社会大众的研究成果，如面向特定读者的图书，申请的专利，为普通观众举办的讲座或会议等；（2）社会特定群体对研究成果的应用，如与社会团体合作的项目、横向课题等；（3）社会群体对研究成果的认可度，即研究成果获得的社会认可和奖励，如获得的非学术界的公共奖项、社会层面资金和物质支持、民间组织任职等。因此，SEP 在重视评价机构研究质量的基础上更加关注机构服务社会经济发展，并面向社会实践方面的社会贡献，促进科研单位学术追求与社会需求的兼容。

2. 重视机构科研环境与学术文化建设

良好的科研环境和学术氛围可以保障科研工作良好运转，激发研究创新力，提高研究质量和社会影响。而科研评价中一度简单使用期刊论文数量、引用频次、期刊影响因子等作为主要评价指标的评价方式，导致科研功利化、创新力不足，

---

① 宋丽萍等：《开放科学环境下科研人员的负责任评价新取向分析》，《图书情报工作》2023 年第 9 期。

② 王楠、罗珺文：《高校科研成果非学术影响评估的比较研究——基于对美、英、荷三国科研评估框架的考察》，《科技管理研究》2022 年第 19 期。

③ “Valorisation：Researchers Already Do Much More than They Realise ”，https：//www. rathenau. nl/en/kennis-voor-transities/valorisation-researchers-already-do-much-more-they-realise.

严重危害了科研机构的学术生态和文化。[①] 越来越多的国家意识到不良科研环境和学术文化的严重性，开始关注环境建设以纠正不良学术文化，积极推动科研单位学术文化的积极和包容发展。例如，英国为构建有效培养、吸引科技创新人才的良好科研文化，在“科研卓越框架 2028”（REF 2028）设计方案中用“人、文化和环境”（People, Culture and Environment）评价维度代替 REF 2021 的“科研环境”评价维度。[②] 相比“科研环境”关注经费、设备、合作基地等科研物质条件，“人、文化和环境”维度更重视科研单位的科研文化，以及这种文化对科研人员起到的支持作用。健康的科研文化包括对不同背景科研人员的包容性、科学知识的开放性、反对科研歧视和骚扰等。

SEP 2021—2027 评价标准中将是否建立了一个开放、（社会）安全和包容的研究环境作为一个重要的具体要素。科研单位在自评报告中要反思在开放、安全和包容性学术文化方面采取的措施，科研诚信方面的政策，以及在促进《荷兰科研诚信行为准则》相关规定和要求方面的实际行动。评价委员会则从构建开放、安全、包容和诚信有序的研究环境角度思考这种环境对研究方法设计是否作出了明确的贡献，从而基于环境内容判断科研单位工作的研究质量的贡献，进而考虑是否保障了研究环境的开放性、安全性和包容性，营造了开放安全包容的科研环境和学术文化。[③]

---

① 韩昕媛：《负责任评价视角下〈旧金山宣言〉实现路径研究》，硕士学位论文，天津师范大学，2023 年。

② “Research Excellence Framework 2028: Initial Decisions and Issues for Further Consultation”, https://www.ukri.org/wp-content/uploads/2023/06/RE-150623-REF2028InitialDecisionsCircularLetter.pdf.

③ 韩昕媛：《负责任评价视角下〈旧金山宣言〉实现路径研究》，硕士学位论文，天津师范大学，2023 年。

3. 顺应开放科学发展趋势

SEP 已进入第四个评价周期，每一轮评价周期结束后都会根据反馈和社会发展适时调整评价标准，如在 SEP 2021—2027 版中增加开放科学具体要素，顺应开放科学发展趋势。当前，开放科学进入全球共识阶段，开放科学将科学作为一种共同利益加以推广，包括分享数据、方法、结果和由此产生的知识等。① 开放科学强调整个科学过程的透明，鼓励开放获取与合作，深刻改变着人类科学研究、科学发现的方式，对于加强科学合作，共同探索解决全球性挑战具有重要意义。为推动全球开放科学的发展，2021 年，联合国教科文组织（UNESCO）大会第 41 届会议审议通过《开放科学建议书》（*Recommendation on Open Science*）。② 伴随着开放科学的迅速发展，各国积极尝试新的评价方法，以推动传统科研体系的开放实践。在此背景下，SEP 也及时调整评价标准，在评价标准中加入开放科学相关要素，指出开放科学是科研单位实现研究质量和社会相关性战略的一个重要组成部分，对于科研单位的生存发展至关重要。

开放科学数据是开放科学的核心要素之一。德国科学基金会（DFG）2010 年发布的《研究数据操作指南》③，明确“科学数据的共享与再利用对科学研究甚至人类社会都具有重大意义”。国际科学理事会数据委员会（CODATA）2019 年发布的

① 郭华东等：《加强开放数据基础设施建设，推动开放科学发展》，《中国科学院院刊》2023 年第 6 期。

② “An Introduction to the UNESCO Recommendation on Open Science”, https：//unesdoc. unesco. org/ark：/48223/pf0000383771.

③ “Guidelines on the Handling of Research Data”, DFG, https：//www. dfg. de/resource/blob/172098/4ababf7a149da4247d018931587d76d6/guidelines-research-data-data. pdf.

《科研数据北京宣言》(*The Beijing Declaration on Research Data*)指出，公共经费资助产出的科学数据应尽可能在全球范围内共享重复使用。[①] 为推进开放数据更加规范化，2016 年 FAIR 原则——可查找（findable)、可获取（accessible)、可交互（interoperable)、可重复使用（reusable）应运而生。[②] SEP 2015 在“学术诚信”要素下加入研究数据管理，SEP 2021 为进一步强调开放科学在科研评价中的作用，在具体要素中增加“开放科学”，尤其强调评价科研单位是否在可能的情况下重复使用数据，如何根据 FAIR 原则存储研究数据。

4. 兼顾回顾性评价和前瞻性分析

SEP 在研究和科研管理方面主要有三个目标：根据评价结果提高研究质量；改善科研管理和领导能力；对更高层次的研究组织和资助机构、政府及整个社会负责。因此，SEP 评价的主要目标是改进和问责。公共问责制既是对公共资助研究的要求，也是这种评价方案在改进周期内发挥主导作用的固有因素。问责是评价科研单位过去几年的发展情况和研究成果，但最终目标是为了改进和提升，为科研单位今后更好地发展提供意见和建议。

SEP 兼顾回顾性评价和前瞻性分析。回顾性评价和前瞻性分析之间的关系在某种程度上是基于对过去认识基础上而获得的对未来信心的结果，即对未来的讨论需要基于对过去的充分了解，重点是前瞻性分析。SEP 回顾性评价主要是科研单位在自评报告中叙述性论证其过去几年的任务和战略目标，研究质量和社会相关性方面取得的成绩，评价委员会通过自评报告和

---

① “The Beijing Declaration on Research Data”, https: //www.codata.org/uploads/Beijing%20Declaration-19-11-07-FINAL. pdf.

② 邢文明等：《科学数据管理与共享的 FAIR 原则——背景、内容与实施》,《信息资源管理学报》2021 年第 2 期。

实地考察来评价科研单位过去几年的研究质量和社会相关性的情况。SEP 前瞻性分析主要体现在发展能力指标，通过科研单位制定的未来发展战略，考察科研单位是否有能力在下一个评价周期中，通过采取相应的战略措施和战略手段实现其战略目标。科研单位在自评报告中需要利用 SWOT 分析自身的优势和劣势、外部环境中的机会和威胁，从而制定未来战略计划。科研单位通过 SWOT 分析既可以分析自身的成绩和不足，也可以分析自身所处的国内外环境，并与国内和国际同行进行比较，明确今后发展目标。评价委员会则结合科研单位的战略计划，对照其自评报告，给出定性评价结论和未来发展建议，提供前瞻性分析，以促进科研单位通过全面的自省和后续的改进活动，增强其战略目标实现的可能性。

5. 强调评价流程的标准化和评价内容的个性化

SEP 最初的名称即标准化评价协议（Standard Evaluation Protocol），其设置初衷是为荷兰开展国家层面科研机构的外部评价提供标准化参照。SEP 在其实施的 20 余年中，虽然先后在评价目的、评价维度等方面进行了修订与调整，但是其始终强调评价流程与方法的标准化与规范化。SEP 详细规定了所有高校和科研机构开展科研评价的具体流程，包括制定评价计划、组建评价专家委员会、科研单位自我评价、评价委员会实地考察、商议评价结果、撰写和提交评价报告、公开评价结果等各个方面，评价文件中还严格规定了科研单位自评报告的页数、专家签署保密协议的格式、自评报告和专家评价报告的要点和格式等。SEP 对开展科研评价的程序和步骤都做出了标准化的规定，为开展评价活动提供了可参照的行动指南。

SEP 在强调流程标准化的同时也充分尊重科研单位的多样化特点。虽然 SEP 规定了自评报告的要点和格式，但是其呈现的具体内容却是完全个性化和多样化的。科研单位可以根据本单位的发展战略和目标辅以合适的指标呈现本单位的概况、特点与取得的成绩。科研单位也可以在社会影响力叙述论证和SWOT分析方面通过差异化地描述和分析展现本单位的优势与特色。同时，评价委员会也会根据不同科研单位的战略选择、发展目标、组织职能对科研单位开展个性化的评价。因此，SEP评价重在凸显科研单位的战略选择、行动结果与其预期目标的契合度，评价目的不是为了行政管理，而是要让评价发挥其支持、引导、激励的导向作用，促进科研单位的发展，进而促进和激发整个科研生态系统的活力。

参考文献

（一）中文文献

1. 专著

常文磊：《英国科研评估制度与大学学科发展》，教育科学出版社 2014 年版。

江小平：《多视角下的法国人文社会科学》，中国社会科学出版社 2011 年版。

李志民编著：《世界主要国家科研与学术体系概览》，清华大学出版社 2020 年版。

孙彦红主编：《意大利发展报告（2022—2023）：俄乌冲突下艰难求“变”的意大利》，社会科学文献出版社 2023 年版。

2. 期刊

卜宪群等：《荷兰、英国科研管理组织的基本模式与特点——中国社会科学院赴荷兰、英国科研管理考察报告》，《社会科学管理与评论》2010 年第 2 期。

常文磊、王报平：《新公共管理理论对英国高等教育改革与创新的影响》，《继续教育研究》2010 年第 1 期。

佛朝晖：《意大利两级高等教育评估机构探析》，《中国高等教育》2008 年第 12 期。

高黎、任海棠：《挪威卓越研究中心的发展与评估》，《世界教育信息》2016 年第 1 期。
郭华东等：《加强开放数据基础设施建设，推动开放科学发展》，《中国科学院院刊》2023 年第 6 期。
李志民：《英加意科研机构概览》，《世界教育信息》2018 年第 8 期。
立里：《意大利科技评估工作的现状和思路》，《全球科技经济瞭望》1998 年第 2 期。
刘小强、钟雪倩：《从科研的社会影响评价到服务导向的一流学科建设——发达国家地区科研评价改革趋势对我国一流学科建设的启示》，《清华大学教育研究》2020 年第 5 期。
刘志民、李馨儿：《澳大利亚高校科研评价改革动向与启示》，《高校教育管理》2020 年第 5 期。
刘仲春：《波兰的社会科学研究》，《苏联东欧问题》1987 年第 5 期。
邱举良：《法国科研工作的评价指标和程序》，《国际科技交流》1992 年第 7 期。
茹宁、闫广芬：《非学术影响评价：英国 REF 科研影响评估的创新性评析》，《国家教育行政学院学报》2020 年第 9 期。
石长慧：《挪威科研信息管理系统介绍及其对我国的启示》，《全球科技经济瞭望》2018 年第 2 期。
宋丽萍等：《开放科学环境下科研人员的负责任评价新取向分析》，《图书情报工作》2023 年第 9 期。
汪小会等：《法国高校的国家评估及对我国的启示》，《上海教育评估研究》2016 年第 6 期。
王丽媛、刘敏：《21 世纪法国大学科研组织评估改革研究》，《比较教育研究》2021 年第 7 期。
王楠、罗珺文：《高校科研成果非学术影响评估的比较研究——基于对美、英、荷三国科研评估框架的考察》，《科技管理研究》2022 年第 19 期。

武学超、罗志敏：《波兰新一轮高等教育体制改革动因、向度及评价》，《比较教育研究》2020 年第 6 期。
邢文明等：《科学数据管理与共享的 FAIR 原则——背景、内容与实施》，《信息资源管理学报》2021 年第 2 期。
徐芳等：《科研评价改革与发展 40 年——以基金委同行评议和中科院研究所综合评价为例》，《科学学与科学技术管理》2018 年第 12 期。
张惠、刘宝存：《法国创建世界一流大学的政策及其特征》，《高等教育研究》2015 年第 4 期。
张琳、韩钰馨：《破除“唯论文”后的科研评价改革探索——国外高校科研评价的实践与启示》，《世界社会科学》2023 年第 3 期。

3. **论文**

罗侃：《英国高校科研评估研究》，硕士学位论文，西南大学，2008 年。

（二）英文文献

1. **专著**

Koen Jonkers and Thomas Zacharewicz, *Research Performance Based Funding Systems: A Comparative Assessment*, Brussels: JRC Science Hub, 2016.
Krzysztof Gulda, et al., *Peer Review of Poland's Higher Education and Science System: Background Report*, Luxembourg: Publications Office of the European Union, 2017.

2. **期刊**

Andrea Bonaccorsi, “Two Decades of Experience in Research Assessment in Italy", *Scholarly Assessment Reports*, Vol. 2, No. 1, 2020.

Daniele Checchi, et al., "Do Performance-based Research Funding Systems Affect Research Production and Impact?" *Higher Education Quarterly*, Vol. 73, No. 1, 2019.

Daniella Bayle Deutz, et al., "Quantitative Quality: A Study on How Performance-Based Measures May Change the Publication Patterns of Danish Researchers", *Scientometrics*, Vol. 126, No. 5, 2021.

Diana Hicks, et al., "The Leiden Manifesto for Research Metrics", *Nature*, Vol. 520, 2015.

Diana Hicks, "Performance-based University Research Funding Systems", *Research Policy*, Vol. 41, No. 2, 2012.

Emanuel Kulczycki and Ewa A Rozkosz, "Does an Expert-Based Evaluation Allow Us to Go Beyond the Impact Factor? Experiences from Building a Ranking of National Journals in Poland", *Scientometrics*, Vol. 111, 2017.

Emanuel Kulczycki, "Assessing Publications Through a Bibliometric Indicator: The Case of Comprehensive Evaluation of Scientific Units in Poland", *Research Evaluation*, Vol. 26, No. 1, 2017.

Emanuel Kulczycki, "The Diversity of Monographs: Changing Landscape of Book Evaluation in Poland", *Aslib Journal of Information Management*, Vol. 70, No. 6, 2018.

Frederik T. Verleysen and Tim C. E. Engels, "How Arbitrary Are the Weights Assigned to Books in Performance-based Research Funding? An Empirical Assessment of the Weight and Size of Monographs in Flanders", *Aslib Journal of Information Management*, Vol. 70, No. 6, 2018.

Gunnar Sivertsen, "Data Integration in Scandinavia", *Scientometrics*, Vol. 106, No. 2, 2016.

Gunnar Sivertsen, "The Norwegian Model in Norway", *Journal of Data and Information Science*, Vol. 3, No. 4, 2018.

Gunnar Sivertsen, "Unique, but Still Best Practice? The Research Excellence Framework (REF) from an International Perspective", *Palgrave Communications*, No. 3, 2017.

Hanne Foss Hansen, et al., "Balancing Accountability and Trust: University Reforms in the Nordic Countries", *Higher Education*, Vol. 78, 2019.

Harry Torrance, "The Research Excellence Framework in the United Kingdom: Processes, Consequences, and Incentives to Engage", *Qualitative Inquiry*, Vol. 26, No. 7, 2020.

Ian McNay, "Academic Capitalism, Competition and Competence: The Impact on Student Recruitment and Research Assessment", *Journal of Further and Higher Education*, Vol. 46, No. 6, 2022.

Jacek Bieliński and Aldona Tomczyńska, "The Ethos of Science in Contemporary Poland", *Minerva*, Vol. 57, 2019.

James Wilsdon, et al., *The Metric Tide: Report of the Independent Review of the Role of Metrics in Research Assessment and Management*, HEFCE, 2015.

Janne Pölönen, et al., "National Lists of Scholarly Publication Channels: An Overview and Recommendations for Their Construction and Maintenance", *Journal of Data and Information Science*, Vol. 6, No. 1, 2021.

Jan Van Steen and Marcel Eijffinger, "Evaluation Practices of Scientific Research in the Netherlands", *Research Evalutation*, Vol. 7, No. 2, 1998.

Jesper W. Schneider, et al., "What Happens When National Research Funding Is Linked to Differentiated Publication Counts? A Comparison of the Australian and Norwegian Publication-based

Funding Models", *Research Evaluation*, Vol. 25, No. 3, 2016.

Jorrit P. Smit and Laurens K. Hessels, "The Production of Scientific and Societal Value in Research Evaluation: A Review of Societal Impact Assessment Methods", *Research Evaluation*, Vol. 30, No. 3, 2021.

Kaare Aagaard, et al., "Impacts of Performance-based Research Funding Systems: The Case of the Norwegian Publication Indicator", *Research Evaluation*, Vol. 24, No. 2, 2015.

Kaare Aagaard, "Performance-based Research Funding in Denmark: The Adoption and Translation of the Norwegian Model", *Journal of Data and Information Science*, Vol. 3, No. 4, 2018.

Kaare Aagaard, "The Evolution of a National Research Funding System: Transformative Change Through Layering and Displacemen", *Minerva*, Vol. 55, No. 6, 2017.

Lutz Bornmann, "What Is Social Impact of Research and How Can It Be Assessed? A Literature Survey", *Journal of the American Society for Information Science and Technology*, Vol. 64, No. 2, 2013.

Marc Luwel, "Performance-based Institutional Research Funding in Flanders, Belgium", *Scholarly Assessment Reports*, Vol. 3, No. 1, 2021.

Oliver Wieczorek, et al., "All Power to the Reviewers: British Sociology Under Two-Level Supervision of the Research Excellence Framework", *Social Science Information*, Vol. 61, No. 4, 2022.

Patryk Ciurak, et al., "An Overview of Science Evaluation in Poland and Croatia", *Management: Journal of Contemporary Management Issues*, Vol. 26, No. 2, 2021.

Peter Ingwersen and Birger Larsen, "Influence of a Performance Indicator on Danish Research Production and Citation Impact 2000-12", *Scientometrics*, Vol. 101, No. 2, 2014.

Pinar Mehmet, "Do Research Performances of Universities and Disciplines in England Converge or Diverge? An Assessment of the Progress Between Research Excellence Frameworks in 2014 and 2021", *Scientometrics*, Vol. 128, No. 10, 2023.

Przemysław Korytkowski and Emanuel Kulczycki, "Examining How Country-level Science Policy Shapes Publication Patterns: The Case of Poland", *Scientometrics*, Vol. 119, No. 3, 2019.

Sabrina Petersohn and Thomas Heinze, "Professionalization of Bibliometric Research Assessment, Insights from the History of the Leiden Centre for Science and Technology Studies (CWTS)", *Science and Public Policy*, Vol. 45, No. 4, 2018.

Thomas Zacharewicz, et al., "Performance-based Research Funding in EU Member States", *Science and Public Policy*, Vol. 46, No. 1, 2019.

Tim C. E. Engels, et al., "Are Book Publications Disappearing from Scholarly Communication in the Social Sciences and Humanities?" *Aslib Journal of Information Management*, Vol. 70, 2018.

后　记

20 世纪 80 年代以来，随着新公共管理理论的发展，各国政府强调对公共部门进行绩效评价。与此同时，科学研究与创新对国家经济发展的重要性日益增强，追求卓越研究成为国家的重要战略目标。为此，很多国家开展了国家层面的科研绩效评价活动，这些活动对国家科学研究活动产生了重要影响。世界上很多国家尤其是欧美发达国家，经过长期的发展和科研评价实践，基本形成了较为完善的科研评价体系。

过去两年我们对部分国家的科研评价体系和评价实践进行了广泛、深入的调研，主要聚焦国家层面，由政府主导，评价客体为大学、科研机构或大学院系、学科等机构或组织，评价范围通常涉及全国的科研评价。我们通过网站及研究文献了解各国评价体系构成及评价活动的资料，梳理国家层面科研评价实践活动的历程，总结评价体系的特点，并较为详细地介绍了各国最近一次评价活动的具体情况，包括评价目的、评价标准、评价过程、评价结果及应用、评价效果与影响，评价特点等。一方面，通过对多个国家的科研评价体系和评价实践活动的详细分析和深入介绍，我们期望帮助国内学术界了解各国在不同的国情和发展阶段所选择的评价路径和开展评价活动的总体情况，为推进中国特色学术评价体系的建设提供他国经验借鉴；另一方面，对多个国家科研评价活动具体细节的整理和介绍，有助于为我国开展科研评价活动实践提供操作层面的参考。

本报告作为各国评价实践系列整理和研究成果的第一辑，收录了英国、意大利、挪威、芬兰、丹麦、比利时、波兰、法国和荷兰等欧洲国家的相关内容，后续将继续深入研究其他国家的评价活动，并形成系列专辑。本报告共分七章，蒋颖负责总体设计和结构、体例安排，马冉、耿海英协助进行课题组织。初稿完成后，由蒋颖、耿海英终审、修改、定稿，蔡媛青合稿、编排、修改。全书写作任务分工如下：

一、国家科研评价的实践与发展　蒋颖、耿海英

二、英国科研卓越框架　刘彦林

三、意大利科研质量评价　耿海英

四、挪威模型及其在欧洲三国的应用　蒋颖

五、波兰国家科研评价　蒋颖

六、法国国家科研评价　蔡媛青

七、荷兰战略评价协议　耿海英

在写作和审校过程中，课题组尽力按照统一的框架对各国情况进行介绍，但由于各国评价实践的过程及名词术语的使用等方面存在一定的独特性，加之资料的获取难度不同，因此在结构和语言表述方面保留了不同国家各自的特点。由于涉及不同的语言和国情，课题组虽然尽力多方查找资料并加以印证，但因作者的知识背景和语言限制，可能存在翻译及理解方面的不足甚至谬误，欢迎读者进行批评指正。

本报告系中国社会科学评价研究院评价体系建设专项项目“人文社会科学评价政策研究”、中国社会科学院学科建设“登峰战略”资助计划——特殊学科“哲学社会科学评价”（课题号：DF2023 TS02）和国家社科基金重大项目“学术‘全评价’视域下中国特色哲学社会科学评价体系建设研究”（课题号：

24&ZD323）的阶段性研究成果。本报告的写作和出版得到中国社会科学评价研究院和中国社会科学出版社的大力支持，在此一并表示感谢。

“人文社会科学评价政策研究”课题组

2024 年 10 月 12 日

蒋颖，中国社会科学院中国社会科学评价研究院副院长，二级研究馆员，享受国务院特殊津贴专家。主要研究方向为文献计量学、评价学。多次获得中国社会科学院优秀科研成果奖、中国科学院科技进步奖，主持、参与国家和省部级课题多项，出版专著和工具书多部，发表学术论文50余篇。

耿海英，中国社会科学院中国社会科学评价研究院公共政策评价研究室主任，副研究员。主要研究方向为科学计量学、科学评价、期刊评价。主持、参与国家和省部级课题或委托交办任务多项，出版专著和研究报告多部，发表学术论文20余篇。

刘彦林，中国社会科学院中国社会科学评价研究院副研究员。主要研究方向为科研评价、高等教育管理。主持省部级课题2项，参与国家和省部级课题多项，出版专著1部，发表学术论文20篇。相关论文获全国教育科学研究优秀成果奖等奖项。

蔡媛青，中国社会科学院中国社会科学评价研究院助理研究员。主要研究方向为公共政策评价。主持、参与国家和省部级课题多项，发表学术论文、报纸理论文章50余篇。